Décoloniser l'imaginaire

Du réalisme magique chez Maryse Condé,
Sylvie Germain et Marie NDiaye

Bibliothèque du féminisme

Collection dirigée par
Oristelle Bonis, Dominique Fougeyrollas, Hélène Rouch

publiée avec le soutien de
l'Association nationale des études féministes (ANEF)

Les essais publiés dans la collection *Bibliothèque du féminisme* questionnent le rapport entre différence biologique et inégalité des sexes, entre sexe et genre. Il s'agit ici de poursuivre le débat politique ouvert par le féminisme, en privilégiant la démarche scientifique et critique dans une approche interdisciplinaire.

L'orientation de la collection se fait selon trois axes : la *réédition* de textes qui ont inspiré la réflexion féministe et le redéploiement des sciences sociales ; la *publication de recherches*, essais, thèses, textes de séminaires, qui témoignent du renouvellement des problématiques ; la *traduction* d'ouvrages qui manifestent la vitalité des recherches féministes à l'étranger.

Katherine Roussos

Décoloniser l'imaginaire

Du réalisme magique chez Maryse Condé,
Sylvie Germain et Marie NDiaye

L'Harmattan

© L'Harmattan, 2007
5-7, rue de l'Ecole polytechnique ; 75005 Paris

http://www.librairieharmattan.com
diffusion.harmattan@wanadoo.fr
harmattan1@wanadoo.fr

ISBN : 978-2-296-04224-7
EAN : 9782296042247

Introduction

Qu'est-ce que le réalisme magique, et que cache-t-il derrière l'apparent paradoxe ? Ce terme séduisant est souvent appliqué à toute littérature qui « fait rêver ». Cependant, les origines du genre, ainsi que ses développements actuels, soulignent une intention plus profonde : la subversion par l'imaginaire des vérités établies. En transgressant les lois du réel, la magie ouvre la voie au possible. Aussi le réalisme magique fleurit-il dans les contextes d'oppression, accordant une voix aux perspectives marginales, invisibles, interdites. Son aspect subversif chez les auteurs décolonisés est couramment admis. Mais une autre problématique est jusqu'à présent restée dans l'ombre : les romancières ont-elles tendance à utiliser le réalisme magique afin de dénoncer la domination masculine ? Malgré l'abondance d'études reliant féminisme et postcolonialisme[1] et malgré l'évidente prédilection pour ce genre littéraire chez les romancières, *Décoloniser l'imaginaire* est la première étude consacrée au lien entre féminisme et réalisme magique. Pourquoi une telle lacune ? D'un côté, les possibilités subversives de ce rapprochement l'éloignent du discours dominant et surtout des structures « masculines »

---

1. Parmi de nombreuses études américaines, il existe une excellente anthologie qui regroupe des articles expliquant comment et pourquoi introduire le féminisme dans l'analyse du postcolonialisme, et vice-versa : Reina Lewis et Sara Mills (dir.), *Feminist Postcolonial Theory*. Le lien féminisme-postcolonialisme commence à être abordé en France : en 2006, un numéro des *Cahiers du genre* a été consacré aux « confrontations Nord/ Sud » et trois numéros des *Nouvelles Questions Féministes* ont traité de l'imbrication du sexisme, du racisme et du postcolonialisme. Avec des mouvements très médiatisés comme « Ni putes ni soumises », le féminisme multiculturel se répand, contribuant à la prise de conscience des oppressions raciales et socioéconomiques. De nombreux travaux commencent à paraître en France dans la lignée de Colette Guillaumin.

d'une analyse formelle ; de l'autre, l'exploration d'un lien femmes-magie, n'évoque-t-elle pas de vieux stéréotypes ?

Les études sur le réalisme magique postcolonial n'expliquent pas pourquoi les éléments surnaturels seraient subversifs : est-ce le surnaturel lui-même qui est subversif, ou plutôt son amalgame avec le quotidien ? Pourquoi le mélange du quotidien et du fantastique serait-il pertinent pour la dénonciation de l'oppression et pour la création de nouveaux paradigmes ? Plus souvent que les hommes, les femmes utilisent la littérature pour dresser le modèle d'un monde meilleur. Emploient-elles le réalisme magique pour subvertir la domination de la même façon que les auteurs (hommes et femmes) issus des cultures marginalisées livrent leur combat contre l'hégémonie occidentale ? Créent-elles de la même manière une voix de la différence, en construisant à travers leurs romans une « culture féminine » ? Quel serait l'intérêt de qualifier des romancières occidentales de réalistes magiques, désignation typiquement réservée aux pays du Sud ?

Comme l'observe Simone de Beauvoir, les sexes constituent le paradigme pour tout rapport entre dominant et dominé. Ainsi, la domination masculine fournit le modèle pour les dictatures, le colonialisme et le néo-impérialisme, objets classiques des contestations par les romanciers réalistes magiques. Est-ce par une contestation semblable que les romancières, entourées dès la naissance d'images et de valeurs qui renforcent la culture patriarcale, se forgent une identité littéraire autonome et libératrice ? Les racines de la domination pénètrent jusqu'à l'imaginaire de chaque individu, de sorte que la libération doit s'accomplir autant à l'intérieur qu'à l'extérieur. Or, depuis des décennies le réalisme magique représente l'affranchissement de l'imaginaire face à la répression culturelle et politique.

Sans l'emprise sur la pensée, les femmes n'auraient pas été amenées à accepter la domination masculine. Un conditionnement défavorable et éloigné de leur expérience (prenant le masculin comme modèle) se traduit par un double jeu : tout en affichant leur conformisme, elles nourrissent intérieurement un sentiment de révolte. Tandis que les hommes peuvent choisir de ne pas s'apercevoir des inégalités, les romancières doivent les confronter, en se positionnant à travers le texte comme anti-féministes ou (le plus souvent) féministes, quelles que soient leurs convictions assumées en dehors des romans. Pourquoi certaines techniques véhiculent-elles mieux que d'autres ce féminisme littéraire ? Puisqu'il est d'abord nécessaire de s'éloigner du quotidien (bastion du conditionnement), les femmes ont été depuis des siècles à l'avant-garde du fantastique, du merveilleux, du roman noir et, plus récemment, de la science fiction, souvent ouvertement féministe. C'est également le cas du réalisme magique, genre littéraire qui encourage les victimes du (néo)colonialisme à s'affranchir, en prônant la réintégration d'une vision du monde que l'Occident discrédite par son ignorance volontaire. Puisque ces valeurs ne peuvent être incarnées par la langue des conquérants, souvent la seule à leur disposition, les écrivains quittent le rationnel et l'ordre connu pour le possible, y compris dans la retrouvaille, grâce à l'imaginaire, des visions d'un monde précolonial qui n'a laissé que peu de traces.

L'histoire des femmes est tout aussi appauvrie. La domination masculine est plus enracinée que celle des pouvoirs coloniaux, qui ne font qu'infliger aux colonisés la domination et l'exploitation dont la subjugation des femmes constitue le prototype. La domination coloniale est plus visible parce qu'elle est spécifique, tandis que la domination masculine est si omniprésente qu'elle est confondue avec le naturel. Mais quelque part dans l'inconscient des femmes demeure la connaissance de l'emprise sur leur vie et leur imaginaire, qui entraîne un désir de révolte. Qu'elles soient ou non originaires des pays dominés, elles vivent dans la même soumission à un discours « étranger ». Ainsi les romancières occidentales intègrent plus facilement que leurs homologues masculins une magie qui transcende le quotidien et le connu. Elles peuvent ainsi confronter la domination masculine sur un terrain qui n'est pas celui des hommes. Mais s'agit-il de contestation ou d'évasion ? Le processus « magique » de l'écriture ramène à la surface des archétypes refoulés qui, grâce au réalisme magique, s'incarnent textuellement et s'inscrivent dans le quotidien. Ces archétypes, peuvent-ils remettre en cause les réalités établies, même au-delà du texte ?

L'analyse des liens fiction-histoire, stéréotypes, réalités refoulées et rêves utopiques chez les protagonistes mères et sorcières révèle que la subversion est véhiculée par la magie. La comparaison entre les romans de Maryse Condé, Marie NDiaye et Sylvie Germain montre la diversité et la continuité dans l'utilisation du réalisme magique à des fins féministes en France, pays jamais associé au réalisme magique, n'étant pas un pays « dominé ». Afin d'approfondir l'idée d'un universalisme féministe, nous aborderons aussi des romancières réalistes magiques d'autres origines : Isabel Allende, Margaret Atwood, Tanella Boni, Ananda Devi, Laura Esquivel, Toni Morrison, Chi Zijian... Des hommes tels que Salman Rushdie et Patrick Chamoiseau sont inclus pour leurs (très populaires) critiques réalistes magiques de l'impérialisme racial et culturel. Des écrivains comme Charlotte Perkins Gilman et Monique Wittig, qui développent leurs propres techniques pour remettre en cause le réel, enrichissent l'apport théorique.

Maryse Condé, Sylvie Germain et Marie NDiaye nées respectivement en 1937, 1954 et 1967, sont des romancières importantes dans la littérature française de nos jours. Appréciées autant par les spécialistes que par le public, elles publient régulièrement de nouveaux romans dans des styles originaux, témoignant ainsi d'un projet littéraire en constante évolution. Que peut-on trouver de commun entre les hyperboles exubérantes de Condé, la satire minimaliste de NDiaye et la poétique dévotionnelle de Germain ? Toutes trois mettent en scène un mélange du réel et du surnaturel que nous qualifierons de réalisme magique.

Maryse Condé est née en Guadeloupe d'un père fonctionnaire et d'une mère couturière, aussi fiers de leur statut de noirs instruits que de leur héritage culturel français (Condé elle-même insiste sur le fait qu'elle est française, bien qu'elle soit favorable à l'indépendance de la Guadeloupe). Elle quitte son île pour poursuivre ses études dans un lycée parisien, puis étudie la littérature anglaise à la Sorbonne. Plus tard, après quelques années passées en Guinée (qui lui inspirent son premier roman, *En Attendant le bonheur*), elle obtient un doctorat dont la thèse porte sur le stéréotype du noir dans la littérature antillaise. Elle enseigne cette littérature depuis des décennies à l'université de Columbia à New York, et a écrit des ouvrages de critique littéraire sur Aimé Césaire, ainsi que sur les romancières antillaises. Outre des romans, elle a écrit des pièces de théâtre militantes au début de sa carrière, et aussi des livres pour la jeunesse, et plus récemment (en 2005) un récit romanesque sur la vie de sa grand-mère. Son roman le plus célèbre est *Ségou*, épopée en trois tomes qui raconte l'histoire de l'illustre ville malienne éponyme. La saga s'ouvre sur l'arrivée du premier blanc pour s'achever avec l'installation des missionnaires et l'essor de la traite des esclaves. Condé utilise ses romans pour ressusciter l'histoire oubliée, mais aussi pour commenter notre temps. Bien qu'elle hésite devant le terme « féministe », Condé se prononce à travers ses héroïnes en faveur d'une révolte face à la domination masculine et pour la création de nouveaux paradigmes. Elle s'intéresse aux croyances afro-antillaises, présentes dans ses romans, mais n'adhère pas elle-même à un système de croyances collectives. Condé partage son temps entre New York et sa maison en Guadeloupe.

Marie NDiaye, née à Pithiviers, a été élevée par sa mère française blanche, professeur de physique ; son père, sénégalais, est rarement présent. Elle est souvent considérée comme romancière africaine, ce qu'elle conteste en raison du peu de contacts qu'elle a eus avec son père et avec le pays d'origine de celui-ci. N'ayant jamais habité en Afrique, elle a pris connaissance des contes africains (souvent cités comme influents dans son œuvre) à travers des livres et d'occasionnels voyages. En dehors des romans, elle est auteur de pièces de théâtre et de livres pour la jeunesse. Ses œuvres, même celles destinées aux enfants, exposent le racisme et les rapports troublés entre noirs et blancs dans la société française contemporaine, et aussi la quête d'identité et d'appartenance. Elle met constamment en lumière l'exploitation des femmes, dans le travail comme dans la famille. Si les implications féministes de son œuvre sont moins évidentes que ses critiques (souvent satiriques) du racisme, métaphores et métamorphoses incarnent la complexité et les contradictions dans le statut actuel des femmes. Évitant une « autofiction au féminin » cathartique, elle pose un nouveau regard sur l'enfermement domestique, y compris dans *Rosie Carpe* (prix Femina). Son mélange minimaliste du poétique et du satirique juxtapose la monotonie du quotidien et l'intervention d'une magie qui véhicule des métamorphoses, à elles seules capables de surmonter l'inertie et la tyrannie du vide. Le premier roman de NDiaye, qui témoigne de sa connaissance des classiques de la littérature française (et notamment de Proust) fut publié par les Éditions de Minuit lorsqu'elle était encore lycéenne. Mais son deuxième roman *Comédie classique*, une seule phrase se déployant sur 105 pages, fut refusé par Minuit et accepté chez P.O.L. Son dernier roman, *Le Cœur à l'étroit* (Gallimard 2007) approfondit encore, en ayant recours à l'étrange, la dynamique de l'exclusion.

Sylvie Germain est née à Châteauroux d'un père militaire, ce qui occasionna de fréquents déménagements. Elle passe en Lozère une partie de son enfance, et s'en inspire pour son premier roman *Le Livre des nuits* (accepté aussitôt chez Gallimard). L'ailleurs l'a toujours attirée, de sorte qu'elle a passé de nombreuses années à Prague, où elle enseignait dans un lycée français. Adepte de Lévinas, elle obtient un doctorat en philosophie axé sur le regard. Elle commence aussitôt, tout en travaillant pour le ministère de la Culture, à écrire des romans. Le plus récent, *Magnus* (2006, prix Goncourt des lycéens) est d'inspiration biblique. Le christianisme imprègne la plupart de ses écrits, qui comprennent outre des romans, de nombreux essais de théologie, un livre sur la peinture, un recueil de poèmes, une autobiographie et un livre pour la jeunesse. Elle dépeint une foi le plus souvent syncrétique, embellie d'une magie païenne (notamment dans *Jours de colère*, prix Femina) et s'intéresse particulièrement aux chapitres marginalisés de l'histoire, notamment concernant l'oppression. Son univers fictif, qui évoque légendes, mythes et genèses, se transpose dans le contexte contemporain rural et parfois urbain. Des trois romancières, elle semble la moins concernée par le féminisme, bien qu'elle soit parfois associée à l'« écriture féminine » à cause de son processus d'écriture intuitif et de sa façon d'aborder la procréation et la sexualité, mais aussi les violences sexuelles.

Quel rapport existe-t-il entre les approches littéraires des trois romancières et des trois générations successives qu'elles représentent ? Le militantisme (souvent caricaturé) chez les protagonistes de Condé est inspiré par l'existentialisme, le marxisme et la négritude, qui l'ont influencée au début de sa carrière dans les années 1970. Sylvie Germain, de dix-sept ans sa cadette, commence à publier en 1986, lorsque les grands courants contestataires se sont affaiblis, remplacés par le virtuel et la quête individuelle de sens. Une décennie plus tard émerge la jeune NDiaye, qui tourne en dérision cette même quête, en suggérant l'impossibilité de vivre en dehors de la « machine » sociale. Si les écrivains des pays dominés utilisent le réalisme magique pour remettre en cause les pouvoirs politiques, en créant deux niveaux d'interprétation (le conte distrayant et la satire subversive), les romancières créent un troisième niveau de sens : la remise en cause de la domination masculine. Leurs « contes innocents » affirment la nécessité pour les femmes de se révolter contre la politique patriarcale, qu'elle soit imposée par les dictatures ou par des révolutionnaires. S'agit-il de fuite ou de force de subversion ? Condé ressuscite l'histoire des héroïnes du passé qui, par l'exercice de la magie, révèlent des valeurs qui n'obéissent pas aux lois patriarcales, ni même (en favorisant l'occulte) naturelles. La magie incarne ainsi le contre-pouvoir et constitue un langage en dehors des mots imposés par les conquérants, que ce soit dans l'esclavage aux Amériques, le colonialisme au Mali, ou la famille occidentale de nos jours. NDiaye explore la domination dans ses mécanismes psychologiques et sociaux, résultats du colonialisme, de la hiérarchie des classes, mais aussi et surtout du privilège masculin. Elle emploie la satire pour commenter l'échec du couple et de la famille nucléaire, et la quête d'appartenance dans une société bureaucratique et déshumanisante. Germain adapte les contes et les mythes bibliques au contexte contemporain. Il s'agit de commenter des tragédies du XXe siècle, ainsi qu'une brutalité plus ancienne dans les relations humaines, particulièrement hétérosexuelles. Contribuant à un nouvel élan du féminisme, sans s'en revendiquer explicitement, les romancières réalistes magiques mettent en lumière l'imbrication des histoires personnelles et nationales, du privé et du politique, en ressuscitant le passé au service des enjeux du XXIe siècle.

Première partie

Réalisme magique,
langage de la subversion

I- Origines et définitions du réalisme magique

Des révolutions idéologiques et politiques sont à la base du réalisme magique, lorsque les coups d'État, les dictatures et les révoltes populaires en Amérique latine se transmutent dans les hyperboles de ses écrivains. La répression acharnée des années 1960 et 1970 est concomitante au succès international de ce genre littéraire. Pour les Occidentaux

> [...] *les nations de ce vaste continent exprimaient des utopies révolutionnaires proches des idéaux de mai 68.* [...] *Comment donc résister à une écriture qui glorifiait les faibles et revalorisait leurs valeurs indigènes ?*[1]

La décolonisation accomplie, ce sont les combats latino-américains qui symbolisent désormais la « révolution romantique » des nations « faibles » face à la répression dans les dictatures soutenues par les États-Unis. Il s'agit de capter une réalité distinctement latino-américaine, avec des révisions formelles qui correspondent à l'« essence profonde » du continent. Le réalisme magique s'inspire, entre autres, de l'écriture indigéniste fondée par la romancière Clorinda Matto de Turner en 1889, pour revendiquer les droits des paysans en témoignant de la rudesse de leur existence. Le masque du récit littéraire permet de contourner la censure exercée sur les études sociohistoriques. De même, lors des bouleversements politiques du siècle suivant, les écrivains seront moins surveillés que les journalistes ou les professeurs, car les gouvernements (souvent composés eux-mêmes d'incultes) ne prennent pas en compte leur potentialité subversive. En effet, le réalisme magique permet de déguiser des critiques radi-

---
1. Jean-Pierre Durix, « Le Réalisme magique », p. 10.

cales en contes innocents. Servant à élaborer de nouveaux paradigmes, la littérature

> [...] *réclame et prédit le changement social (la révolution), la nouvelle société libérée des démons qu'elle dénonce et exorcise avec des mots*².

Dès les années 1930, des romancières latino-américaines utilisent cette même stratégie pour remettre en cause la domination masculine. Un des précurseurs du réalisme magique, la romancière chilienne María Luisa Bombal, par le biais de revendications culturelles

> [...] *dénonce aussi l'aliénation de la femme latino-américaine de son époque, ce qu'elle considère comme un devoir partagé par les femmes écrivains de sa génération* [...]³.

Il n'existe pas de définition univoque du réalisme magique, car elle courrait le risque d'imposer à une tendance multiculturelle et innovante les particularités d'un seul contexte. Toutefois, une définition ancrée globalement dans la subversion faciliterait la reconnaissance du réalisme magique comme genre littéraire, afin de tisser des liens entre des œuvres habituellement éloignées. Ainsi se dresse un cadre pour analyser à la fois les dynamiques de la domination et les potentialités transformatrices de la littérature. Le réalisme magique comporte une remise en cause du paradigme dominant, ainsi qu'une affirmation d'autres valeurs. Son succès international souligne un désir actuel de transcender le rationnel, afin de sortir des impasses de notre temps.

Ancêtres lointains

Le réalisme magique est-il un phénomène inséparable des tumultes du XXᵉ siècle, ou s'agit-il plutôt d'une tendance

---

2. Mario Vargas Llosa, *L'Utopie archaïque*, 1999, p. 24. Paragraphe précédent : p. 19-25.
3. Luisa Ballesteros Rosas, *La Femme écrivain dans la société latino-américaine*, 1994, p. 122.

littéraire immémoriale (incluant *Don Quichotte*, *Gargantua*, l'*Iliade*...) ? La coexistence de la magie et de la mimesis en littérature se trouve déjà dans les hymnes à la déesse Inanna[4], puis dans *L'Épopée de Gilgamesh*[5] et dans l'Ancien Testament. Cette coexistence est omniprésente dans les contes et les mythes de toute culture. Concevoir une réalité autre, comme dans la science-fiction, est historiquement plus rare que l'intégration dans le quotidien des faits magiques, car il semble exister une tendance foncièrement humaine à mélanger le surnaturel et le monde concret. Cependant, tout en s'inspirant des textes, des genres et des mythes qui l'ont précédé, le réalisme magique répond aux enjeux de son temps : une recherche du sacré et des traditions anciennes face à un monde matérialiste ; l'opposition à la mondialisation, au totalitarisme, aux guerres, au néo-impérialisme et à la destruction de la nature ; la quête d'identité dans un monde de plus en plus homogène et, bien sûr, la reconstruction d'une spécificité culturelle après la colonisation.

Les contes de fées

À l'origine, les contes de fées sont destinés aux adultes. Ce n'est qu'au XVIIIe siècle, avec le culte du rationalisme, que l'idée se répand qu'ils sont des « *absurdes histoires de vieilles femmes, tout juste bonnes à amuser les enfants* »[6]. Selon la psychanalyste jungienne Marie-Louise von Franz, l'universalité des contes s'explique par le fait que certains thèmes (des archétypes) sont indissociables de la psyché humaine. Le seul autre genre littéraire qui fournit un lien direct à l'inconscient collectif est la poésie, dont les contes représentent l'équivalent populaire. Plus accessibles, ils expriment des références communes qui facilitent la compréhension des individus au-delà des différences culturelles. Claude Lévi-

---

4. Des écrits sumériens vénérant cette déesse puissante et autonome apparaissent à partir de 3200 avant J.-C. Diane Wolkstein et Samuel Noah Kramer, *Inanna, Queen of Heaven and Earth*, 1983.
5. *L'Épopée de Gilgamesh*, 1992 (écrit entre 2330 et 2000 avant J.-C.).
6. M.L. von Franz, *La Femme dans les contes de fées*, 1991, p. 19.

Strauss maintient que la « mentalité primitive » faussement attribuée à certaines populations n'est que l'inconscient collectif de tout être humain, plus ou moins refoulé selon la culture[7]. Les contes matérialisent la terre sauvage de l'inconscient.

La brousse fonctionne dans les contes traditionnels africains comme un immense réservoir de forces brutes. La magie, en tant que force, s'enracine dans la brousse. Les contes auraient pour fonction de capter cette force magique, la domestiquer et la mettre au service de l'ordre social[8].

Si les thèmes des contes conventionnels sont enracinés dans la psyché humaine, le sont aussi d'autres thèmes peu explorés. Attendant passivement leurs princes, les héroïnes de jadis ne sont guère des modèles pour les jeunes filles d'aujourd'hui. Pourquoi les mêmes contes sont-ils relus génération après génération, inculquant des messages qui pourraient sembler démodés ? « Cendrillon », par exemple, contient

plusieurs leçons importantes : des petits pieds sont essentiels à la beauté féminine, les belles-mères (les mères) sont cruelles, et la plus grande tragédie pour une femme est de ne pas se marier[9].

Selon Daly, qui signale les origines chinoises de « Cendrillon » liées à la mutilation des pieds, ces leçons sont les mêmes à travers toutes les cultures et époques du patriarcat. Les contes servent à garantir la complicité des femmes dans la mutilation de leurs corps et de leurs âmes, en les *« empêchant de voir clair dans le jeu et de courir et danser jusqu'à la liberté »*[10].

Barbara Walker, historienne des symboles, réécrit les contes afin d'accorder plus d'autonomie aux femmes, en remettant à la surface des archétypes négligés[11]. Margaret Atwood

---

7. C. Lévi-Strauss, *La Pensée sauvage*, 1962.
8. X. Garnier, *La Magie dans le roman africain*, 1999, p. 159.
9. Mary Daly, *Gyn/Ecology*, 1991 (1978), p. 152. (Toutes les traductions sans mention de traducteur sont de Roussos.)
10. *Loc. cit.*
11. B. Walker, *Feminist Fairytales*, 1997.

révise elle aussi les contes, afin de réfléchir sur les rôles actuels qu'assume chaque sexe. Dans sa version de « La petite poule rouge », la protagoniste ne mange pas son pain toute seule après que les autres animaux ont refusé de l'aider. Son conditionnement féminin l'a habituée à l'appropriation des fruits de son travail par les autres :

> *Je sais ce que dit l'histoire, ce que je suis censée avoir dit : Je vais le manger moi-même, fichez-moi la paix ! Mais n'en croyez rien. Comme je l'ai déjà précisé, je suis une poule, pas un coq. Eh bien voilà, dis-je. Je m'excuse d'en avoir eu l'idée la première. Je m'excuse d'avoir eu de la chance. Je m'excuse pour mon abnégation. Je m'excuse d'être une bonne cuisinière [...] Je m'excuse d'être une poule. Allez, allez, servez-vous. Prenez ma part*[12].

Dans son célèbre roman de contre-utopie féministe *La Servante écarlate*[13], Atwood s'inspire non seulement des textes bibliques, mais aussi de l'image du Petit Chaperon rouge.

Les mythes

Les mythes sont des contes de fées (noyaux d'expérience humaine) enveloppés d'un contexte culturel. Puisque les cultures évoluent, les mythes ne seraient-ils pas davantage susceptibles d'être révisés ? Clarissa Pinkola Estes recueille et interprète les mythes mettant en scène des femmes puissantes et autonomes[14], tandis que Judy Grahn adapte d'anciens mythes sumériens, pour que les aventures des déesses inspirent les féministes de nos jours[15]. Mais dans l'ensemble, les Occidentaux ne cherchent pas à intégrer de tels archétypes libérateurs. À travers les traditions sacrées venant d'Ailleurs (yoga, méditation, rites tribaux...) l'Occident cherche une transcendance dépolitisée. Égaré par le « mythe démythifiant » du positivisme, l'Occident court béatement vers des terres vierges mythiques. Les mêmes cultures bouleversées

---

12. Margaret Atwood, *La petite poule rouge vide son cœur*, 1999 (1992), p. 11.
13. Atwood, *La Servante écarlate*, 2005 (1985).
14. C. Pinkola Estes, *Femmes qui courent avec les loups*, 1996.
15. J. Grahn, *The Queen of Swords*, 1987.

par le néo-impérialisme sont pillées afin de combler un vide. Ainsi s'explique la popularité des traditions chinoises, indiennes, amérindiennes, et le moins grand intérêt suscité par le paganisme européen (qui obligerait à confronter les lacunes de l'histoire). Selon Gilbert Durand, les trois grands mythes de l'Occident sont privés du sacré :

> *Nous vivons encore du vieux Prométhée du XIXe siècle, il est dans nos pédagogies ; nous vivons encore dans nos médias d'une façon assez intensive du mythe de Dionysos ; et nous vivons un tout petit peu seulement du nouveau mythe du XXe siècle, qui est ce mythe hermétiste [...]*[16].

Le mythe de Prométhée est celui de l'hyper-productivité : s'accaparer les pouvoirs divins pour les employer à des fins technocratiques. (*Frankenstein*[17] se référait déjà à ce mythe). Le mythe de Dionysos crée l'illusion d'échapper à la pression de l'hyper-productivité, dans des orgies de satisfaction instantanée. De l'insuffisance du positivisme et des mythes prométhéen et dionysien surgit le mythe hermétiste : la recherche des savoirs anciens[18].

Mary Daly (1978) a traité ces grands thèmes mythiques. Dans une section de *Gyn/Ecology* intitulée « L'illusion de la liberté "dionysienne" », elle constate que ce « dieu dansant » n'est que l'autre face de la rigidité masculine représentée par Apollon dans le mythe grec. Plus important, la mère de Dionysos fut tuée avant sa naissance par Zeus, qui couva l'enfant dans sa cuisse. Dionysos, ce dieu supposé « féminin », représente d'emblée la suppression du féminin en faveur de la mère masculine. Ensuite, il égare les femmes, en leur faisant croire qu'il les libère :

> *Tandis que le surmasculin Apollon opprime et détruit ouvertement les femmes avec ses limites, hiérarchies, règles et rôles fabriqués, le Dionysos féminin obscurcit les sens, séduisant et embrouillant*

---

16. Gilbert Durand, *Introduction à la mythodologie*, 1997, p. 159.
17. Mary Shelley, *Frankenstein, ou le Prométhée moderne*, 1997 (1818).
18. Gilbert Durand, *op. cit.*, p. 43-44.

ses victimes – il les drogue jusqu'à obtenir leur complicité, en leur offrant son "cœur" comme potion d'amour empoisonnée[19].

Daly analyse un mythe prométhéen, actuellement dominant, suivant lequel les hommes développent des technologies pour imiter et s'approprier les processus naturels des femmes[20]. Elle décrit le pouvoir néfaste des mythes patriarcaux et notamment bibliques, qui deviennent des prophéties défaitistes qui se réalisent. Elle propose de remplacer ces mythes « nécrophiles » sur lesquels est ancrée la société actuelle (le Christ sur la croix, l'Apocalypse...) par des mythes « biophiles » qui s'inspirent de la nature vivante, du passé gynocentré et de l'ancienne religion païenne[21]. Démontant l'internalisation insidieuse des structures mythiques, Daly affirme que dans le « *vaste royaume des souvenirs* »[22] réside la clé de la libération des doxas hostiles aux femmes et finalement à tout être vivant.

Le fantastique

Le réalisme magique absorbe et subvertit les mythes et les contes ; il s'inspire également d'un genre littéraire presqu'aussi archétypal : le fantastique. Selon la définition classique de Tzvetan Todorov, le fantastique se caractérise par une hésitation chez le lecteur qui, confronté à des événements insolites, oscille entre des explications naturelles et surnaturelles. Il s'agit soit d'imagination, d'illusion, de folie ou de rêve, soit de l'existence d'un monde avec des lois inconnues. Dès que le texte affirme avec certitude la première possibilité, il ne s'agit plus de fantastique mais d'étrange ; dès qu'il adopte la deuxième, il s'agit de merveilleux[23].

---

19. Mary Daly, *Gyn/Ecology*, p. 67. Mary Daly, *Beyond God the Father*, 1973.
20. Mary Daly, *Amazon Grace*, 2006, p. 8-9 et *Quintessence*, 1998, p. 92-95.
21. Mary Daly, *Gyn/Ecology*, p. 60-63.
22. Mary Daly, *Quintessence*, p. 18.
23. T. Todorov, *Introduction à la littérature fantastique*, 1970, p. 29.

Au XIVe siècle, « fantastique » apparaît en français pour qualifier l'interprétation des faits qui n'ont aucune base dans la réalité concrète. Or, notamment à partir du XVIe siècle, « *le produit de l'imagination est considéré comme un écart opposé à la raison* »[24]. Le terme ne s'applique à la littérature qu'au XIXe siècle, lorsqu'il acquiert également le sens d'« étonnant, incroyable »[25]. À cette époque, avec les avancées scientifiques et la décriminalisation de la sorcellerie, les arts occultes fleurissent ; ils comptent parmi leurs adeptes plusieurs écrivains, y compris Victor Hugo et William Butler Yeats. Parmi les textes fondateurs du genre fantastique figurent les contes de Hoffmann et le roman *Frankenstein* de Mary Shelley, publié en 1818. Cette jeune femme britannique, fille de la philosophe féministe Mary Wollstonecraft, est loin d'être la seule romancière de l'époque à exceller dans ce genre. Les Victoriennes représentent soixante-dix pour cent des auteurs de récits surnaturels aux États-Unis et en Angleterre, bien que la plupart ne connaîtront pas la renommée durable de Mary Shelley ou d'Anne Rice (fondatrice du roman noir)[26]. *Frankenstein* applique le mythe de Prométhée à l'ère industrielle, mais évoque aussi l'exclusion d'une romancière par ses homologues masculins (les amis du poète Percy Shelley, son mari)[27]. Selon Anne Richter, l'exclusion et l'inconnu sont des éléments habituels pour les femmes, poussées hors du pouvoir rationnel par les hommes qui se l'approprient, de sorte qu'elles

---

24. *Dictionnaire historique de la langue française*, 2004, p. 1396.
25. « *C'est le développement d'un type particulier de nouvelles et de romans, jouant sur l'extraordinaire, la rupture avec l'ordre reconnu du monde, qui explique son emploi nominal (1821, Charles Nodier) pour caractériser un genre littéraire puis cinématographique, le* fantastique ». *Ibid.*, p. 1397.
26. « *Depuis deux cent ans, la fiction du surnaturel en anglais est écrite surtout par des femmes ; or, une grande partie de cette littérature est manifestement féministe. Parmi les écrivains réalistes magiques latino-américains aussi, on trouve une prépondérance de femmes* ». Rosemary Jackson, introduction à Jessica Amanda Salmonson (dir.), *What Did Miss Darrington See ?*, 1989, p. ix-x.
27. Cathy Bernheim, *Mary Shelley*, 1997, p. 66.

[...] *détiennent le privilège de penser autrement qu'avec la raison : en utilisant aussi leur corps, ses instincts, ses souvenirs, ou cet impondérable qu'il est convenu d'appeler l'âme*[28].

Prophétesses ou sorcières, les femmes se sont toujours frayé une place en-dehors des institutions dominantes, ce qui rend leur pouvoir encore plus redoutable aux yeux des autorités masculines. Mais les stéréotypes, employés pour discréditer les femmes, ne reposent-ils pas sur cette même pensée « instinctive » (manque de logique) ? Face aux multiples strates d'identité que comporte un roman, comparées par Germain à des poupées russes lovées à l'intérieur de l'écrivain[29], peut-on parler de tendances masculines ou féminines ? Dans une société qui classe les êtres selon leur sexe, et sans répondre ici à la question de « nature ou culture », il est certain que le statut de chaque écrivain influence son écriture. Richter constate qu'un attachement à la magie dans le monde réel est plus courant chez les femmes, tandis que les hommes sont plus enclins à l'abstraction. Elle oppose à titre d'exemple, le fantastique de Jorge Luis Borges, cérébral, érudit, distant, à celui de sa compatriote Silvina Ocampo dont l'univers est « *avant tout matière. C'est de l'observation matérielle que surgit inopinément l'angoisse métaphysique* »[30]. Cet ancrage dans le monde matériel est primordial dans le réalisme magique. En référence à la publication de *Histoire universelle de l'infamie*[31], l'année 1935 est retenue comme la date de naissance du réalisme magique latino-américain[32]. Bien que Borges soit considéré comme l'ancêtre prototypique du réalisme magique, les œuvres d'Ocampo sont plus représentatives de ce

---

28. *Le Fantastique féminin d'Ann Radcliffe à Patricia Highsmith, 31 nouvelles présentées par Anne Richter*, 1995, introduction, p. 10.
29. Michèle M. Magill, « Entretien avec Sylvie Germain », p. 334.
30. A. Richter, p. 16. Chez Borges, en revanche, l'angoisse associée à la dictature s'exprime par abstractions et par énigmes : « *Cette angoisse, Borges refuse de l'exprimer directement, sentant bien que les mots la figeraient nécessairement et la transformeraient en rhétorique complaisante* ». René Quilliot, *Borges et l'étrangeté du monde*, 1991, p. 8.
31. J.L. Borges, *Histoire universelle de l'infamie/ Histoire de l'éternité*, 1994 (1951 pour la première édition française).
32. A. Flores, « Magical Realism in Spanish American Fiction », p. 113.

genre littéraire (Borges développe plutôt le fantastique subversif).

La littérature fantastique est-elle subversive par nature ? Dans sa remise en cause des lois naturelles, elle s'interroge aussi sur l'organisation sociale. Au XIXe siècle, la plupart des écrivains réalistes emploient parfois des conventions fantastiques afin de rompre avec l'idéologie positiviste de la bourgeoisie. Le fantastique exprime une quête de sens au-delà du monde connu. Loin d'exprimer la nostalgie du passé ou de l'ailleurs, il relève les lacunes du présent. Son rôle est d'inquiéter, brisant la façade des réalités courantes. Contrairement au merveilleux, suffisamment éloigné du réel, le fantastique suscite de l'inconfort. La censure préconisée par Platon dans sa *République* reflétait déjà l'angoisse envers les thèmes fantastiques. Pour assurer le bon fonctionnement de la société, le philosophe préconise l'interdiction de toute littérature traitant des fantômes et des cadavres, ainsi que de l'esclavage, de l'oppression des femmes, de la sexualité et des accouchements. Ce silence est nécessaire pour maintenir un état ordonné et unifié où la domination de l'homme rationnel est assurée. Comme son descendant le réalisme magique, qui infiltre davantage le réel, le fantastique est la voix de l'Autre.

De l'art visuel à l'écrit

La peinture allemande

Les courants picturaux absorbent et reflètent les sensibilités de leur temps. La Première Guerre mondiale met fin à l'idéalisme impressionniste, basculant dans l'angoisse flamboyante de l'expressionnisme. L'inquiétante froideur du post-expressionnisme, baptisé par la suite « réalisme magique » par le critique d'art allemand Franz Roh en 1925, se répand aussitôt[33]. Bien que le terme ait déjà été employé par quelques peintres hollandais (et au XVIIIe siècle par Novalis), Roh est

---

33. F. Roh, *Nach-Expressionismus, Magischer Realismus*, 1925.

le premier à définir le réalisme magique, accordant ainsi une identité autonome au « post-expressionnisme »[34]. Alors que le réalisme magique actuel met l'accent sur la magie, le courant pictural était axé sur un retour au réel. L'enfer fantasmagorique de l'expressionnisme est remplacé par l'enfer sobre du quotidien. En la regardant de trop près, l'artiste articule une défamiliarisation avec la réalité connue. Son regard objectif fait appel aux associations libres de l'inconscient. L'influence freudienne est apparente, tandis que le réalisme magique littéraire se caractérise plutôt par des archétypes jungiens.

Roh évoquait déjà les potentialités libératrices du réalisme magique, liées à un élargissement du concept du réel (et donc du possible). Traduit en espagnol en 1927, son livre fut bien accueilli en Amérique du sud, où de nombreux artistes allemands trouvèrent refuge face au « nettoyage culturel » hitlérien[35]. Concomitante au réalisme magique pictural de l'Europe, une nouvelle tendance littéraire émerge en Amérique latine.

Les premiers écrivains

En Europe, le réalisme magique littéraire ne bénéficie pas de l'identité unificatrice qui est à la base de son succès en Amérique latine. Du néo-platonicien hollandais Johan Daisne à l'auteur de romans policiers Hubert Lampo, en passant par la fantasmagorie de l'Italien Massimo Bontempelli, chacun emploie le terme à ses propres fins.

En décrivant le « nouveau monde », les récits des Conquistadors mélangeaient déjà la magie et le réel. Ces Européens utopistes étaient en quête non seulement de cités remplies d'or, mais aussi des lieux et des peuples mentionnés dans la Bible, y compris le jardin d'Éden[36]. L'étrange réalité du continent laisse libre cours à leur imagination. Entremêlant fait

---

34. Jean Weisgerber, « La Locution et le concept », 1987, p. 11-16.
35. Irene Guenther, « Magic Realism, New Objectivity and the Arts during the Weimar Republic », p. 33-73.
36. Jorge Magasich-Airola et Jean-Marc de Beer, *America Magica*, 1994.

et fantaisie, leurs récits inspirent la littérature chevaleresque en Europe, et éventuellement le réalisme magique[37]. La violence dévastatrice des conquêtes n'empêche pas des pollinisations croisées de l'imaginaire. Les nouvelles d'Alejo Carpentier, premier théoricien du réalisme magique latino-américain, décrivent la dissolution de la civilisation, remplacée par une jungle verdoyante[38]. Ce retour à un passé lointain et merveilleux rappelle les fantasmes de ceux qui cherchèrent littéralement le Paradis (tout en semant l'Enfer autour d'eux). La condamnation de la civilisation industrielle est un leitmotiv du réalisme magique latino-américain. Le thème évolue en fonction des périls du temps : en 1975 la romancière équatorienne Alicia Yáñez Cossío prévoit déjà les dangers de l'Internet, tout en célébrant la retrouvaille d'un peuple antédiluvien[39]. De même, la protagoniste du récit de l'argentine Luisa Valenzuela se dépouille de ses possessions afin de demeurer chez des montagnards si intouchés par le passage du temps qu'ils ne connaissent pas le vieillissement[40]. Si ce thème remonte aux Conquistadors, il exprime, paradoxalement, une quête de valeurs précoloniales et d'autonomie culturelle.

Dans les années 1930 émerge pour la première fois le concept d'une identité latino-américaine[41]. Toutefois, les théoriciens littéraires du concept, Alejo Carpentier, Angel Flores et Jacques-Stéphen Alexis, ayant fait leurs études universitaires à Paris, représentent autant l'hybridité que la latinité. Leurs propres romans se rattachent à un genre littéraire cosmopolite, s'inspirant non seulement des civilisations et de l'histoire (mythique et réelle) des Amériques, mais aussi de la littérature fantastique, du post-expressionnisme et du surréalisme. Flores associe le post-expressionnisme, cérébral, objectif et abstrait, à Borges, et le surréalisme, onirique, subjectif et concret, à Silvina Ocampo et à la romancière chilienne María

---

37. A. Carpentier, « Chevaliers errants en Amérique », p. 242-245.
38. A. Carpentier, *Les Pas perdus*, 1953.
39. A. Yáñez Cossío, « The IWM 1000 », 2003 (1990), p. 229-233.
40. L. Valenzuela, « Up Among the Eagles », p. 209-215.
41. A. Carpentier, « Les Points cardinaux du roman en Amérique latine », 2003, p. 59.

Luisa Bombal[42]. Le réalisme magique se forge à partir de ces deux courants, synthétisant les influences de l'Amérique latine et de l'Europe, voire du masculin et du féminin.

Selon Carpentier et Alexis, la réalité même de l'Amérique latine est imprégnée de magie, contrairement à l'artifice du surréalisme dans l'Europe profane et cartésienne. En 1943, après un voyage en Haïti, Carpentier (d'origine cubaine) quitte le mouvement surréaliste pour s'intégrer dans le courant littéraire latino-américain qu'il baptise le «réalisme merveilleux américain», terme abrégé en «réalisme magique» par Flores en 1954. Il cite en particulier la tendance de Borges (que lui-même appelait le fantastique) et de María Luisa Bombal. En 1956, Alexis développe davantage ce courant, en reformulant l'histoire d'Haïti selon son propre idiome culturel, y intégrant la magie. Carpentier, Flores, Alexis, avec Borges comme ancêtre : ce sont les fondateurs du réalisme magique que retient l'histoire ; l'influence considérable des romancières est moins fréquemment citée.

À partir des années 1920, des romancières telles que Teresa de la Parra et María Luisa Bombal expérimentent de nouvelles stratégies littéraires. Tandis que Teresa de la Parra s'inspire des contes et des légendes orientales, Bombal analyse la condition féminine sur un ton onirique. Elles sont parmi les premiers écrivains latino-américains à rompre avec la tradition européenne, bien que Bombal intègre les influences du surréalisme et de l'existentialisme, notamment dans sa conception du roman engagé. Elle considère la dénonciation de la domination masculine comme la responsabilité de chaque romancière[43]. Ses romans sont non seulement sociopolitiques, mais contribuent structurellement à l'évolution littéraire de son continent. En Argentine aussi, la genèse du réalisme magique est largement féminine. Les sœurs Ocampo, Sylvina et Victoria, dominent respectivement dans la création et dans la théorie littéraire. En 1931, Victoria Ocampo crée et dirige la revue internationale *Sur*, qui fait connaître le

---

42. A. Flores, « Magical Realism in Spanish American Fiction », p. 113.
43. L. Ballesteros Rosas, *La Femme écrivain dans la société latino-américaine*, p. 118.

jeune Borges, tandis que les romans de sa sœur sont au centre du courant. Les romancières furent également influentes lors de la renaissance du réalisme magique dans les années 1960, et continuent de l'être, avec leur dénonciation concomitante des gouvernements tyranniques et de la tyrannie qu'exercent les hommes sur les femmes.

Perspectives

L'évolution rapide du réalisme magique, ainsi que son polygénisme, se prêtent à des interprétations parfois antinomiques, d'autant plus que la complexe question des critères reste peu abordée. Une définition succincte et thématique paraît essentielle afin d'empêcher que le terme soit appliqué sans discrimination ou, au contraire, réservé à un cercle restreint d'auteurs consacrés. Nous proposons donc la définition suivante : genre littéraire dans lequel l'incursion du surnaturel sert à déstabiliser la réalité quotidienne, afin de créer un discours subversif.

Critères

Dans *Cent ans de solitude*[44], exemple emblématique du réalisme magique contemporain, une boisson bien quotidienne suffit pour faire léviter le prêtre.

> *Une formule, une prière ou une invocation aurait fait une rupture entre le normal et l'anormal. Une tasse de chocolat, en revanche, fait un lien entre le réel et l'irréel ; il s'agit d'une touche banale de réalisme, qui sert à domestiquer et ainsi à rendre réel l'événement surnaturel*[45].

Ceci illustre un critère déterminant du réalisme magique : l'ancrage de la magie dans la matière. Flores insista particulièrement sur cet aspect, allant jusqu'à affirmer la précision et la

---

44. Gabriel García Márquez, *Cent ans de solitude*, 1968 (1967).
45. Tommaso Scarano, « Notes on Spanish-American Magical Realism », 1999, p. 26.

logique du genre. Citant *La Métamorphose* de Kafka, il constate que l'histoire découle rationnellement d'un événement étrange. Un réalisme exact et détaillé incorpore l'événement, sans la moindre anomalie. Ainsi, la métamorphose en insecte du héros kafkaïen Grégoire Samsa ne dérange guère la routine domestique[46]. En 1967, Luis Leal conteste le critère du rationnel, en minimisant l'influence de Kafka et de Borges[47]. Dans un retour à Roh, Leal stipule plutôt une certaine attitude envers le réel, dans la recherche des mystères cachés derrière la banalité apparente. Contrairement à Flores, le réaliste magique selon Leal quitte la logique, sans quitter le réel. Cette divergence peut s'expliquer par l'évolution du réalisme magique entre 1955 et 1967, notamment dans son éloignement progressif de la rationalité occidentale.

En 1995, Wendy Faris entreprend une définition du réalisme magique plus complète que celles de Flores et de Leal. Discutables sur certains points, les critères de Faris[48] fournissent un point de départ indispensable pour l'étude contemporaine du réalisme magique :

1. Au moins une véritable **occurrence magique**, inexplicable selon les lois de la nature, se produit ; elle n'est pas uniquement allégorique ou métaphorique, ni le résultat du délire ou de la folie (p. 167).
2. La même attention **réaliste** est prêtée aux descriptions d'un univers qui ressemble au nôtre et aux occurrences magiques. Le réalisme conventionnel est subverti, car employé à présenter une autre réalité (p. 169).
3. La possibilité d'**hésitations** : certaines des occurrences qui paraissent magiques peuvent être de simples hallucinations, miracles ou allégories (à condition qu'au moins une occurrence soit objectivement surnaturelle). Ainsi,

---
46. F. Kafka, *La Métamorphose et autres récits*, 1989 (1916).
47. L. Leal, « Magical Realism in Spanish American Literature », p. 119-124. L. Leal se réfère extensivement à A. Flores qui, écrivant en 1955, est le seul jusqu'en 1967 à s'être penché sur le problème de définition.
48. W. Faris, « Scheherazade's Children », p. 167-173.

même Milan Kundera serait un réaliste magique (p. 171).
4. Le réalisme magique se situe au carrefour entre **deux mondes** dont les limites sont plutôt floues (p. 172).
5. Les vérités établies sont remises en cause, aussi bien sociopolitiques et identitaires que temporelles et spatiales (p. 173). L'occurrence magique participe à une remise en cause des pouvoirs dominants, se prêtant aux messages politiques notamment par le biais de la satire (p. 167).

Tout en soulevant des controverses, ces critères relèvent les tendances principales du réalisme magique actuel. Le troisième critère risque d'ouvrir la voie aux confusions avec le fantastique, voire à l'application du terme « réalisme magique » à toute littérature insolite. Le quatrième critère, en revanche, semble trop exclusif, car la magie et le réel se conjuguent de nombreuses façons, y compris dans une même sphère. En effet, les « deux mondes » sont le plus souvent, voire nécessairement, synthétisés en un seul. Le lecteur conçoit, à sa façon, la différence entre naturel et surnaturel, tandis que les personnages ne connaissent pas obligatoirement cette distinction. Le cinquième est un critère crucial que Faris est la première à élaborer.

Le travail de Faris est également pertinent dans sa considération du réalisme magique comme genre littéraire. Décrit tantôt comme une *technique*, un *mode de narration* ou un *concept*[49], tantôt comme une *forme hybride*[50], un *courant littéraire*[51], ou simplement de la *poésie*[52], le réalisme magique glisse entre les catégories. Sa reconnaissance comme genre littéraire aide à l'approfondir dans ses dimensions techniques,

---

49. T. Scarano, « Notes on Spanish-American Magical Realism », p. 10.
50. *Ibid.*, p. 15.
51. J. Weisgerber, « La Locution et le concept », p. 27. Selon Weisgerber, le réalisme magique n'est qu'un « *courant littéraire groupant des écrivains isolés et qui s'insère dans le réalisme élargi du XXe siècle* ».
52. A. Rizzardi, « The Magical-Realist in Joe Rosenblatt », p. 137. La conclusion de cet essai est que le réalisme magique n'est qu'une forme de poésie, qui transforme et transgresse la réalité comme la poésie l'a toujours fait.

mais également sociopolitiques. Faris constate que le réalisme magique est plus accessible et plus populaire que le modernisme parce qu'axé sur le suspense et sur les événements, de sorte qu'il se prête facilement à une adaptation cinématographique[53]. Son importance dans les littératures postcoloniales et le postmodernisme, ainsi que l'abondance d'études et de colloques qui lui sont consacrés depuis les années 1980 suggèrent également qu'il mérite une considération en tant que genre littéraire. Le réalisme magique défie les classifications traditionnelles, tout en appelant aux révisions littéraires de forme et de contenu, ainsi qu'à de nouvelles approches critiques qui n'occultent pas les contestations vis-à-vis des pouvoirs dominants.

Controverses et confluences

Dans le film *Respiro*[54], Grazia, mère de famille dans un village insulaire de l'Italie, manifeste un esprit rêveur et indépendant, source de malentendus avec les villageois et avec son mari. Les menaces de sa belle-famille, qui souhaite l'envoyer dans un asile à Milan, la poussent à trouver refuge dans une grotte au-dessus de la mer, où son fils subvient clandestinement à ses besoins. Un jour, en découvrant sa robe abandonnée sur la plage, son mari conclut qu'elle s'est suicidée. Désespéré, il se jette à la mer. Sous l'eau, il la rencontre et ils peuvent enfin communiquer, se comprendre et « respirer ». Cette occurrence magique représente une réalité à la fois affective et sociale : l'impossibilité de s'entendre au sein d'une doxa qui monopolise le réel. Comme les mœurs des villageois dans *Respiro*, le discours dominant est présenté dans le réalisme magique comme une restriction étouffante dont la seule évasion possible se trouve dans le surnaturel.

Le réalisme magique semble être un oxymore. Cependant, l'opposition binaire n'est qu'une des relations envisageables entre réalisme et magie, qui peuvent aussi exister parallèlement, se fondre l'un dans l'autre, ou s'envahir. Dans un ef-

---

53. W. Faris, « Scheherazade's Children », p. 163.
54. *Respiro*, Emanuele Crialese, France/ Italie, 2002.

fort pour transcender le paradoxe, F.L. Aldama fusionne les termes (*magicoréalisme*)[55]. Pour certains auteurs, la magie sert à évoquer une réalité plus vraie que ne le pourrait être un réalisme mimétique, dépourvu des qualités mystérieuses qui caractérisent nos vies ; il s'agit de « *dire le réel que le réalisme traditionnel ne saurait désormais rendre* »[56]. Selon Alfredo Rizzardi, les connotations du mot « réalisme » sont masculines, alors que celles de « magique » sont féminines, surtout, note-t-il, dans notre époque de sorcières féministes[57]. Les deux termes ensemble forment un androgyne, un être complet, et les textes réalistes magiques illustrent cette fusion.

L'impossibilité de cerner la réalité humaine par la logique traditionnelle est une préoccupation majeure des artistes, penseurs et psychanalystes du XXe siècle. Le déni de la magie enferme l'humanité dans un schéma irréel, car incapable de capter la complexité d'émotions, de circonstances et de relations humaines qui nous construisent. Non seulement la mimesis ignore le mystère, mais la réalité peut excéder de loin le plausible ; il n'y a rien de plus magique, de plus mystérieux qu'elle. Le réalisme magique représente la réalité objective, mais incarne aussi la réalité ressentie, tout comme la pensée traditionnelle africaine « *part du réel pour l'expliquer* »[58].

Des événements réels dépassent souvent la fiction. Ainsi, Maryse Condé observe que « *les romanciers ont peur d'inventer l'invraisemblable, c'est-à-dire le réel* », et que la fiction n'est « *jamais à la cheville de la réalité* »[59]. Ce paradoxe figure dans Les Versets sataniques de Salman Rushdie, lorsqu'à la suite de l'explosion de leur avion, Gibreel et Sala-

---

55. F.L. Aldama, *Postethnic Narrative Criticism*, 2003, p. 15.
56. Nicolas Martin-Granel, « Le réalisme "tropical" de Sony Labou Tansi », p. 135.
57. A. Rizzardi, *op. cit.*, p. 136. Textes fondateurs de la sorcellerie féministe, mouvement axé sur la vénération de la nature, des déesses et des anciennes divinités païennes, ainsi que sur l'engagement écologiste et altermondialiste : Starhawk, *The Spiral Dance*, 1979 et Margot Adler, *Drawing Down the Moon*, 1986. Voir aussi : Starhawk, *Femmes, Magie, Politique*, 2002.
58. X. Garnier, *La Magie dans le roman africain*, p. 9.
59. Maryse Condé, *Histoire de la femme cannibale*, 2003, p. 26.

din tombent du ciel et atterrissent sans dommage sur une plage de Grande-Bretagne. Après une période d'incognito qui suit sa mort présumée, Gibreel, comédien célèbre, fait son retour sur la scène. Sachant que personne ne croirait à la réalité de sa survie miraculeuse, il prétend avoir raté l'avion, fiction banale face à la l'incroyable vérité[60]. Est-ce un moyen de s'attaquer à une réalité déterminée par les conventions du réalisme littéraire et par le discours dominant (occidental et masculin), qui écarte tout ce qui remet en cause le rationnel ? Quel rapport avec les croyances des personnages, de l'auteur et du lecteur ?

Selon Mireille Rosello, un auteur réaliste magique doit croire à la réalité de la magie qu'il évoque. Elle constate que les écrivains antillais appartiennent à une culture où les croyances au « surnaturel » (terme impliquant une dichotomie occidentale) sont courantes[61]. Un parallèle se trouve chez la peintre mexicaine Frieda Kahlo, qui se considérait, contrairement à l'avis des critiques, plutôt réaliste que surréaliste[62]. Dans son évocation de la magie intrinsèque d'un espace géoculturel, Rosello rejoint Carpentier et Alexis. Cependant, elle établit une distinction critique entre leur interprétation essentiellement masculine, et le réalisme magique antillais, qu'elle considère comme un contre-pouvoir féminin. Elle conteste la latinité de Carpentier, qui laisse paradoxalement une grande place aux mêmes structures européennes qu'il essaie de combattre. Les romancières citées par Rosello prennent plutôt la magie pour acquise :

> *La magie fait simplement, indéniablement partie du réel. Et ce "simplement" pourrait bien représenter un coup de force rhétorique qui répond implicitement au scepticisme condescendant d'un Occident qui rabaisse toute pratique magique au rang de superstition primitive*[63].

---

60. S. Rushdie, *Les Versets sataniques*, 1989, p. 281.
61. Mireille Rosello, « Magie et créolité aux Antilles », p. 59.
62. Whitney Chadwick, *Les Femmes dans le mouvement surréaliste*, 2002, p. 88.
63. Mireille Rosello, *op. cit.*, p. 57.

Bien que la perspective de Rosello soit particulièrement percutante dans l'étude du réalisme magique comme genre subversif, la plupart des romancières ne semblent pas croire à la magie. Selon Brenda Cooper, cette incroyance est nécessaire afin que l'auteur maintienne une distance ironique, ce qui distingue ce genre littéraire cosmopolite des modes d'expression traditionnels[64]. Maryse Condé avoue ne pas croire dans la magie qu'elle décrit, bien qu'elle reconnaisse sa valeur identitaire :

> *Je n'y crois pas, mais ces croyances sont encore assez vivaces aux Antilles et en Afrique. À ce titre, je les insère dans mes intrigues romanesques lorsque c'est approprié. Peu importe ce qu'un écrivain croit en tant qu'individu !* [65]

En revanche, quelques autres romancières renommées s'impliquent dans la magie identitaire décrite par Rosello. Toni Morrison affirme sa propre croyance aux fantômes, liée à son héritage africain[66]. Mais Morrison est également influencée par le postmodernisme, qui partage avec le réalisme magique certaines conventions : éléments métafictifs (s'adresser au lecteur), incarnation des métaphores, répétitions, changements de perspective, prédilection pour la métamorphose et les mythes, esprit carnavalesque, langage extravagant, néologismes... Les détracteurs d'un rapprochement entre réalisme magique et postmodernisme constatent que le postmodernisme se caractérise par son nihilisme et sa prédilection pour le non-sens et le hasard, le réalisme magique par son engagement et sa quête de sens[67]. En revanche, certains auteurs tels que Morrison et Rushdie adaptent (voire

---

64. B. Cooper, *Magical Realism in West African Fiction*, 2001.
65. F. Pfaff, *op. cit.*, p. 91.
66. Gail Caldwell, « Author Toni Morrison Discusses Her Latest Novel: Beloved », 1994, p. 242. Voir aussi T. Higgins, *Religiosity, Cosmology and Folklore*, 2001; étude remarquable, à la fois ethnographique et littéraire, qui établit des liens entre les romans de Morrisson et les croyances de neuf peuples africains.
67. W. Faris, « Scheherazade's Children », p. 163-190. T. D'Haen, « Magical Realism and Postmodernism », p. 191-208.

subvertissent) les techniques postmodernes afin de transmettre leurs revendications culturelles et identitaires.

Dans le réalisme magique décolonisé, les métaphores protagoniste-pays abondent, lorsque les événements historiques se réinterprètent à la lumière de la vie des personnages. Il s'agit de déstabiliser le discours dominant en obligeant à une confrontation avec le passé, notamment dans ses répercussions sur le présent. En revendiquant une spécificité culturelle du réalisme magique, Crystel Pinçonnat rappelle que dans la littérature des États-Unis, ce sont les écrivains « minoritaires » qui le pratiquent, afin d'affirmer leur héritage culturel[68]. Par exemple, dans *Cérémonie* de la romancière amérindienne Leslie Marmon Silko[69], et aussi dans *So far from God* d'Ana Castillo[70], la magie permet aux protagonistes de guérir en leur restaurant une identité ethnique récusée par la culture dominante. Mais l'étude centrée sur les origines des auteurs, ne court-elle pas le risque de les réduire aux seuls aspects sociologiques, en occultant les innovations littéraires ? Toute discussion sur la littérature « minoritaire » ou « féminine » entraîne le risque d'essentialisme, résumant l'auteur à son appartenance à une catégorie. En revanche, ces spécifications peuvent favoriser une force collective des voix marginalisées.

S'étant assuré une place importante sur la scène littéraire internationale, le réalisme magique poursuit-il encore sa revendication de valeurs non occidentales ? Traitant le contexte indien, Jacqueline Bardolph constate que les écrivains décolonisés savent désormais qui ils sont : des citoyens du monde, qui réussissent à incorporer leur culture native à une identité hétéroclite[71]. La lutte menée par les réalistes magiques des générations précédentes serait-t-elle donc gagnée ? Rushdie observe plutôt que les tensions persistent entre l'Inde et l'ancien pouvoir colonial. Si les réalistes magiques sont des élites cosmopolites du Tiers-monde, les questions identitaires

---

68. C. Pinçonnat, « Contre la chronique d'une mort annoncée », p. 35-51.
69. L. Marmon Silko, *Cérémonie*, 1992.
70. Ana Castillo, *So Far from God*, 1993.
71. J. Bardolph, « Les "enfants" de Rushdie : quel réalisme, quelle magie ? », p. 26.

ne les inquiètent pas moins, lorsqu'ils sont tiraillés entre les perspectives dominante et dominée[72].

Brenda Cooper constate que le réalisme magique nécessite à la fois le respect des croyances évoquées et une certaine distance, qui élargit le champ de la vision. Un écrivain qui prend à la lettre le surnaturel, ou qui reproduit strictement les conventions des contes traditionnels, n'appartient pas à ce genre nécessairement hétéroclite et novateur. Le réalisme magique n'est donc pas à confondre avec des écrits qui préconisent un retour aux structures précoloniales[73]. Bien que ces écrits puissent être une source d'inspiration, le réalisme magique est nécessairement hybride. Il dénonce l'Occident, tout en montrant une grande familiarité avec sa pensée. Il cherche à forger un avenir qui prendra en compte les mentalités et les valeurs culturelles occultées par la mondialisation.

---

72. S. Rushdie, *Patries imaginaires*, 1993.
73. Dans *Magical Realism in West African Fiction*, B. Cooper oppose Tutuola, trop proche des traditions pour être un réaliste magique, à Ben Okri qui témoigne de la distance ironique requise.

II- La magie comme contre-pouvoir

> *j'habite une formule magique*
> *les seuls premiers mots*
> *tout le reste étant oublié* [1].

Magie et cultures

Religion ou science

À l'origine, « magie » se réfère à la religion des mages perses. Le mot s'intègre à la langue française au XVIe siècle pour désigner l'exercice des pratiques occultes, mais acquiert aussitôt le sens figuré de « surnaturel, extraordinaire », tandis que le sens « très beau, étonnant » n'apparaît qu'au XXe siècle. D'une religion centrée sur des pratiques occultes à l'exploration quasi-scientifique des ces pratiques, la magie est originellement conçue comme une action précise et consciente sur le monde. Axée sur l'observation et sur l'obtention de résultats, elle est l'ancêtre de la science. Selon l'ethnologue Marcel Mauss, la magie est à la fois science et religion. Elle englobe des croyances collectives, ainsi qu'une cosmologie tournée non pas vers le Ciel, mais vers l'étude de phénomènes naturels. Pour maîtriser les forces de la nature, il faut d'abord les comprendre. Dans certaines cultures, il n'y a pas eu de rupture entre magie et science, foi et logique, croyance et pratique. Un des premiers objectifs des missionnaires était

---

1. A. Césaire, « Moi, laminaire », p. 40.

de « *déréaliser le monde invisible* », pour combattre la puissance d'une magie aussi réelle que le quotidien².

De *la culture* aux cultures

À l'origine, « culture » se réfère exclusivement à l'instruction et au savoir-vivre européens. Les habitants d'autres continents « n'ont pas de culture », à moins qu'ils ne manifestent des ressemblances avec les explorateurs, missionnaires et colons qui les « découvrent ». Bien que le pluriel « cultures » ait été utilisé dès 1850, sa relativité implicite n'est prise en compte qu'au XXe siècle, lorsque la notion d'infériorité fut contestée par l'ethnologue structuraliste Claude Lévi-Strauss. Dénonçant la notion d'une mentalité primitive, Lévi-Strauss affirme (contrairement à ses prédécesseurs tels que Lévy-Bruhl) qu'aucune culture ne saurait en juger une autre, car chacune reste prisonnière de son propre système de pensée³. Alors se répand l'idée que les Européens n'ont pas le monopole du savoir ; puisque chaque peuple s'instruit à sa façon, les autres continents ne peuvent plus être conçus comme un grand vide.

Détournant les théories de Darwin, certains ethnologues du XIXe siècle imaginent que les autres continents sont « en retard » par rapport à l'Europe en raison d'une infériorité raciale. Selon Gustav Klemm, le monde est composé d'une race active (européenne) et d'une race passive (l'Autre), qui se complètent comme les deux sexes :

> [...] *Klemm compare respectivement ces deux races à l'homme et la femme : de même que les deux sexes sont mutuellement complémentaires, de même la race active serait incomplète sans la race passive, et vice versa*⁴.

Sans le vouloir, Klemm relève une considération cruciale pour le féminisme : les sexes servent de modèle à toute rela-

---

2. X. Garnier, *La Magie dans le roman africain*, p. 25. M. Mauss, *Sociologie et Anthropologie*, 1980 (1950), p. 11.
3. C. Lévi-Strauss, *Race et Histoire*, 1987 (1952), p. 33.
4. Robert Löwie, *Histoire de l'ethnologie classique*, 1991 (1937), p. 20-21.

tion l'Un-l'Autre. Beauvoir affirme que la hiérarchie sexuelle, unique par son universalité, constitue le paradigme de toute situation de domination[5]. Les hommes « féminisent » d'autres hommes, afin de les dominer. Le lien entre l'Autre d'une culture différente et l'Autre qui est « la femme » est évident chez des écrivains de l'ère coloniale (par exemple, dans *Au Cœur des ténèbres* de Joseph Conrad et dans les journaux de l'ethnologue Bronislaw Malinowski)[6]. Le mythe de l'Autre – passif, vide, enfantin, ayant besoin de l'Un tout-puissant – conforta les Européens dans leurs aventures coloniales. L'Autre est féminisé, sexualisé, objet à la fois de peur et de tentation : l'Autre est magique.

Les fléaux successifs – les missionnaires, la colonisation, le néo-impérialisme – ayant détruit la possibilité d'une véritable indépendance, l'idée que d'autres cultures puissent imiter l'Occident de leur plein gré est intenable :

> [La civilisation occidentale] *a bouleversé de fond en comble leur mode traditionnel d'existence, soit en imposant le sien, soit en instaurant des conditions qui engendraient l'effondrement des cadres existants sans les remplacer par autre chose. Les peuples subjugués ou désorganisés ne pouvaient donc qu'accepter les solutions de remplacement qu'on leur offrait, ou, s'ils n'y étaient pas disposés, espérer s'en rapprocher suffisamment pour être en mesure de les combattre sur le même terrain*[7].

De nos jours, les autres pays (à l'exception du Japon, qui combat sur le même terrain) sont encore considérés par l'Occident comme en retard sur le chemin de l'évolution, ce qui se manifeste dans les politiques d'aide au développement. Des expressions telles que « sous-développé » ou « en voie de développement » impliquent encore une progression linéaire vers le but suprême du modèle occidental, axé sur les échanges économiques. L'écologiste indienne Vandana Shiva détecte

---

5. S. de Beauvoir, *Le Deuxième Sexe*, tome I, p. 19.
6. J. Clifford, *Malaise dans la culture*, 1996, p. 108. « *l'Autre garde à ses yeux un peu de sa magie primitive* ». Beauvoir, *Le Deuxième Sexe*, tome I, p. 136.
7. C. Lévi-Strauss, *Race et Histoire*, p. 53-54.

les enjeux culturels occultés par cette « monoculture de la pensée » :

> *Dans un contexte plus large où science égale "les façons de savoir" et technologie égale "les façons de faire", toutes les cultures, dans toute leur diversité, ont eu des systèmes scientifiques et technologiques sur lesquels est ancré leur développement distinct et divers. Les technologies, ou les systèmes de technologie, font le pont entre ressources naturelles et besoins humains*[8].

Comme les ethnologues qui remplacèrent « culture » par « cultures », Shiva constate que *science* et *technologie* devraient être utilisés au pluriel, ce qui encouragerait une véritable diversité conceptuelle, méthodologique et éthique.

L'idée de culture conteste celle de biologie comme explication des comportements. Ceux-ci ne sont pas, selon la perspective actuelle, inscrits dans les gènes d'un peuple, mais inculqués par le milieu social. Alors que l'idée de différence innée selon la « race » semble heureusement désuète, un mouvement analogue ne s'est pas fait sentir dans le domaine du « sexe », où elle sert de prétexte à des iniquités flagrantes[9].

Réalités magiques, conditions féminines

Certains théoriciens prétendent que l'oppression attise l'imagination, notamment dans le contexte postcolonial :

> *[...] le processus aliénant qui a initialement servi à reléguer le monde post-colonial aux "marges" s'est retourné contre lui-même ; ce processus a poussé le monde post-colonial à dépasser une sorte de barrière mentale pour arriver à une position qui permet de voir toute expérience comme étant décentrée, plurielle, à*

---

8. V. Shiva, *The Violence of the Green Revolution*, 1991, p. 233. V. Shiva, *Monocultures of the Mind*, 1993.
9. Monique Wittig, *La Pensée straight*, 2002. Wittig préfère le terme « sexe » à « genre », puisque même le masculin et le féminin ne sont pas des évidences, comme le laisse croire cette distinction entre le « naturel » et le conditionné. Qui décide en quoi consiste « le naturel », « le sexe », et ce qui tombe dans le sociologique, « le genre » ?

multiples facettes. La marginalité est donc devenue une source sans précédent d'énergie créative[10].

Cette idée ne rappelle-t-elle la notion essentialiste d'une « mentalité primitive » plus épanouie ? Cette même supériorité de l'imaginaire comme compensation du manque de pouvoir sociopolitique est attribuée à l'ensemble des femmes, y compris par celles qui se réjouissent de « la différence ». Le thème de la corrélation femmes-magie, nuisible lorsqu'il renforce des stéréotypes misogynes, intrigue des penseurs depuis Michelet. Beauvoir écrit :

L'homme vit dans un univers cohérent qui est une réalité pensée. La femme est aux prises avec une réalité magique qui ne se laisse pas penser : elle s'en évade par des pensées privées de contenu réel. Au lieu d'assumer son existence, elle contemple au ciel la pure Idée de son destin, au lieu d'agir, elle dresse dans l'imaginaire sa statue [...][11].

Selon Beauvoir, la « réalité magique » dans laquelle vivent les femmes est à la fois conséquence et justification de la domination masculine. Or, la libération sera acquise lorsqu'elles parviendront à « assumer l'existence » au même titre que les hommes. Mais l'imaginaire fait-il nécessairement obstacle ? Des féministes radicales telles que Mary Daly (2006) mettent l'accent sur la créativité supérieure des femmes : lorsqu'elles refuseront de la mettre au service du patriarcat, en s'en servant plutôt pour réfuter ses mensonges, cet empire millénaire s'écroulera. Moins incisives, des théoriciennes telles que Cixous, Irigaray et Kristeva ont repris la notion de « nature féminine » pour lui insuffler un pouvoir en-dehors des schémas patriarcaux. Dans cette « culture de la femme », elles revalorisent la spontanéité, la sensibilité, l'intuition, ainsi qu'une corporalité libératrice face à la cérébralité réductrice qu'imposent les hommes. Il est regrettable qu'en France, ce féminisme essentialiste et le féminisme matérialiste, qui aspirent tous deux à une société libérée de

---

10. Bill Ashcroft, Gareth Griffiths et Helen Tiffin, *The Empire Writes Back*, 2003, p. 12.
11. S. de Beauvoir, *Le Deuxième Sexe*, tome II, p. 510.

l'emprise patriarcale, soient en conflit. Si l'on accepte que constater une différence n'est pas l'ériger en évidence inquestionnable, ces courants peuvent s'enrichir mutuellement. Lorsque ce sont les pouvoirs dominants qui la définissent, même la notion d'égalité entre les sexes sert de prétexte à la survalorisation du masculin[12]. En outre, en dehors de changements profonds, la notion d'égalité signifie que les femmes accèderaient à des privilèges qui ne peuvent pas exister sans l'exploitation domestique (des femmes) :

> *L'égalité est cruelle aux femmes, parce qu'elle leur impose de singer des comportements qui leur semblent parfaitement étrangers et troublants. Les hommes aiment le monde viril qu'ils se sont construit. Si suffisamment d'hommes n'aimaient pas ce qu'ils appellent joliment "la loi de la jungle" – les brutalités consacrées de la vie d'entreprise –, un tel comportement ne serait jamais devenu la norme et les femmes n'auraient pas à se battre aujourd'hui contre cette réalité. En fabriquant son élite, la société virile trouve le moyen d'être cruelle à l'égard de la plupart des hommes, de toutes les femmes et de tous les enfants. S'il n'y a pas d'autre avenir pour les femmes que de rejoindre l'élite virile, notre civilisation deviendra plus destructrice que jamais. On doit pouvoir faire mieux*[13].

Le désir de certaines femmes de créer une voix de la différence se manifeste dans « l'écriture féminine », processus fluide et corporel baptisé par Hélène Cixous dans les années 1970. Selon Béatrice Didier, les deux sexes ont toujours écrit différemment, ce qui ne reflète pas obligatoirement des différences innées :

---

12. Michèle Ferrand, *Féminin, Masculin*, 2004, p. 16. G. Greer, *La Femme entière*, 2001, p. 295. Catharine Mackinnon, *Are Women Human?*, 2006. Aux hommes qui passent l'examen d'aptitude technique en danse sont proposées des chorégraphies plus faciles que pour leurs collègues femmes, afin d'améliorer leurs chances de réussite. Les secteurs dominés par les hommes sont loin de proposer de pareils avantages aux femmes qui souhaitent y entrer. Mêmes les « missions pour l'égalité » sont parfois détournées par des représentants du pouvoir patriarcal, qui écartent les perspectives féministes afin que les femmes ne deviennent pas « trop égales ».
13. G. Greer, *op. cit.*, p. 299.

[...] *tout grand écrivain, homme ou femme, s'affranchit du langage et des stéréotypes de son temps ; disons simplement qu'ils s'en affranchissent différemment. Et la femme peut-être plus spontanément parce que ces stéréotypes précisément n'ont été faits ni par elle, ni pour lui permettre de s'exprimer*[14].

Tout comme Beauvoir observe que les femmes sont moins susceptibles de jouer le jeu, sachant que « *les dés sont pipés* »[15], Didier constate que les femmes gravitent plutôt vers une écriture qui imite la parole et privilégie les images, en rejetant certaines règles de grammaire, et qu'elles sont plus attirées par le merveilleux et le fantastique. Selon Anne Richter,

[...] *les femmes se meuvent au sein du réalisme magique de façon plus spontanée et plus concrète que les hommes* [...] *Affrontées depuis toujours à l'éternel illogisme des êtres et des choses, elles ont en quelque sorte appris à l'apprivoiser*[16].

Les femmes vivent dans un monde fait par et pour les hommes, qui est pour elles illogique et contradictoire puisque décalé de leur réalité. Se pliant à une réalité étrangère, la bizarrerie devient l'élément habituel des femmes. Constatant des différences dans le vécu et non pas dans la nature, Richter fait le pont entre les perspectives essentialiste et matérialiste, dont le conflit renvoie à une autre controverse qui hante les études féministes : universalité ou spécificité ? L'ethnologue Sossie Andezian réconcilie les deux, en écrivant un ouvrage sans préciser qu'il s'agit de l'expérience des femmes, tout comme les auteurs traitent conventionnellement de l'expérience masculine (considérée comme universelle). Andezian explique :

Chaque tentative de recentrage du regard, qui consiste à prendre comme point d'ancrage l'expérience féminine du monde, aboutit à

---

14. B. Didier, *L'Écriture-Femme*, 1999, p. 31.
15. S. de Beauvoir, *Le Deuxième Sexe*, tome II, p. 503.
16. A. Richter, *op. cit.*, introduction, p. 16.

considérer celle-ci comme un sous-produit, une réinterprétation, une forme négociée de la "culture des hommes"[17].

Le terme « au féminin » et ses équivalents risquent de marginaliser davantage l'expérience des femmes, en confirmant la perspective masculine comme normative. Le fait d'analyser « la femme » ne reconnaît pas l'existence réelle *des* femmes, comme le suggère Atwood dans ce passage satirique sur le corps féminin comme « *sujet d'actualité* » :

> *Je me lève le matin. Mon sujet se sent patraque. Je l'asperge d'eau, en brosse quelques parties, le frotte avec des serviettes, le poudre et le lubrifie. Puis, je lui injecte du carburant et le voilà qui redémarre, mon sujet d'actualité, mon sujet controversé, mon vaste sujet, mon sujet boiteux, mon sujet à courte vue, mon sujet vulgaire, mon sujet de scandale, mon sujet vieillissant, mon sujet hors de question* […][18].

En revanche, l'exclusion des perspectives féminines est souvent justifiée par l'idée que la pensée est sans genre. Autrement dit, l'exclusion réelle des femmes résulte d'une notion abstraite d'universalisme[19]. Le féminisme, et certaines études « au féminin », peuvent représenter des étapes vers une perspective humaine véritablement inclusive. Constatant la fausse objectivité des méthodes masculines, la critique littéraire féministe est axée sur la narratologie, l'historicité et l'interdisciplinarité[20]. Ces différences sont pertinentes lorsqu'on analyse la marginalisation des textes écrits par des femmes. Dans le domaine universitaire, les romancières sont souvent considérées comme moins profondes ou originales, et donc moins dignes d'analyse que leurs homologues masculins : ce sont des « petits auteurs » qui ne valent pas les « grands hommes ». Les quelques exceptions admises servent à masquer cette exclusion par le mythe que seules quelques-unes ont écrit « sérieusement ». Étudier des romancières d'un point de

---

17. S. Andezian, *Expériences du divin dans l'Algérie contemporaine*, 2001, p. 155.
18. Margaret Atwood, *La petite poule rouge vide son cœur*, p. 35-36.
19. Geneviève Fraisse, *La Controverse des sexes*, 2001.
20. Toril Moi, *Sexual/ Textual Politics*, 2003.

vue féministe peut inspirer de nouveaux critères d'analyse, détrônant le privilège de l'expérience masculine dans la critique littéraire.

Les critiques ne semblent pas conscients que la mise à l'écart de certaines œuvres est liée à un dénigrement de l'expérience féminine. Par exemple, F.L. Aldama accuse certains auteurs latino-américains, en majorité des femmes (6 sur 8), d'utiliser des stéréotypes sur eux-mêmes pour satisfaire la quête d'exotisme dans la culture dominante :

> [...] *leur utilisation du magicoréalisme peut être une version pimentée et diluée de cette forme de narration, afin de servir au public un exotisme consommable*[21].

Mais ces romans « consommables » (c'est-à-dire, accessibles) mettent en scène des femmes qui accèdent, grâce à leur magie « pimentée », au pouvoir qui leur est nié autrement. Sous couvert d'intrigues « féminines », les romancières propagent une contestation sociopolitique. Clara dans *La Maison aux esprits*[22] utilise ses pouvoirs de voyance pour limiter les dégâts, autant politiques que familiaux, causés par son mari. Dans *Chocolat amer*[23], la protagoniste, reléguée à la cuisine, agit à travers les plats qu'elle prépare sur le destin de ceux qui les mangent. C'est un plat cuisiné avec désir qui entraîne le départ de sa sœur vers la libération sexuelle et une carrière de générale révolutionnaire. Ces deux romans, critiqués par Aldama, sont non seulement féminins, en décrivant le quotidien des femmes, mais aussi féministes, en envisageant des possibilités radicalement autres. Ces romancières considèrent la libération des femmes comme une nécessité politique, qui va de pair avec la libération nationale et culturelle. Il se peut que l'aspect « primitiviste » et « enfantin » que leur reprochent certains critiques reflète un rôle réel dans lequel sont cantonnées les femmes : isolées dans la sphère domestique, la magie est leur seule issue. Ces critiques ont surtout tendance à occulter la dimension politique des romans « féminins », en met-

---

21. F.L. Aldama, *op. cit.*, p. 21.
22. Isabel Allende, *La Maison aux esprits*, 1992.
23. Laura Esquivel, *Chocolat amer*, 1991.

tant l'accent sur des sujets secondaires comme l'amour ou l'exotisme :

> [Isabel Allende] *emploie la magie pour captiver son lecteur ; ce n'est pas un "conte séduisant et parfois magique" [et une] "histoire d'amour tumultueuse qui parcourt trois générations", mais plutôt une puissante incursion littéraire dans la construction historique du coup d'État au Chili*[24].

Allende comble la lacune laissée par García Márquez, qui remet en cause la dictature, mais jamais la domination patriarcale. Les femmes dans *Cent ans de solitude*[25] sont soit domestiquées, soit sexualisées ; Aldama lui-même admet qu'elles ne constituent que l'arrière plan des événements héroïques dans la vie des hommes[26].

Symbole ou surnaturel

En employant un élément dissemblable pour mieux exprimer une réalité vécue ou ressentie, la métaphore elle-même semble paradoxale. Transcendant les paradoxes, le réalisme magique permet à la métaphore, habituellement utilisée pour sa valeur symbolique, de prendre chair. Aussi rappelle-t-elle le langage des rêves, également chargé de symboles vivants :

> *Les rêves, comme le réalisme magique, aiment l'hyperbole et l'utilisent extensivement. Les rêves sont une littérarisation magique des métaphores. Comme les écrits réalistes magiques, ils matérialisent les métaphores. Dans les rêves, nos souffrances affectives deviennent des plaies saignantes et des maladies de cœur, nos crises prennent la forme de ruines et de tremblements de terre, et les soucis subconscients qui nous rongent deviennent des rats*[27].

---

24. P. Gabrielle Foreman, « Past-On Stories », p. 296.
25. G. García Márquez, *op. cit.*
26. F.L. Aldama, *op. cit.*, p. 77.
27. R. Oliva, « Re-Dreaming the World », p. 173. Ce terme « *littéralisation de la métaphore* » apparaît également dans Shaul Bassi, « Salman Rushdie's Special Effects », p. 59.

Les grands thèmes des rêves varient très peu d'une culture à l'autre. Le rêve représente ainsi un langage capable de rapprocher des individus de cultures éloignées, court-circuitant la rationalité et le discours dominant. Certaines cultures considèrent même les événements d'un rêve comme aussi réels que le quotidien[28]. La réalité est trop subtile pour être exprimée par des routes directes, puisque le langage est toujours décalé de la véritable expérience. Citant le contexte indien, Rushdie constate que les histoires merveilleuses servent à exposer la « vérité subjective » d'un vécu impossible à dire autrement[29]. La littérature synthétise les vérités objectives et subjectives, en traduisant par des métaphores le langage onirique et les associations spontanées. Le processus intuitif d'écriture chez Sylvie Germain englobe des techniques hétérodoxes, qui peuvent être liées à une tradition féminine :

> [...] *l'écriture progresse, sans suivre un projet précis au départ, sans plan, mais en suivant la "logique de l'inconscient"* [...] *Elle n'effectue presque aucun travail de relecture et de réécriture, et lorsqu'on lui a fait remarquer que dans ses livres "on a l'impression d'une composition rigoureuse"* [...] *elle a soutenu que souvent cela vient après coup, l'écriture démarre et progresse* [...] *en s'ordonnant autour d'une image primordiale* [...][30].

Lorsqu'elle s'ordonne indépendamment d'un souci de structure ou de relecture, l'écriture ressemble à un acte de

---

28. « [...] c'est en effet un trait typique de comportement, dans les sociétés archaïques, qu'une expérience de rêve soit considérée comme actuelle et réelle. Ainsi, si quelqu'un a rêvé qu'il se trouvait au ciel et s'y entretenait avec un aigle, il se sentira autorisé à raconter la chose le lendemain matin comme un fait concret, sans ajouter que cela a eu lieu pendant son sommeil ». M.L. Von Franz, *L'Interprétation des contes de fées*, 1987, p. 17. En décrivant son processus d'écriture, Sylvie Germain constate que « de toute façon le rêve et la réalité s'interpénètrent constamment ». M.M. Magill, « Entretien avec Sylvie Germain », 1999, p. 334.
29. S. Bassi, *op. cit.*, p. 48-49.
30. E. Bricco, « Les Jeux paratextuels », 1999, p. 164. De même : « [...] *elle affirme écrire pour les autres qu'elle porte en elle* [...] *Ainsi, Sylvie Germain sent-elle aussi proliférer son écriture, et répugne-t-elle aux coupures.* [...] *Il n'est jusqu'à la relecture qui ne semble dangereuse, avec ce risque, nous dit-elle, de se trouver figé, comme la femme de Lot, par le regard interdit porté vers l'arrière* », M.M. Magill, *op. cit.*, p. 334.

communion entre soi-même et l'univers, révélant les profondeurs de l'inconscient.

Métaphores incarnées

Dans *Beloved*, l'esclave fugitive Sethe rencontre Amy Denver, fille d'immigrés, fuyant elle aussi la servitude. En soignant le dos lacéré de Sethe, Amy participe à l'incarnation (matérialisation, littéralisation) d'une métaphore, en décrivant les plaies en ces termes :

> *C'est un arbre, Lu. Un prunellier. Regarde, voilà le tronc – il est rouge et tout éclaté, plein de sève, et là est la fourche d'où partent les branches. Tu as une flopée de branches. Des feuilles aussi, on dirait et, ma parole, il y a même des boutons. Des tout petits boutons de prunelles, blancs comme tout. Tu as tout un arbre sur le dos. En fleurs. À quoi Dieu pense, je me le demande*[31].

L'image surpasse la métaphore traditionnelle afin d'insister sur la brutalité de l'esclavage, si extrême qu'elle agit sur la réalité physique et les lois de la nature.

Dans *Le Cœur à rire et à pleurer : contes vrais de mon enfance*, Condé utilise les jeux de maîtresse et d'esclave entre elle-même et une fillette blanche pour représenter une dynamique historique. Les fillettes se rencontrent le soir en se promenant avec leurs parents. Se souvenant de son enfance rebelle, la narratrice se demande si elle n'avait pas rêvé ces scènes. Il lui semble invraisemblable qu'elle ait pu accepter les brutalités d'une autre enfant. La possession par le passé se propose comme explication :

> *Puisque tant de vieilles haines, de vieilles peurs jamais liquidées demeurent ensevelies dans la terre de nos pays, je me demande si Anne-Marie et moi, nous n'avons pas été, l'espace de nos prétendus jeux, les réincarnations miniatures d'une maîtresse et de son esclave souffre-douleur*[32].

---

31. T. Morrison, *Beloved*, 1989 (1987), p. 115.
32. Condé, *Le Cœur à rire et à pleurer*, 1999, p. 44.

Les fillettes n'ont pas pu échapper au poids d'une histoire si récente, mais si éloignée du quotidien que leurs parents préfèrent l'oublier. Les souvenirs font surface tout de même, se frayant une place en-dehors de la réalité objective du monde adulte. La narratrice manque de mots pour élucider les oppressions dont la terre reste témoin ; elle ne peut les exprimer qu'à travers sa propre expérience. Métonymie pour l'esclavage, les fillettes sont à la fois personnages et figures de rhétorique.

Les métaphores incarnées sont moins présentes chez Condé que chez Germain, qui les présente comme la seule issue pour véhiculer l'insondable passion et la souffrance, et chez NDiaye, pour qui elles se posent comme réaction face à l'impossible et nécessaire appartenance sociale. La matérialisation des métaphores dans l'œuvre de Germain traduit des émotions (tristesse, solitude, culpabilité, douleur, douceur...) qui transcendent par leur force et leur complexité, la description mimétique. Souvent mis de côté à cause de son invisibilité, le domaine des sentiments resurgit et exige d'être pris en compte. L'émotion ne se cantonne pas dans le particulier, mais répond aux tragédies collectives. Lorsque les romancières traitent par le surnaturel les lacunes de l'histoire, elles observent que l'histoire des femmes, comme celle des peuples conquis, reste dans l'ombre. Tandis que Germain ressuscite le personnage de la courtisane de *L'Épopée de Gilgamesh*, lui accordant enfin sa propre voix, comme le fait Condé pour l'esclave Tituba, NDiaye met l'accent sur l'oubli ressenti mais non assumé, qui se traduit par des crises identitaires. L'inavouable trouve également sa place chez Germain où, contrairement aux forces externes que subissent les protagonistes chez NDiaye, l'intensité des émotions se répercute dans le corps.

La métaphore incarnée chez Germain exprime les conséquences d'un traumatisme historique. Dans *Le Livre des nuits,* Noémie est sur le point d'accoucher lorsque son mari part à la guerre. Désespérée, elle se résout à attendre son retour, qui ne se produit qu'un an plus tard. Alors, elle met au monde une concentration des larmes qu'elle n'a pas versées :

> *Seulement, ce qui sortit du ventre de Noémie n'était plus un enfant mais une petite statue de sel. Le nouveau-né, tout replié encore sur lui-même, était entièrement pris dans une épaisse croûte de sel. La mère ne prêtait aucune attention à ce qui se passait [...] La peau si longtemps distendue de son ventre s'effondra avec un bruit de tissu sec. Elle n'avait perdu ni sang ni eaux*[33].

Lui-même traumatisé par la guerre, son mari jette la statue (qui se brise en sept morceaux), métaphore incarnée de la tristesse de Noémie. La symbolique du sel est récurrente dans l'œuvre de Germain, qui s'inspire d'une histoire biblique : en fuyant Sodome, la famille de Lot reçoit l'ordre divin de ne pas regarder en arrière. Lorsque la femme désobéit, Dieu la transforme en statue de sel, son regard éternellement figé vers la ville en ruine. Une pareille transgression se manifeste dans la mythologie grecque, lorsque le regard rebelle d'Orphée replonge son amante dans l'enfer, tandis que les Gorgones, monstres féminins, pétrifient les hommes par leur seul regard (inspiration de *L'Enfant Méduse*[34]). Dans « Le Jardin mural », une vieille dame reste toute une journée à admirer un bouquet de fleurs apporté par son infirmière. Quand celle-ci revient le lendemain, elle trouve la dame morte, et les fleurs brûlées[35]. Le pouvoir du regard chez Germain[36], métaphore incarnée d'émotions extrêmes, est complété par le thème également récurrent de la décapitation, les personnages « perdant la tête » figurativement et littéralement. *Grande nuit de Toussaint* comprend des photographies de petits soldats de plomb dont les corps décapités lèvent encore des longues-vues :

> *Beaucoup d'entre eux ont aussi perdu la tête au cours de la cavalcade, mais ils n'en éprouvent aucun souci. Ils savent par expérience que l'on égare toujours un peu sa tête lorsqu'on est amoureux. Et ils sont tellement épris d'inconnu, d'infini. Et puis*

---

33. Germain, *Le Livre des nuits*, 1985, p. 45.
34. Germain, *L'Enfant Méduse*, 1991.
35. Germain, *Grande nuit de Toussaint*, 2000, p. 45-53.
36. La thèse de doctorat en philosophie de S. Germain, soutenue avant qu'elle n'écrive des romans, était axée sur le visage et les travaux d'Emmanuel Lévinas.

une tête n'est pas faite pour demeurer indéfiniment figée, engoncée dans les épaules ; tout comme le cœur, il lui faut voyager, visiter le monde et l'envers du décor du monde, démultiplier ses perspectives[37].

Tobie des marais[38] et *Céphalophores*[39], (re)présentent également la décapitation comme métaphore incarnée. La violence faite au corps peut prendre d'autres formes à la fois métaphoriques et matérielles. *Nuit-d'Ambre* met en scène la momification d'une victime encore vivante, personnification de sa propre innocence moribonde[40]. Incapable d'oublier sa victime, originaire d'une île couverte de sel, l'assassin ressent une soif inapaisable (p. 235). *Éclats de sel* explore les multiples symboliques de cet élément, tournant autour de la solitude :

Combien de gens portent au creux de leurs entrailles de longs stalactites de sel lacrymal [...][41].

Dans *L'Enfant Méduse*, le sel est lié à la pétrification, au meurtre, ainsi qu'à une douleur débordante et insensée :

La douleur ne sait pas réfléchir, elle envahit de ronces la pensée, elle pétrifie en désolante statue de sel chaque souvenir qui ose un instant refaire surface à la conscience. La douleur est idiote, de façon implacable. C'est un tyran qui bafoue la raison, qui humilie l'intelligence, aussi grande puisse-t-elle être[42].

De telles métaphores personnificatrices se tendent vers la matérialisation. La métaphore est amplifiée, en obscurcissant les limites entre le réel et le symbolique (technique déjà pratiquée au Moyen Âge[43]).

---

37. Germain, *Grande nuit de Toussaint*, p. 18.
38. Germain, *Tobie des marais*, 1998.
39. Germain, *Céphalophores*, 1997.
40. Germain, *Nuit-d'Ambre*, 1987, p. 230.
41. Germain, *Éclats de sel*, 1996, p. 135.
42. Germain, *L'Enfant Méduse*, p. 232.
43. Pour une utilisation féministe de cette technique, voir Christine de Pizan, *La Cité des Dames*, 2000 (1405).

Métamorphoses

Contrairement à ses précisions réalistes concernant le quotidien, NDiaye laisse la magie ouverte aux interprétations, puisant sa force poétique dans cette ambiguïté. L'incarnation de la métaphore par métamorphose est un rempart contre des interprétations définitives, car elle établit l'événement textuel comme être vivant, capable d'évoluer vers des horizons inconnus en suscitant l'imaginaire du lecteur. La protagoniste de *La Femme changée en bûche* devient une bûche de bois flottant sur une rivière, transcendant ainsi l'ennui d'une vie sans avenir[44]. Ceci pourrait sembler n'être qu'une simple rêverie, si ce n'est qu'elle doit courir pour atteindre la rivière avant que sa lignification soit complète. Ce détail indique une incarnation de métaphore, mais laquelle ? De sa passivité, de son inertie, de son invisibilité, ou plutôt de son désir de calme et de légèreté ? Tout en restant dans la subtilité minimaliste d'un conte, les métamorphoses ne sont jamais éloignées de la dynamique d'exclusion sexiste et raciste omniprésente chez NDiaye. Chez Rushdie, ce même rapprochement est fait de manière explicite. *Les Versets sataniques* présente un exemple illustratif de la métamorphose comme incarnation de métaphore, en rapport avec postcolonialisme et oppression raciste. Saladin Chamcha, acteur de nationalité britannique et indien d'origine, est dépouillé de son identité à la suite d'un accident d'avion. Il subit des violences de la part de la police et des douaniers, convaincus qu'il est un immigré clandestin. L'inspecteur montre comme preuve les cornes qui apparaissent sur la tête de Chamcha au même moment. Par la parole, il fait matérialiser la métaphore xénophobe qui assimile l'étranger non occidental à une bête diabolique. Ainsi pour les autorités, cette transformation, tellement choquante pour Chamcha lui-même, est « *le fait le plus banal et le plus quotidien* »[45]. Pendant la scène de violence policière, les insultes transforment Chamcha littéralement en bouc. Habitant la Grande-Bretagne depuis l'âge de douze ans, Chamcha essaie de

---

44. NDiaye, *La Femme changée en bûche*, 1989, p. 98.
45. S. Rushdie, *Les Versets sataniques*, p. 210.

concilier la vision idéalisée de son pays adoptif (qui l'a toujours accueilli comme un bourgeois assimilé) et cette violence. Quand les policiers découvrent sa nationalité, ne sachant comment se dépêtrer de cet imbroglio, ils le frappent jusqu'à ce qu'il perde connaissance afin de l'amener au « *contrôle médical du Centre de Détention* », en prétendant l'avoir trouvé ainsi. Ils l'informent par la suite de l'inutilité de porter plainte : avec ses cornes et ses sabots, Chamcha ne sera guère pris au sérieux. Il se retrouve dans un hôpital rempli de diverses créatures à moitié humaines, des étrangers dont les métaphores racistes ont transformé le corps. Il s'agit d'une magie verbale : ceux qui détiennent le pouvoir de la parole décrivent les autres, les façonnent ainsi à leur gré[46]. Chamcha retrouve bientôt ses amis de jadis : des bourgeois anglais bien-pensants. Ayant en mémoire les scandaleuses expérimentations d'ordre médical menées par l'Occident dans le Tiers-monde, ils supposent que de telles expériences ont été effectuées sur Chamcha. Leur nonchalante incompréhension du racisme oblige Chamcha à quitter leur voisinage pour s'installer dans une auberge pour véritables immigrés clandestins. Ceux-ci ne sont pas des bêtes, mais plutôt des spectres, dont le statut administratif de sans-papiers les réduit au rôle d'« *êtres humains temporaires, avec un peu d'espoir d'être un jour déclarés permanents* »[47]. Leur humanité même est précaire et contingente de sorte que, vivant dans la peur et dans l'attente, ces « êtres temporaires » sont sans visage[48]. Alors que Chamcha aspirait à l'assimilation complète aux Anglais blancs, la fille des aubergistes et ses camarades apprécient l'aspect diabolique de Chamcha[49]. Ainsi tout un mouvement apparaît chez les jeunes issus de l'immigration, pour

---

46. « *Ils nous décrivent* [...] *C'est tout. Ils ont le pouvoir de la description et nous succombons aux images qu'ils construisent* ». *Ibid.*, p. 223.
47. *Ibid.*, p. 344.
48. « *Des portes s'ouvrirent ; des êtres temporaires passèrent la tête, étonnés et inquiets* ». *Ibid.*, p. 354.
49. « *C'est une image que la société blanche a rejetée depuis si longtemps que nous pouvons nous l'approprier, tu vois, l'occuper, l'habiter, la revendiquer et la faire nôtre* ». *Ibid.*, p. 374.

qui porter des cornes en plastique devient un phénomène de mode.

Bien qu'une redéfinition des insultes puisse être subversive (par exemple lorsque gais et lesbiennes s'approprient les mots *pédé* et *gouine*), Rushdie est plutôt sceptique à propos de la subversion des stéréotypes. Conscient des difficultés de l'assimilation, il suggère que le communautarisme conduit à de plus grandes impasses. Dans *Beloved*, l'appropriation des insultes n'est pas non plus une solution ; mieux vaut les renvoyer à l'expéditeur :

> *Les Blancs étaient persuadés que, quelles que fussent leurs manières, sous toute peau sombre se cachait une jungle [...] C'était une jungle que les Blancs avaient plantée. [...] Le babouin hurleur vivait alors sous leur propre peau blanche ; les gencives rouges devenaient les leurs*[50].

De même, dans *Moi, Tituba*, la protagoniste, sorcière devenue esclave, est prévenue que les blancs considèrent les sorcières comme des partenaires de Satan ; elle rétorque :

> *– Avec Satan ! Avant de mettre le pied dans cette maison, j'ignorais jusqu'à ce nom*[51].

Des doctrines telles que la Négritude ou le féminisme de la différence courent le risque de tomber dans le piège des définitions fabriquées par les oppresseurs. Comment distinguer entre différences ressenties et clichés conditionnés ? Condé, NDiaye et Germain sont méfiantes à l'égard des dogmes et des mouvements susceptibles de cantonner l'identité dans des préfabrications aliénantes (qu'elles soient faites par les dominants ou par les dominés), et mettent en valeur l'individu.

NDiaye renverse l'imagerie chrétienne, lorsque « la Diablesse » noire dans son conte pour enfants est plutôt attachante que redoutable ; le Diable dans *La Femme changée en bûche*, en revanche, est un tyran. Responsable des tragédies et des atrocités qui se produisent dans le monde, son emploi du temps est de plus en plus chargé. Protégé dans son im-

---

50. T. Morrison, *Beloved*, p. 277.
51. Condé, *Moi, Tituba*, 1986, p. 50.

mense bureau par des cohortes d'employés, il se réserve quand même quelques instants pour pratiquer l'art de la métamorphose. La protagoniste, qui l'a connu lorsqu'il était moins illustre, le surprend dans ses transfigurations :

> Et sous les traits de la femme et du jeune homme, et de l'enfant, et du chien qui a suivi l'enfant, puis de l'âne gris qui a remplacé le chien, et même de la plante qui a succédé à l'âne gris, je distinguais nettement la physionomie particulière du Diable [...][52].

Cette scène illustre le principe des métamorphoses chez NDiaye : dans les différences les plus flagrantes se retrouve une certaine continuité. On ne peut pas changer radicalement de vie, car tout en la bouleversant, nous sommes happés par les mêmes dynamiques, hiérarchies, peurs et manques.

Amnésie

Les métamorphoses chez NDiaye s'accompagnent d'une amnésie ambiguë : le lecteur ne sait pas s'il s'agit d'une volonté d'oublier, d'une condition pathologique ou d'un événement surnaturel. Le paysage ndiayéen, dans lequel une personne se substitue facilement à une autre, est l'extension hyperbolique d'une société mécaniste dans laquelle l'individu n'est qu'un rouage remplaçable. Fanny est prise pour la serveuse à laquelle elle succède[53] ; Hilda est remplacée en tant que mère et épouse par sa sœur[54]; la mère de Rosie Carpe donne naissance à une fille à laquelle elle accorde le même prénom, une nouvelle Rosie pour une nouvelle vie[55]... Les « employées jetables » le deviennent tout autant sur le plan familial.

Dans *En famille*, très peu de personnes se souviennent du véritable prénom de la protagoniste (revenue après un an

---

52. NDiaye, *La Femme changée en bûche*, p. 62. Certains critiques ont suggéré que la relation protagoniste-diable est une allégorie du refus du deuxième roman de NDiaye par celui qui avait accueilli le premier avec enthousiasme.
53. NDiaye, *En famille*, 1991, p. 109-110.
54. NDiaye, *Hilda*, 1999.
55. NDiaye, *Rosie Carpe*, 2001, p. 331.

d'absence) ; sa famille et les villageois l'appellent Fanny[56]. Dans *Rosie Carpe*, Max promet de quitter sa femme pour se marier avec Rosie. Un jour, Rosie est invitée au mariage de Max, qui a quitté effectivement sa femme, mais pour une autre. Les échanges de partenaires confondent les générations, ébranlant le couple monogame et la famille nucléaire. La « nouvelle Rosie » dont accouche Danièle Carpe a un nouveau père (Foret), dont la fille (Lisbeth) devient la compagne du mari de Danièle (Francis Carpe). L'infidélité des Carpe est mutuelle, consensuelle et n'occasionne aucune jalousie. Les deux « couples » habitent ensemble, et la « nouvelle Rosie », enfant de Danièle Carpe et de Foret, a pour marraine Lisbeth (sa demi-sœur) et pour parrain Francis (l'époux de sa mère, car malgré les changements de partenaire, il n'est pas question de divorcer). Lisbeth, d'abord la compagne du père de Rosie, devient plus tard l'épouse du fils de Rosie. Dans *L'Autoportrait en vert*, la mère de la protagoniste (déjà grand-mère) met au monde un bébé, dont le père est un adolescent. Bien que de fréquentes fissures apparaissent sous le vernis de la normalité dont ces familles atypiques se vêtent, ce ne sont pas ces structures nouvelles qui provoquent le malheur des personnages, mais plutôt l'exclusion des structures. Rosie Carpe souhaite se marier avec Max, même lorsqu'il la maltraite, et accepte par la suite d'habiter avec Lisbeth et Titi (son fils) en dépit de leurs tabous méprisants, tels que l'interdiction de la toucher. (Comme dans *Papa doit manger*, l'enfant adulte doit subvenir aux besoins du parent qui l'a abandonné.) L'abandon par Rosie du petit Titi est autant plus curieux qu'il n'est pas prémédité. Indifférente à son sort, elle part tout simplement au cinéma. Mais comme Isabelle dans *La Sorcière*, elle exige par la suite que plus personne ne parle de lui.

Bien que les pères abandonnent et manipulent, ce sont celles qui mettent au monde qui possèdent le pouvoir d'effacer une existence, en lui niant une place dans l'ordre social. L'indifférence de Rosie envers Titi conduira Lagrand,

---

56. NDiaye, *En famille*, p. 77, 91, etc.

ami de la famille, à jouer un rôle de responsabilité auprès de l'enfant[57]. Il s'agit d'une occurrence rare chez NDiaye, d'une figure paternelle bienfaisante. Le monde est indifférent à la maladie de Titi, dont « *la mort n'offensera personne* » (p. 215), mais Lagrand, qui n'a pourtant jamais aimé Titi, le prend en pitié et le conduit à l'hôpital. L'infirmière refuse d'admettre le garçon sans accompagnement parental, obligeant Lagrand à se rappeler cette formule consacrée : « *Je suis le père et le seul père* »[58], rapprochant les dogmes bureaucratique et chrétien. La satire du christianisme se retrouve dans l'insistance avec laquelle Rosie assure qu'aucun homme ne l'a fécondée. Cette « conception immaculée » n'est guère une histoire de chasteté, puisque le lecteur est amené à comprendre qu'un rapport sexuel a eu lieu lorsque Rosie était ivre. Comme les métamorphoses du Diable, des occurrences incongrues suivent leur propre logique, créant un paysage de mythe ancré dans la société contemporaine.

Le fait de s'occuper de Titi rapproche Lagrand de sa propre mère, atteinte d'amnésie et internée dans ce même hôpital depuis 20 ans. Le thème de l'oubli est renforcé lorsque Lagrand parle avec l'infirmière. Il culpabilise à l'égard de Titi dont il n'a pas prévenu la mère que les papayes dont cet enfant s'empiffre peuvent provoquer une maladie. Les frontières entre souvenance et oubli sont floues :

> [...] *je n'ai rien dit à la maman alors que je savais devoir le dire – je le savais presque, pas tout à fait assez clairement pour m'empêcher de feindre de ne pas le savoir, mais suffisamment pour me rappeler, tout le temps, que je devais dire quelque chose d'important !*
> *– Peu de gens connaissent cette maladie.*
> *Elle lui souriait maintenant, apaisante* [...][59].

Tourmenté par sa culpabilité envers Titi (et envers sa mère qu'il ne voit jamais ?), entre savoir et ignorance, mémoire et oubli, ses paroles reflètent le brouillard typique des

---

57. NDiaye, *Rosie Carpe*, p. 225.
58. *Ibid.*, p. 268.
59. *Ibid.*, p. 271.

amnésies ndiayennes. Lagrand est conduit vers sa mère. L'ayant abandonné dans son enfance, elle croit que tous les hommes sont ses fils. Un jeune homme de l'asile est jaloux, souhaitant être le fils unique. Perturbé, frustré dans ses efforts pour affirmer que ce rôle lui appartient en propre (ce que confirme sa ressemblance physique avec cette « mère universelle »), Lagrand est sur le point de se battre avec le jeune homme. Il s'agit de la seule occurrence chez NDiaye d'une amnésie réaliste ; plus habituellement, une amnésie collective fait partie des normes, à tel point que les personnes porteuses de souvenirs sont écartées.

Dans *Un temps de saison*[60], les villageois conseillent à Herman d'oublier son identité de citadin. Le président du syndicat d'initiative, ancien Parisien lui aussi, s'occupe de la transformation d'Herman, si complète que lorsque sa famille réapparaît, il s'agit plutôt de fantômes que d'êtres de chair et d'os. Sa perte de mémoire concerne d'abord les registres de langage :

> *Il ne lui venait à l'esprit que des termes un peu familiers, relatifs à la pluie, à la température, des "Oh, c'est sûr !", "Bon ben, j'y vais"* [...][61].

Il ne peut plus parler, ni penser en dehors de sa nouvelle identité, l'ancienne étant d'abord insignifiante, puis irréelle. Dans *La Femme changée en bûche*, la protagoniste se transforme de mère de famille en secrétaire du Diable, tandis que les employés de l'agence de conversations téléphoniques sont si interchangeables qu'ils peuvent revenir l'après-midi pour trouver leur bureau occupé par quelqu'un d'autre. Dans *La Sorcière*, l'amnésie volontaire de Pierrot lui fait ignorer l'existence même de l'entreprise pour laquelle il a travaillé avec acharnement pendant tant d'années. Lucie (la femme qu'il a quitté) lui rend visite dans sa nouvelle famille afin de réclamer l'argent qu'il lui a volé en partant. Lorsqu'il rétorque qu'il en a besoin pour nourrir sa nouvelle famille, Lucie aborde la possibilité de travailler :

---

60. NDiaye, *Un temps de saison*, 1994.
61. *Ibid.*, p. 122.

> – *Il n'y a pas de Garden-Club à Bourges ? demandai-je, raisonnable.*
> – *Qu'est-ce que c'est que ça, le Garden-Club ? fit Pierrot. Elle parle de quoi, maintenant ?*
> *Il feignait d'interroger la femme, qui secoua la tête avec un grand sourire de compréhension du monde entier »*[62].

Comme le Diable du roman précédent, ce Pierrot métamorphosé (d'ambitieux à fainéant) conserve certaines caractéristiques. Sa nouvelle existence dépourvue de responsabilités n'a pas estompé son irascibilité. Pierrot laisse derrière lui ses ambitions bourgeoises pour vivre dans la misère avec une nouvelle femme, mère de trois enfants. Isabelle, en revanche (voisine de Lucie), enterre sa vie insatisfaisante de ménagère pour devenir une femme d'affaires. Dans les deux cas, il s'agit de tourner le dos aux obligations et à la routine (ainsi qu'aux rôles sexuellement déterminés), en interdisant toute mention du passé.

L'oubli peut être un geste volontaire, qui deviendra par la suite une réalité objective. Lorsque Rosie Carpe atteste que « *personne ne lui a fait* » l'enfant qu'elle porte, ce constat se fige en réalité, puisque personne n'oserait ni ne pourrait la contredire. L'oubli construit ses propres mythes, ses propres vérités. Les employées de « *l'université féminine de santé spirituelle* » (créée par Isabelle) doivent suivre l'exemple de leur patronne, en oubliant entièrement leur famille :

> – *Chez moi, plus personne n'a de parents ni d'enfants. Oublie tout cela, imite-moi donc. Est-ce que je te parle de Steve, ce petit boulet ? Tiens, je dois même faire un effort pour me rappeler son prénom. J'ai oublié son visage, pfuit, envolé ! Tout s'envole, tout s'oublie !* »[63]

Dans *Hilda*, l'identité de la servante est volée par sa patronne. Dans *Papa doit manger*, Papa quitte Maman et aussitôt « *cherche les jupes d'une autre femme pour* [s]*'y*

---

62. NDiaye, *La Sorcière*, p. 147.
63. *Ibid.*, p. 164. L'exclamation « *pfuit* » fonctionne comme une parole magique, qui rappelle satiriquement la nouvelle vocation d'Isabelle.

abriter » (p. 64). Dans la nouvelle « Tous mes amis »[64], le protagoniste, professeur de français, oublié par sa famille comme par ses anciens élèves, est remplacé dans ses rôles paternel et conjugal par le professeur de technique[65]. Parfois les nouveaux ménages confondent les générations, jusqu'à frôler l'inceste. Dans *En famille*, Tante Colette est heureuse de la relation entre son mari et sa nièce, espérant qu'ainsi celle-ci ne courra plus après son fils ; elle propose qu'ils se marient (p. 148). Il s'agit d'une satire des conventions, mais aussi des institutions bureaucratiques. Ainsi les dynamiques d'inclusion et surtout d'exclusion sont explorées d'une façon plus abstraite que chez Rushdie, mais peuvent évoquer, elles aussi, le racisme et le statut d'immigré. À la mairie, Fanny veut devenir « *citoyenne du village* », mais la secrétaire l'informe que les « *lois anciennes* » sont en vigueur, au moins dans certains cas. Elle explique au maire, nouvellement élu :

> [...] *tant de rumeurs diverses circulent au sujet de cette demoiselle, contradictoires, indébrouillables, que je crois bon, si vous ne vous y opposez pas, de soumettre sa demande à la rigueur des vieilles lois* »[66].

L'arbitraire et les préjugés dans un système prétendument immuable et égalitaire sont critiqués à travers une satire qui frôle l'absurdité kafkaïenne ou beckettienne. Pour devenir « *citoyenne du village* », il faut l'accord de la « *mère légale* ». Certes, certains n'ont plus de mère, mais tant pis pour eux : « *il n'est pas donné à tout le monde* »[67]. Puisque sa mère et Tante Colette refusent, Fanny croit que Tante Léda acceptera peut-être le rôle de « *mère légale* », ce qui donne un prétexte à son énigmatique attachement à cette tante mystérieusement bannie. Un jour, Tante Colette et la mère de Fanny entrent, chacune à son tour, dans le restaurant où

---

64. NDiaye, *Tous mes amis*, 2004.
65. Le métier de professeur (qu'exerçait sa propre mère) est fréquemment objet de satire chez NDiaye.
66. NDiaye, *En famille*, p. 226.
67. *Ibid.*, p. 227. Les satires de la bureaucratie sont encore plus fréquentes dans *La Femme changée en bûche*, qui rappelle *Le Château* de Kafka, et dans *Un temps de saison*.

travaille Fanny ; elles « *ne parurent pas se voir* », pour une raison inconnue. La mère est « *à peine saisie* » par la rencontre imprévue avec sa fille ; elle part pour l'aéroport avec un homme « *un peu semblable à son père* » (p. 141). Quelque temps après, la mère envoie à Fanny une lettre pour la renier brutalement, sans que Fanny en comprenne la raison[68]. Comme dans le cas de Tante Léda, les circonstances floues de ce reniement prennent une allure mythique.

L'individu, ne sachant plus où se situer, est obligé de se transformer en permanence. L'œuvre de NDiaye reconstruit des structures familiales et des mœurs sociales, de sorte qu'à travers l'ambiguïté et l'innovation, certains personnages acquièrent un semblant de bonheur, inaccessible à ceux qui s'accrochent rigidement aux traditions désuètes. Tandis que Germain et Condé illustrent la nécessité de confronter l'histoire oubliée et les histoires occultées, les hyperboles de NDiaye exposent une ignorance volontaire propice à l'exclusion.

Interpositions identitaires

Tout comme les métamorphoses, les interpositions identitaires sont présentées chez Condé comme bénéfiques et occasionnent plutôt le soulagement que l'anxiété. Est-ce leur enracinement dans la tradition antillaise qui permet à ses personnages d'être à l'aise avec l'inconnu ? Puisque nous approfondirons ces personnages dans la deuxième partie de cette étude, tournons le regard vers les romancières qui présentent ces interpositions comme plutôt source ou résultat des angoisses. NDiaye explore le besoin désespéré de s'inscrire dans une structure familiale, tandis que Germain observe comment les tragédies collectives déchirent de telles structures. *Le Livre des nuits*, son premier roman, ainsi que sa suite *Nuit-d'Ambre*, dépeignent l'effet des guerres sur quatre générations. Tandis que celle de 1870 transforme en sel la-

---

68. « [...] *il est exclu que, telle que je te devine, je te considère encore comme ma fille et que tu voies en moi ta mère. Tu n'es plus que le fruit de ton odieuse arrogance !* ». NDiaye, *En famille*, p. 225.

crymal le fœtus dans le ventre de Noémie, la Première Guerre mondiale réclame la vie d'un des jumeaux qui y sont partis ensemble. Le survivant, témoin de la mort de l'autre lors d'une explosion dans une tranchée boueuse, assume l'identité de son frère au même titre que la sienne. Puisqu'il refuse de dévoiler son nom, et qu'il se peut que lui-même l'ait oublié, on l'appelle désormais Deux-Frères. Au premier regard, cet événement peut s'expliquer comme un délire de la part du frère survivant qui ne peut affronter la mort de son semblable. Mais les événements qui suivent suggèrent une véritable métamorphose. Les fiancées des jumeaux, Hortense et Juliette, revendiquent chacune Deux-Frères, qui accepte ce double rôle. Enceinte, Hortense est davantage convaincue de ses droits sur lui. Cependant, à la naissance, ses seins donnent uniquement de la boue des tranchées ; ceux de Juliette, jamais enceinte, donnent du lait (p. 173). La boue qui suinte des seins d'Hortense suggère que c'est son fiancé qui est mort. Mais Juliette habite dans la maison des veuves, et son prénom rappelle la mort tragique des amants. Le transfert magique du lait, amalgamant les corps des deux femmes comme ceux des frères, ainsi que la résurgence de la boue liée à l'amant mort, écartent toute explication purement psychologique. Le lecteur doit accepter que les frères sont devenus véritablement la même personne, dans un amalgame de vie et de mort. La boue des tranchées hante également *L'Enfant Méduse*, lorsque la mère désespérée remplace son mari mort dans les tranchées par leur fils, jusqu'à ce que leurs identités s'entremêlent :

> *Mais quelle était donc cette boue qui s'agitait parfois en lui, Ferdinand ? Cette boue incandescente qui se soulevait par à-coups dans ses entrailles, dans ses reins et son cœur. Était-ce celle où son père s'était décomposé, ou bien celle de sa propre enfance soudain noyée, souillée et engluée de larmes ?* »[69]

Dans *La Colonie du nouveau monde*, Méritaton porte en elle sa sœur morte, mais cet exemple condéen ne s'entoure pas d'angoisse, d'ambiguïté et de désespoir. Lorsque la fillette prend l'avion vers une nouvelle vie « *leur dialogue de vi-*

---

69. Germain, *L'Enfant Méduse*, p. 93.

vante à morte ne s'arrêtait pas »[70]. Cette scène finale est pleine d'espoir pour l'avenir de Méritaton et d'assurance que sa sœur ne sera pas oubliée. Tandis que la vie après la mort est intime et accueillante chez Condé, elle est mystérieuse et inquiétante chez Germain. (Est-il surprenant que l'angoisse surgisse plutôt chez l'écrivain croyant, ou chacune reflète-t-elle plutôt les attitudes culturelles du pays natal ?)

Les interpositions identitaires caractérisent non seulement les écrivains du corpus, mais aussi des réalistes magiques déjà reconnus comme tels (Rushdie, Esquivel, Morrison...). Dans *Les Versets sataniques*[71], Saladin Chamcha retourne en Inde après la mort de sa mère, pour découvrir que la servante assume entièrement l'identité de cette dernière. Dans *Chocolat amer*[72] la substitution d'une personne par une autre est plutôt source de conflits. Pedro épouse Rosaura, une sœur aînée de sa bien-aimée Tita, afin de pouvoir habiter la même maison (leur mère interdit à sa fille la plus jeune de se marier). Dans *Sula*[73], trois garçons sont adoptés et tous prénommés Dewey. Bien qu'ils soient de trois familles d'origines ethniques différentes, de sorte qu'ils ne se ressemblent aucunement au départ, l'un ayant la peau blanche et les cheveux roux, un autre la peau noire et le troisième la peau brune, ils deviennent non seulement inséparables, mais se ressemblent à s'y méprendre. « Les Deweys » est une entité à part entière composée de trois garçons identiques qui ne grandissent jamais – amalgame magique incarnant l'harmonie raciale. Les substitutions et les amalgames, qui captent les élans et les angoisses de notre temps, se prêtent volontiers à un surnaturel ancré dans le quotidien.

D'autres interchangeabilités concernent les fluides humains. Dans *La Sorcière* de NDiaye, du sang coule à la place des larmes (ce qui rappelle à la fois la menstruation et des phénomènes occultes chrétiens tels que les statues et les personnes portant les stigmates). Dans *Le Livre des nuits*, la boue

---

70. Condé, *La Colonie du nouveau monde*, 1993, p. 256.
71. S. Rushdie, *Les Versets sataniques*.
72. L. Esquivel, *op. cit.*
73. T. Morrison, *Sula*, 1992.

remplace le lait maternel, tandis que dans *Les Versets sataniques*, une amie de Chamcha, qui n'a jamais enfanté, pleure des larmes de lait lorsqu'elle fait l'amour. Sang, larmes, lait, sel, boue : les transpositions entre de telles substances traduisent des réalités affectives, tout en évoquant les merveilles du corps humain. Les sécrétions du corps, ainsi que le sel, sont employées universellement dans des pratiques de magie, et conservent leurs connotations occultes. Jouant avec les stéréotypes sur la magie, Condé assure dans *Moi, Tituba* que le fait que John Indien reste amoureux de Tituba résulte de ce que cette dernière utilise la goutte de sang qu'elle a recueillie en lui piquant le doigt pour sceller son amour[74].

Archétypes

Les métaphores incarnées peuvent être interprétées à la lumière de la psychanalyse jungienne, axée sur les archétypes comme manifestations de l'inconscient collectif. Lorsque l'on projette des images sur les autres sans les connaître, on leur attribue soit des contenus de l'inconscient collectif (archétypes), soit du conscient collectif (stéréotypes). L'inconscient collectif est lié à un passé archaïque (dont les détails historiques sont perdus), qui ressort dans les rêves et dans l'imaginaire. Pour ne pas être opprimé par l'inconscient collectif, véhicule des peurs primitives, il est essentiel que l'individu parvienne à le distinguer de l'inconscient personnel. Les archétypes sont des « *traits d'union* » entre réalités

---

74. Condé, *Moi, Tituba*, p. 35. « *Condé joue sur et avec la stéréotypification de la femme comme "sorcière" ou "salope" relevée par la critique féministe.* [...] *Le texte souligne tout particulièrement la discrimination sexuelle : cette vision de la femme comme une "sorcière", quelqu'un dont les artifices féminins et les pouvoirs secrets sont incompréhensibles et dangereux pour les hommes* [...] ». Elizabeth Wilson, « Sorcières, sorcières », 1996, p. 109. « [...] *si Maryse Condé montre bien qu'il n'y a pas d'essence noire, blanche ou féminine, elle montre également que les préjugés qui nourrissent les stéréotypes perpétuent les injustices, les inégalités, le racisme et le sexisme* ». Leah Hewitt, « Rencontres explosives », p. 55.

conscientes et inconscientes[75]. Prendre contact avec l'universalité des pensées peut également libérer l'individu de son conditionnement culturel.

Dans *Nuit-d'Ambre* de Sylvie Germain, Mahaut attribue à son fils Octobre un archétype divin. Autrement indifférente à son égard, elle s'enferme avec lui chaque année pendant quinze jours. Ce garçon est doté alors de la capacité mystérieuse de parler la langue du pays où vivait jadis sa mère. En incarnant ainsi son passé, Octobre gagne une place dans la vie de Mahaut :

> [...] *il se faisait peuple, géographie, climat. Il se faisait divinité. Don merveilleux du Mékong. Il devenait théâtre d'ombres où sa mémoire enfin s'articulait. Elle l'embrumait dans la fumée de bâtonnets d'encens plantés tout autour de lui comme autour d'une image de Buddha*[76].

Elle se sert de son fils comme symbole de « *son autrefois d'Extrême-Orient, sa gloire de Blanche aux colonies* »[77], et lui attribue les caractéristiques d'un archétype d'enfant divin, porteur d'une longue mémoire. Dans l'œuvre de Germain, les archétypes sont toujours liés aux angoisses et à l'évasion. Les enfants négligés par leur entourage trouvent refuge dans des contes de fées de leur propre invention. Sans repères, leur compréhension du monde passe exclusivement par des archétypes. Dans *L'Enfant Méduse*, une camarade de la fillette Lucie est trouvée morte, violée. Quand Lucie demande des

---

75. « *Les événements qui, dans l'intimité silencieuse de l'être, sont suscités par la régression à la période préinfantile n'ont que faire de succédanés ; ce qu'ils réclament c'est de prendre individuellement forme dans la vie et dans l'œuvre de celui qui les porte, car ces images se sont formées au cours de la vie de nos lointains aïeux ; elles sont le produit de leurs joies et de leurs souffrances et c'est comme si elles voulaient revenir à la vie, inspirant aussi bien des expériences intérieures que des actes. À cause des contrastes qui les opposent à l'état conscient, elles ne peuvent être transférées directement dans notre monde quotidien, et c'est pourquoi il faut trouver un trait d'union entre ces deux réalités, la réalité consciente et la réalité inconsciente* ». Carl Gustav Jung, *Psychologie de l'inconscient*, 1993 (1952), p. 141. Voir aussi C.G. Jung, *Les Racines de la conscience*, 1971 (1953).
76. Germain, *Nuit-d'Ambre*, p. 60.
77. *Ibid.*, p. 56.

explications à sa mère, cette dernière évite le sujet. « *Crime* » et « *viol* » deviennent donc pour Lucie

> *des mots terribles, comme sont dans les contes les noms "ogre, loup, marâtre ou sorcière"*[78].

Peu de temps après, Lucie est violée par son demi-frère adulte Ferdinand, qui s'introduit chaque soir par la fenêtre de sa chambre. Son seul langage étant modelé par le monde nébuleux des contes, Lucie ne peut trouver de solution que selon ces mêmes conventions. Même si un adulte se montrait digne de sa confiance, elle ne possède pas les mots avec lesquels demander de l'aide. S'éloignant des autres, Lucie trouve refuge dans la nature. Elle contemple des heures durant les insectes dans un marais, s'inspirant de leur « cruauté sereine » dans sa stratégie de vengeance contre « l'Ogre ». Une nuit, alors qu'il est allongé dans le jardin, trop ivre pour monter à sa fenêtre, Lucie se fait la plus laide possible et se perche sur une barrière. Elle agrafe aux tomates les photos de deux fillettes tuées par l'Ogre ; contraint d'affronter les horreurs de ses crimes, il devient catatonique. Comme la Méduse mythique qui pétrifie les hommes, Lucie désarçonne son adversaire par son regard et par le regard symbolique des jeunes filles mortes (p. 196). Elle est obligée de renouveler cet effet tous les jours, pour contrer la magie qu'emploie sa mère pour le guérir. Dans ce conte contemporain aucune fée bienfaisante ne vient à son secours, et elle dépend uniquement de ses pouvoirs d'observation et d'imagination. Le monde mythique de la pensée enfantine devient une arme pour la survie :

> *Le jeu est très sérieux, il est serré. Lucie le joue à fond. Il n'y a désormais plus la moindre frontière entre la réalité et l'imaginaire*[79].

Jadis fillette ronde et guillerette, elle devient peureuse, maussade et maigrichonne. Sa mère et ses tantes lui reprochent sa mauvaise mine, tandis que son père lui demande seu-

---

78. Germain, *L'Enfant Méduse*, p. 66.
79. *Ibid.*, p. 222.

lement « *ma petite Lucie, tu n'es pas malade au moins ?* »[80] L'agresseur ne se transforme pas véritablement en ogre. Au contraire, il reste particulièrement beau. Il ressemble ainsi à Dorian Gray[81], mais ce n'est pas un portrait qui s'enlaidit pour préserver la beauté du criminel : la laideur retombe sur sa victime.

Enfant également négligé, le protagoniste éponyme de *Nuit-d'Ambre* passe son enfance dans une mécréance ludique, où il nomme le monde selon les conventions archétypales des contes. Victime dans son enfance, il devient assassin. Incapable de comprendre l'obsession de sa mère pour son fils aîné, surtout depuis sa mort, Nuit-d'Ambre s'inspire de l'aspect du cadavre pour attribuer à ce frère l'identité d'un putois démoniaque, capable de le dévorer. Il vit dans la peur, trouvant sa seule défense dans des luttes imaginaires contre cet « *Ogre violet* » (p. 84). À sa sœur Baladine, la seule personne qu'il aime, il dit :

> *Tu es la princesse et moi je suis le dragon. Ton gentil dragon. Je les tuerai tous, – même les morts !*[82]

Comme chez Condé, les morts « vivent » eux aussi, bien qu'ils soient loin d'être les personnages bienveillants de la romancière guadeloupéenne. Dans l'expérience de Nuit-d'Ambre, non seulement les morts sont plus présents que les vivants, mais ce sont eux qui tuent. Sa mère s'empoisonne en mangeant les baies des ifs qui poussent autour de la tombe de son fils aîné, en pensant ainsi consommer son sang, et son père reste plus attaché à son épouse défunte qu'aux vivants.

Lucie ne devient pas un assassin, mais reste une victime, menant une vie plutôt effacée. *L'Enfant Méduse* insiste sur la déchirure du viol, et dénonce le non-dit et le tabou qui empêchent une prévention adéquate. Bien que le favoritisme dans une famille soit source de malheurs pour les deux sexes, l'indifférence envers Lucie rappelle le sacrifice perpétuel de la chair féminine sur l'autel du machisme. Le viol n'est pas

---

80. *Ibid.*, p. 103.
81. Oscar Wilde, *Le Portrait de Dorian Gray*, 1962 (1890).
82. Germain, *Nuit-d'Ambre*, p. 84.

un crime ordinaire, mais l'emblème même de la domination des hommes sur les femmes. Comme le constate Michèle Ferrand :

> [...] *le rapport de domination du masculin sur le féminin s'avère symboliquement à l'œuvre, confirmant la hiérarchie du premier sur le second. Loin de constituer une exception aberrante à mettre au compte de la perversité de quelques hommes, le viol met au jour, en poussant à la limite, la logique du sexisme dominant qui fait de la femme – ou d'un être "inférieur" – un sexe à prendre* [...][83].

S'inscrivant dans une dynamique de pouvoir qui dicte le comportement des femmes et augmente le climat de peur pour toutes, les implications du viol vont au-delà de la destruction de la victime. Le viol est un crime politique, perpétré contre une catégorie de personnes (les femmes) par une autre (les hommes) tout comme les actes d'antisémitisme se perpétuent contre l'ensemble des juifs. Les actes de résistance, face aux lacunes dans la justice officielle, sont des manifestations de contre-pouvoir féminin qui impliquent de la magie. Dans *Pagli* de la mauricienne Ananda Devi, la protagoniste, comme Lucie, se venge d'un viol qui a lieu au sein de sa famille, puisant ses forces dans le surnaturel. Pagli (surnom qui veut dire « *la folle* ») se marie avec son agresseur (un cousin aîné) afin de mieux se venger, et prononce, lors de la cérémonie, des contre-vœux :

> *J'aurai toujours le courage de dire non.* [...] *Je ne rejoindrai pas le chemin tracé de femme d'épouse de mère de belle-mère*[84].

Le mari de Pagli n'est plus capable de la toucher, et semble rongé par le sentiment de culpabilité qu'attise son regard. Son refus de la condition imposée aux femmes aboutit à l'enfermement de Pagli dans un poulailler (ce qui arrive également à la protagoniste rebelle de *Chocolat amer* de Laura Esquivel et à Fanny dans *En famille* de NDiaye, qui est en-

---

83. Michèle Ferrand, *op. cit.*, p. 99. Ferrand note que même si les hommes sont occasionnellement violés par d'autres hommes, ils sont alors féminisés par eux.
84. A. Devi, *Pagli*, 2001, p. 75.

fermée dans la niche du chien). Cependant, elle continue à réclamer sa liberté, aidée par la magie :

> *Rien ne me retient à mon corps. Je sors entre les barreaux sans difficulté [...] Je m'évade et je respire le vrai visage du monde*[85].

Dans *Pagli* comme dans *L'Enfant Méduse*, les fillettes violées subissent une transformation par étapes : retrait du monde/ « folie », liens avec la nature et les esprits, vengeance. Les agresseurs, hommes adultes, sont physiquement plus forts qu'elles. Mais ils emploient surtout des techniques de manipulation en utilisant des menaces ou en prétendant jouer un rôle de protecteur. Le statut supérieur que leur accorde la société les rend invincibles par d'autres moyens que la magie. Personne n'écoute Pagli et Lucie, obligées de se tourner vers l'au-delà, afin de retrouver leur dignité volée. Le discours dominant rejette sur elles la faute, les considérant comme malades, folles, laides, désagréables. Dans un contre-discours magique et imagé, leur comportement « anormal » représente un refus d'accepter les atteintes à leur autonomie à travers la violation de leur corps. Dans le réalisme magique, les déshéritées des pouvoirs officiels puisent leur contre-pouvoir dans le surnaturel, afin de mystifier (et méduser) leurs oppresseurs. La « folie » féminine combat les conséquences perverses de la domination masculine. Ce fait se manifeste chez NDiaye par l'abandon des enfants pour s'affranchir de la prison domestique, et chez Condé

> *rêve et folie créent des ruptures que l'on ne peut considérer comme de simples fuites, ni comme travail psychologique salvateur [...] l'expérience du délire a une réalité à part entière. Maryse Condé ne présente pas la folie comme alternative, elle est une forme de raison [...]*[86].

Quelle est la limite entre folie et réalité (« magique ») ? Beauvoir raconte l'épisode d'une femme qui va chez un psychiatre parce qu'elle se sent poursuivie par des oiseaux. Un

---

85. *Ibid.*, p. 68.
86. N. Schon, *L'Auto-exotisme dans les littératures des Antilles françaises*, 2003, p. 110.

jour, en sortant au même moment qu'elle, le psychiatre voit que cette femme est effectivement poursuivie par des oiseaux[87]. Le discours dominant a tendance à rejeter la faute (la folie) sur l'individu, occultant les dimensions sociologiques, surtout lorsqu'il s'agit d'une femme[88].

---

87. S. de Beauvoir, *Le Deuxième Sexe*, tome II, p. 197. S. de Beauvoir attribue cet exemple à l'essayiste Denis de Rougemont, *La Part du diable*, 1982, p. 55-56 (Rougemont l'attribue à Jung).
88. Phyllis Chesler, *Les Femmes et la folie*, 1975 (1973, 2006). Louise Guyon, *Va te faire soigner, t'es malade !*, 1981 et *Au-delà des apparences*, 1996.

III- Au seuil de l'indicible

Comment écrire alors que ton imaginaire s'abreuve, du matin jusqu'aux rêves, à des images, des pensées, des valeurs qui ne sont pas les tiennes ? Comment écrire quand ce que tu es végète en dehors des élans qui déterminent ta vie ? Comment écrire, dominé ? [1]

Elles disent, le langage que tu parles t'empoisonne la glotte la langue le palais les lèvres. Elles disent le langage que tu parles est fait de mots qui te tuent [2].

Libérations linguistiques

Selon les maîtres taoïstes, les mots ne servent qu'à dresser la possibilité d'une véritable communion entre les âmes, comme un filet sert à attraper des poissons[3]. Les romancières réalistes magiques ont recours aux pouvoirs « magiques » d'une écriture intuitive. La communication entre auteur et lecteur se fait par une « télépathie » pour laquelle les mots servent de catalyseurs. La présence thématique du silence rend hommage à l'indicible, en stimulant l'imagination de chaque lecteur. Bien que l'attribution d'un nom puisse équivaloir à la maîtrise ou à l'appropriation, il peut également

---

1. P. Chamoiseau, *Écrire en pays dominé*, 1997, p. 17.
2. Monique Wittig, *Les Guérillères*, 1969, p. 162.
3. Tchouang-Tseu, *Le Rêve du papillon*, 2002 (écrit au IVe siècle avant J.-C.). Le soufisme embrasse un idéal semblable : « *Au-delà des mots, il existe une transmission directe entre des esprits de même nature ; ce langage du cœur ne peut qu'être sincère et la compréhension qu'il crée, sans l'intermédiaire de la parole, ne suscite ni malentendus, ni dissensions. S'il était donné aux esprits de dialoguer ainsi directement, la plupart des difficultés humaines seraient résolues* ». Rûmî, *Mathnawi*, 1990, introduction, p. 24.

réduire l'importance de l'objet nommé. Puisque le pouvoir s'affirme par la parole, toute reconception du monde comporte des transformations linguistiques, qui interrogent à la fois les mots et leur absence. Comme la langue (*Apatoudi*) que parle Man L'Oubliée, «*jamais répertorié*[e] *par aucun spécialiste*»[4], des souvenirs existent en dehors du discours officiel ; ils inspirent des reconceptions radicales du monde.

La langue des conquérants

Comment s'approprier un langage forgé autour des tromperies, des préjugés, des actes de violence, et par lequel les détenteurs du pouvoir continuent à semer leur vérité univoque ? Des concepts occidentaux, intrinsèques aux langues européennes imposées par le colonialisme, continuent à maintenir un décalage entre description et réalité. La saison des pluies aux Antilles, par exemple, est appelée «*l'été*» seulement parce qu'elle coïncide avec l'été européen[5]. Dans *Beloved*, après que l'esclave N°Six a exposé à son maître des arguments convaincants sur la définition du vol,

[...] *Maître d'École le fouetta quand même pour lui montrer que les définitions appartiennent aux définisseurs, et non pas aux définis*[6].

Encore plus que les armes, la force physique et les lois, l'idéologie assure la domination, notamment en s'assurant la complicité forcée des dominés. Les maîtres obligèrent les esclaves à adopter leur religion, leur langue et leur nom. Dès leur arrivée en Amérique, ceux qui partagent une langue sont séparés pour amoindrir la possibilité de révolte. Quelques générations après l'abolition, la seule langue que possèdent les descendants d'esclaves pour raconter le crime est celle des criminels[7]. Afin de résoudre ce dilemme, Morrison prône les subversions linguistiques :

---

4. P. Chamoiseau, *Biblique des derniers gestes*, 2002, p. 256.
5. *Ibid.*, p. 109.
6. T. Morrison, *Beloved*, p. 265.
7. David Punter, *Postcolonial Imaginings*, 2000, p. 47. Voir aussi P. Chamoiseau, *Écrire en pays dominé*.

> *Le genre de travail que j'ai toujours voulu faire exige que j'apprenne à manœuvrer la langue pour la libérer de l'emploi parfois sinistre, souvent paresseux et presque toujours prévisible, d'enchaînements racialement déterminés et chargés de sens*[8].

De telles subversions étaient déjà pratiquées par les esclaves, qui développèrent l'art de la double entente (et du double jeu identitaire) : une remarque peut être comprise d'une façon par les blancs et d'une autre par les noirs. Les langages Afro-américains conservent cette muabilité contestataire.

Dans *L'Œil le plus bleu*, un texte classique (*Dick and Jane*) utilisé pour apprendre à lire aux enfants se transforme (par la suppression d'espaces entre les mots) en non-sens signalant un éloignement progressif du discours normatif[9]. Dans *Beloved*, Sethe et ses filles inventent un langage émotif, fusionnel, impénétrable par le monde extérieur (Morrison abandonne la ponctuation et dresse de grands espaces entre les phrases). Le langage habituel est incapable d'exprimer les horreurs vécues par Sethe. Ses liens avec la réalité extérieure sont dangereusement brisés, lorsqu'elle essaie d'exprimer la présence de l'enfant qu'elle a tuée en croyant la sauver de l'esclavage. Tandis que dans *L'Œil le plus bleu*, les protagonistes compriment les mots pour refléter la pression qu'elles subissent de la part de la société, dans *Beloved*, elles se retirent du monde et le langage se délie, laissant des lacunes entre les mots.

Le rejet du langage conventionnel par Sethe rappelle la scène où Maître d'École établit une liste des caractéristiques humaines et animales de Sethe, avec l'encre qu'elle a fabriquée. Une telle rhétorique déshumanisante, transformant des personnes en bêtes ou en objets, facilite la tâche des bourreaux. Ainsi les nazis exigèrent que les cadavres de leurs victimes soient appelés chiffons (*Schmattes*) ou marionnettes (*Figuren*), des mots tels que « morts » ou « victimes » étant

---

8. T. Morrison, *Playing in the Dark*, 1993, p. 13. Voir aussi P. Gabrielle Foreman, *op. cit.*, p. 294.
9. T. Morrison, *L'Œil le plus bleu*, 1994 (1970), p. 1, 40, etc.

interdits[10]. L'image chrétienne des femmes comme « calices sacrés » s'inscrit également dans la déshumanisation dominatrice – outil d'abord linguistique, voire littéraire (métaphorique), des oppresseurs.

La langue se plie aux besoins culturels. La romancière algérienne Assia Djebar revendique un français arabisé, dans lequel des réalités maghrébines s'affranchissent d'une langue maternelle évocatrice d'un lourd passé, ainsi que de l'oppression des femmes[11]. Paradoxalement, la langue coloniale représente la liberté et l'autonomie, rappelant un fréquent décalage entre les perspectives politiques des hommes et des femmes (Virginia Woolf a écrit que les femmes ne possèdent et ne veulent posséder de pays[12]). Les romancières réalistes magiques affirment que le remplacement d'un ordre patriarcal par un autre n'est pas une solution.

Selon Monique Wittig, la division hiérarchisée entre les sexes est enracinée dans la langue à travers sa dualité grammaticale. (Des langues qui n'accordent pas aux objets un genre, telles que l'anglais, survalorisent le masculin d'une façon moins explicite mais tout aussi pernicieuse.) La surestimation du masculin se protège de l'analyse, en se cachant derrière une prétendue évidence naturelle[13], tandis que Wittig constate que l'appareil génital n'a pas de vocation évidente comme critère de classification :

> [...] *grâce à l'abolition de l'esclavage, la "déclaration" de la "couleur" est maintenant considérée comme une discrimination. Mais ceci n'est pas vrai pour la "déclaration" de "sexe" que même les femmes n'ont pas rêvé d'abolir. Je dis : qu'attend-on pour le faire ?*[14]

---

10. Germain, *Etty Hillesum*, 1999, p. 48.
11. Jean Déjeux, *La Littérature féminine de langue française au Maghreb*, 1994, p. 198-199.
12. Virginia Woolf, *Trois Guinées*, 1977 (1938), p. 205.
13. Ce n'est que depuis le XVIIe siècle que le masculin est employé même lorsqu'il y a un plus grand nombre de noms ou d'êtres féminins. « *Le genre masculin étant le plus noble* » en est la justification la plus couramment apportée. Vaugelas, *Remarques sur la langue française*, 1647, p. 83.
14. Monique Wittig, *La Pensée straight*, 2001, p. 49.

Dans son roman *Les Guérillères* (1969), allégorie du mouvement féministe, Wittig révèle l'oppression véhiculée par la langue et cherche à la bouleverser. Les protagonistes, regroupées sous le pronom *elles*, élèvent le féminin au statut universel réservé selon les conventions grammaticales (en accord avec la politique patriarcale) au seul masculin. Mais il ne s'agit pas de féminiser le monde, mais plutôt d'extraire la moitié de l'humanité d'une sous-catégorie de l'Homme. *Elles* doivent d'abord bouleverser un discours misogyne millénaire, en naviguant au-delà de ses termes mystifiants et en pensant en dehors de ses dichotomies, pour instaurer des dynamiques véritablement nouvelles :

> *Elles disent, je refuse désormais de parler ce langage, je refuse de marmotter après eux les mots de manque manque de pénis manque d'argent manque de signe manque de nom. Je refuse de prononcer les mots de possession et de non-possession. Elles disent, si je m'approprie le monde, que ce soit pour m'en déposséder aussitôt, que ce soit pour créer des rapports nouveaux entre moi et le monde*[15].

Les révisions féministes de la langue ont mené à la conception de dictionnaires. Il s'agit à la fois de désamorcer par la satire les méthodes rigides et les dogmes patriarcaux et de fournir des termes pour un recentrage du discours. Dans son *Brouillon pour un dictionnaire des amantes*[16], Wittig réécrit l'histoire en considérant comme normative l'expérience lesbienne. L'aspect fantasmagorique rappelle que la vérité de cette expérience fut empêchée ou perdue, de sorte que Wittig suit le conseil de ses protagonistes romanesques : «*fais un effort pour te souvenir. Ou, à défaut, invente* »[17]. Dans son *Wickedary*[18], Mary Daly dévoile les multiples visages du patriarcat ; elle catalogue également des néologismes censés attiser la rage créative des femmes.

---

15. Wittig, *Les Guérillères*, p. 153-154.
16. Wittig (avec Sande Zeig), *Brouillon pour un dictionnaire des amantes*, 1976.
17. Wittig, *Les Guérillères*, p. 127.
18. Mary Daly (avec Jane Caputi), *Wesbsters' First New Intergalactic Wickedary of the English Language*, 1987.

Les romancières réalistes magiques décrivent chez leurs héroïnes une méfiance à l'égard de la langue, en faveur du vécu. Dans l'*Histoire de la femme cannibale*[19], Rosélie considère la littérature comme un art inutile, la réalité étant beaucoup plus intense et même plus « *invraisemblable* » que la fiction. Son mépris des histoires inventées paraît justifié, lorsque le lecteur apprend que son mari vivait dans un monde de mensonges. Universitaire spécialiste de Yeats ou chanteur imitateur de Bob Marley, ce sont les hommes qui affirment leur pouvoir par le langage. Rosélie possède plutôt celui, moins développé et moins valorisé, des intuitions occultes et des images abstraites. Après la mort de son mari, Rosélie décide d'attacher plus de valeur au langage visuel qui est le sien, en consacrant un tableau à la « femme cannibale ». En rendant hommage à ce symbole de vengeance et de non complicité, elle affirme enfin son emprise sur le monde. Le thème d'un langage masculin figé dans l'écriture, qui s'oppose à une expression féminine intuitive et imagée figure également dans la nouvelle *Le Rabbi païen*[20]. Bien que le rabbin affirme la supériorité de « la religion du Livre » vis-à-vis du paganisme, l'histoire des juifs est assombrie par l'exil et le génocide. Mais ce rabbin new-yorkais subit surtout le poids de sa propre tradition. Il est autant fasciné par la nature que frustré par la coupure avec elle. Il rêve de libérer son âme dans une communion extatique avec le monde végétal. Errant le soir dans un parc, il rencontre une dryade (moitié plante, moitié femme) qui lui apprend à communiquer avec des odeurs à la place des mots, tandis que l'âme du rabbin s'incarne sous la forme d'un vieux monsieur laid et sale qui ne lève guère les yeux d'un livre usagé. En voyant ce spectacle désolant, le rabbin abandonne son âme pour s'unir à la dryade. Le monothéisme est critiqué non seulement pour sa marginalisation des femmes et de la nature, mais aussi parce qu'il néglige les sensations et la beauté de ce monde. Contrairement à l'exemple précédent, où les hommes sont indifférents aux talents de

---

19. Condé, *Histoire de la femme cannibale*.
20. Cynthia Ozick, *Le Rabbi païen*, 1990 (1961).

Rosélie, le langage « féminin » l'emporte sur la religion patriarcale.

Langages du silence

Sylvie Germain établit de nombreux parallèles entre le texte et le vivant. Autrui, comme les phénomènes de la nature, sont des livres jamais achevés, qui soulignent l'abîme entre le dicible et l'indicible. Le ciel est

> *un livre aux pages vives qui s'enroulent, se tordent, s'envolent, se déchirent, et reparaissent, à chaque fois les mêmes et cependant nouvelles. C'est un texte toujours en train de se récrire, de se poursuivre, de se ré-enluminer*[21].

La destruction des vies humaines est aussi la destruction de « *livres* » – de la richesse de tant d'histoires inachevées et perdues,

> *[...] chaque être étant un unique livre fait de peau et de sang, fait de gestes, de paroles, de regards, de pas, de rires et de larmes, tout bruissant de mémoire, de songes et de pensées, qui s'écrit dans la rumeur du temps [...] Hommes et femmes-livres, enfants-livres aux pages blanches si tôt déchirées*[22].

Germain condamne l'oubli non seulement des victimes des guerres et du génocide, mais aussi des anonymes vivant autour de nous dans le silence et l'isolement. L'écriture est un moyen de toucher et d'être touché par le monde, en concrétisant par des mots le vécu corporel et l'étrangeté intime du ressenti :

> *La feuille, le papier ou l'écran sont des substituts de la peau. Une peau neutre, indéfiniment renouvelable, multipliable, et toujours blanche. [...] On écrit toujours sur la peau humaine, il n'y a pas d'autre support, car il n'y a pas d'autre sujet, pour le roman, que celui de l'inévidence de l'existence, de l'énigme inépuisable de l'homme [...]*[23].

---

21. Germain, *L'Enfant Méduse*, p. 20.
22. Germain, *Les Échos du silence*, 1996, p. 86-87. Germain fait référence ici aux camps nazis.
23. Germain, *Les Personnages*, 2004, p. 63 et p. 73.

Au-delà des mots, l'organisme vivant et poreux de la peau absorbe, reflète et retient nos histoires, puis les efface pour en écrire d'autres. Germain conçoit la vie comme un palimpseste[24], qui consiste à effacer un texte pour le remplacer par un autre, afin de recycler les parchemins (qui sont des peaux). Au XIXe siècle, *palimpseste* acquiert un sens symbolique, et s'emploie pour décrire des réalités effectives qui se remplacent les unes les autres, en laissant parfois transparaître des traces. Les écrivains de l'époque furent intrigués par l'idée de retrouver un texte antérieur, peut-être meilleur, en dessous d'un texte existant. Le thème du palimpseste continue à exercer son attrait. Dans *L'Exil selon Julia* (1996) de Gisèle Pineau, la grand-mère lave les cahiers de son petit fils, effaçant les signes de l'éducation coloniale pour les remplacer par des savoirs traditionnels[25].

Au XIIe siècle, le poète Rûmî comparait le cœur à une page blanche, et assimilait les pas palimpsestes à une écriture divine :

> *Le livre du soufi n'est pas composé d'encre et de lettres ; ce n'est qu'un cœur blanc comme la neige.*
> *La provision du savant consiste en signes tracés par la plume.*
> *Quelle est la provision du soufi ? Des traces de pas*[26].

Germain relie également au palimpseste l'éphémère sainteté de la nature :

> *Tout fait ensemencé par ces brins d'éloquence divine – éloquence devenue muette, car ne découlant plus de la bouche percée du dieu, mais transcrite dans la matière, les éléments, dans toute chair de vivant.*
> *Terre écrite, ciel et mer narratifs.*
> *Vents-palimpsestes...* [27]

---

24. L'expression « visage-palimpseste » est employée dans *Célébration de la paternité*, 2001, p. 24. Voir aussi T. Garfitt, « Pour déchiffrer le monde », p. 203.
25. Gisèle Pineau, *L'Exil selon Julia*, 1996, cité par Mireille Rosello, *op. cit.*, p. 67.
26. Rûmî, *op. cit.*, p. 314 (Livre II, vers 159-160).
27. Germain, *Couleurs de l'invisible*, 2002, p. 26.

Sa recréation lyrique de la parabole de la femme adultère rappelle la volonté mystique de transcender le langage figé et le discours courant :

> *Il écrit hors des mots.*
> *Il délie*
> *le langage*[28].

La littérature doit toujours se dépasser dans sa quête de l'insaisissable. Ainsi Roland Barthes met en garde à la fois contre les interprétations définitives d'une œuvre et la recherche d'un unique et ultime secret[29].

Dans *L'Encre du poulpe*[30], dont le titre évoque les écritures naturelles du monde palimpseste, la rencontre avec un poulpe dans un aquarium encourage la protagoniste désespérée à faire face à la vie. Entre le poulpe et Laure existe une communication que le silence rend encore plus puissante. Tandis que les mots sont figés dans le passé et dans une construction prédéterminée du sens, le contact non verbal engendre des possibilités insolites. L'exploration du silence englobe aussi le thème du mutisme. Valentine en est frappée après que son mari a brandi la tête de sa belle-sœur, tranchée dans un accident[31], comme l'est aussi Margot, dont le fiancé n'arrive pas à l'église le jour du mariage[32]. Mahaut et son fils oublient périodiquement la langue du quotidien, se retirant du monde pour se délecter du charabia des fantasmes[33]. Les tragédies personnelles et collectives conduisent les personnages vers une quête de transcendance divine, qui leur « coupe la parole » et leur fait « perdre la tête », littéralement.

---

28. *Ibid.*, p. 64.
29. Barthes, *Critique et Vérité*, 1966, p. 52.
30. Germain, *L'Encre du poulpe*, 1998.
31. Germain, *Tobie des marais*, p. 76, 212.
32. Germain, *Le Livre des nuits*, p. 195.
33. Germain, *Nuit-d'Ambre*, p. 59 ; état appelé en psychiatrie « aphasie systématique ».

Présences de l'au-delà

Dans l'ère postmoderne, technologique, mondialisée, nous vivons, paradoxalement, dans un monde de plus en plus rempli de fantômes[34]. Grâce à l'intégration de croyances traditionnelles et au refus du schisme réel-surnaturel, le réalisme magique fusionne le monde des esprits et celui des vivants. Les morts apparaissent pour annoncer leur décès, conseiller leurs proches ou tenir des promesses. L'archétype de Dieu illustre la place de l'au-delà dans la psyché humaine, y compris comme incarnation de la domination masculine. Est-ce le sexisme des religions dominantes qui amène les romancières à évoquer par le réalisme magique une foi plus personnelle ?

Dieu, ce vieux charlatan

Selon Jung, Dieu est un archétype auquel l'être humain a besoin de croire, indépendamment de la question de son existence, car la logique positiviste ne suffit pas à nourrir l'âme[35]. La religion, institution patriarcale par excellence, constitue depuis les débuts une des cibles principales du féminisme. Mais reconnaissant l'incapacité de beaucoup de femmes à oublier les traditions familiales ou à occulter le besoin d'une vie spirituelle, certaines féministes ont cherché à réviser les religions dominantes, voire à ressusciter un paganisme gynocentré. Trop souvent, les Occidentales qui souhaitent échapper aux dogmes patriarcaux du christianisme tombent dans un bouddhisme tout aussi glorificateur de la domination masculine et de la sagesse d'un grand homme ou dans un athéisme qui se réfère aux philosophes misogynes. Comment répondre au besoin d'un sens moral, philosophique, voire de « magie », sans tomber dans de tels pièges ? Le réalisme magique sert à

---

34. D. Punter, *op. cit.*, p. 61.
35. « *En fait on n'a pas le droit de s'identifier avec la raison elle-même ; car l'homme n'est pas seulement raisonnable ; il ne peut pas l'être et ne le sera jamais* [...] *L'irrationnel ne doit et ne peut être exterminé. Les dieux ne peuvent et ne doivent pas mourir* ». C.G. Jung, *Psychologie de l'inconscient*, p. 129-130.

exprimer une quête personnelle du sacré, qui transcende les dogmes et déracine le conditionnement. Tandis que Germain embrasse un christianisme syncrétique et personnel, influencé par de grandes traditions mystiques, Condé s'inspire des croyances afro-antillaises, et NDiaye de l'occultisme qui resurgit en réaction contre la banalité mécaniste du quotidien.

Alors que le XXe siècle renie Dieu en tirant prétexte de son silence, Germain blâme précisément la désacralisation du monde qui a produit des atrocités dont Dieu lui-même est victime. Germain personnifie Dieu, comme elle le fait pour le monde naturel et celui des sentiments. (Décrit comme personnage dans ses ouvrages théoriques, il est plutôt représenté par des anges dans les romans.) Elle s'inspire d'Etty Hillesum, morte dans un camp nazi, et dont la foi et la compassion grandissaient en même temps que la sauvagerie autour d'elle. Il ne s'agit pas d'excuser les tortionnaires mais de sensibiliser l'humanité à des voix plus profondes que la violence structurée comme seule réalité, qui ordonne pour chacun son annihilation ou sa cooptation. Dans la théologie de Germain, le « silence » du créateur personnifié, qui apparaît à travers ses « œuvres » humaines et naturelles, n'est que la surdité des hommes. Elle cite à titre d'exemple une légende hassidique qui compare le sort de Dieu à celui d'un garçon qui joue à cache-cache et que les autres ne cherchent plus. Sortant enfin de sa cachette, il exprime sa frustration à son grand-père qui lui répond que Dieu subit le même affront[36]. Le soufisme explique autrement le silence divin : les choses ne se manifestent que grâce à leurs opposés ; n'ayant pas d'opposé, Dieu est caché[37]. Selon Germain, versée dans les grands courants mystiques, « *si Dieu est un Dieu caché c'est avant tout au plus secret de chaque individu qu'il se cache* »[38]. Dans le soufisme, le désir de se réunir à Dieu ressemble au désir d'un amant – provoquant la dissolution de toute dualité[39]. Ce

---

36. Martin Buber, *Les Récits hassidiques*, 1978, p. 157-158, cité dans Germain, *Etty Hillesum*, p. 185.
37. Rûmî, *op. cit.*, p. 151 (livre I, vers 1130-1131).
38. Germain, *Etty Hillesum*, p. 182.
39. Rûmî, *op. cit.*, p. 17 (introduction). Dans l'ensemble, le soufisme est non seulement plus tolérant à l'égard de la sexualité, mais aussi moins

même désir de se fondre dans la divinité voluptueuse de ce monde se manifeste couramment dans l'écriture des femmes :

> De nombreux contes fantastiques féminins présentent un caractère régressif – ceci soit dit sans nuance péjorative ; ils évoquent un souhaitable retour aux règnes minéral, végétal, animal conçus comme des espèces de paradis perdus [...] ils brisent l'identification de l'individu aux conventions de toutes sortes, dictées par les exigences de la vie sociale, ils expriment le rêve de l'existence plénière, un retour aux sources et aux ressources du moi sauvage, une volonté de dépossession et de détachement[40].

Dans *Orphée-Dafric*, la transposition du mythe grec sert à commenter non seulement la décolonisation, mais aussi l'amour comme expérience sacrée[41]. Etty Hillesum fait également le rapprochement entre l'amour romantique et l'amour divin[42]. Mais l'amour est-il une force libératrice, ou d'évasion face aux horreurs du présent et l'apparente invincibilité des violences patriarcales ? La folie ou la dévotion sont-elles les seules voies qui se présentent aux femmes pour qui le quotidien est intenable ? La dévotion à un homme ou à un dieu à travers l'amour et le don de soi, ne suit-elle pas le même paradigme en enlevant aux femmes elles-mêmes leur pouvoir d'agir, ou peuvent-elles accéder à leurs pouvoirs refoulés à travers l'identification avec la grandeur de l'univers ? Les romans de Germain le suggèrent, tandis que Condé et NDiaye sont plutôt critiques à l'égard de la dévotion amoureuse ou religieuse, qui compromettent l'autonomie des femmes et glorifient leur soumission. Le besoin du sacré, et surtout la souffrance qui résulte de son refoulement, sont néanmoins suggérés dans les romans de NDiaye, tandis que

---

hostiles aux femmes que ne l'est la théologie exotérique. Valérie J. Hoffman, « Le soufisme, la femme et la sexualité », p. 173-255. Voir aussi Margaret Smith, *Râbi'a the Mystic and her Fellow-Saints in Islam*, 1984 (1928).
40. A. Richter, introduction, p. 18.
41. « *Je t'aime comme on ne peut aimer que l'image de Dieu. Ton regard ouvre sur des mondes inconnus... Et je découvre Dieu en moi* ». Werewere Liking, *Orphée-Dafric*, 1981, p. 36.
42. « *"À vrai dire, on ne devrait écrire des lettres d'amour qu'à Dieu" [...] Chez Etty Hillesum, la répétition des mots "mon Dieu" tient lieu de "Je-T'-Aime" et conflue avec lui* ». Germain, *Etty Hillesum*, p. 121, 180.

Condé redéfinit le sacré en termes autres que patriarcaux. La quête du sacré qu'exprime Germain, nécessite-t-elle la subordination des femmes, ou certaines traditions mystiques peuvent-elles être libératrices, en encourageant l'individu à définir ses vérités en dehors des dogmes ? Bien que remplis de symboles chrétiens, les écrits de Germain sur le divin sont proches du soufisme. Rûmî pose la question :

> *Car, lequel, de l'homme et de Dieu, a le plus soif de l'autre, lequel surtout a le plus besoin que l'autre ait soif de lui ?*[43]

Tout comme Germain constate :

> *il n'y a pas que l'homme qui crie vers Dieu [...] mais que Dieu aussi crie vers l'homme*[44].

Il s'agit donc d'une relation privilégiée et personnelle, potentiellement libératrice, entre le divin et chaque individu, face au déséquilibre spirituel de notre époque. Rushdie approfondit, lui aussi, les relations conflictuelles entre Dieu et l'humanité, à travers le personnage tantôt divin, tantôt humain de Gibreel Farishta (flanqué de son équivalent diabolique Saladin Chamcha)[45]. Hanté par des rêves dans lesquels il conseille le prophète Mahmoud, Gibreel perd son emprise sur la réalité et erre dans les rues, à la fois archange et clochard schizophrène. Rushdie explore la tenace emprise culturelle et psychique de la religion dans un siècle qui cherche à se libérer des Écritures archaïques, et la tension des immigrés tiraillés entre leur tradition et l'Occident. Chez Germain, les anges s'insèrent facilement dans le quotidien du XXe siècle, et peuvent encore rendre service. Dans *Tobie des marais*[46], l'ange Raphaël apparaît d'abord comme un auto-stoppeur androgyne. Sur la route, l'enfant Tobie, en fugue après la mort subite de sa mère, pédale frénétiquement sous la pluie. Raphaël le ramène chez lui. Des années plus tard, il réapparaît pour aider Tobie à rompre la malédiction de Sarra, dont cha-

---

43. Rûmî, *op. cit.*, p. 138.
44. Germain, *Nuit-d'Ambre*, p. 353.
45. Rushdie, *Les Versets sataniques*.
46. Germain, *Tobie des marais*. Il s'agit d'une version contemporaine du *Livre de Tobie* de l'Ancien Testament.

que amoureux meurt mystérieusement. Raphaël finit par devenir une ombre dorée qui disparaît à l'horizon. Dans *Jours de colère* également, la nature angélique des protagonistes est révélée vers la fin[47]. Loin d'être une divinité de vengeance, Dieu chez Germain jouit de son pouvoir de créateur. À propos d'Isaac, dont le nom signifie « *Il* [Dieu] *a ri* » :

> *Le rire de Dieu qui défie les lois naturelles tinte dans le nom de l'enfant de la promesse, voué/ arraché à la mort ; le sourire de Dieu luit dans le nom de l'enfant par deux fois* voulu *par Dieu*[48].

Le Dieu bienfaisant de Germain est loin du représentant de la domination patriarcale et européenne que dépeignent ses détracteurs. La religion n'est pas pour autant une issue acceptable pour la psyché de toutes les femmes, dont certaines, faute de langage, privées d'une cohérente contestation féministe, se rebellent par la folie, leur dernier recours. Chez certains, le Tout-Puissant s'incarne en un personnage malfaisant. Par exemple, une patiente de la psychanalyste Marie-Louise von Franz se sent pourchassée par Dieu :

> *Elle trouve qu'il est un être immoral, une sorte de charlatan trompeur et elle a appris à ruser à son tour avec Lui* [...] *Elle est très mal à l'aise quand Dieu s'approche d'elle, et ce sont les moments où elle a ses visions. Quand Il s'éloigne, elle est plus normale et plus proche de la réalité concrète. C'est ainsi que les contes de fées expriment des contenus inconscients pour lesquels la mentalité collective n'a pas de langage*[49].

L'inconscient de cette femme se révolte contre la marginalisation des femmes dans la religion chrétienne. La doxa (« mentalité collective ») n'admettant pas de telles critiques, celles-ci surgissent dans un idiome qui abandonne le rationnel. L'inconscient individuel n'est pas le seul détracteur du Dieu patriarcal. Le rejet de la soumission des femmes à un Dieu masculin s'exprime aussi dans un conte tchèque : coincé dans un arbre, Dieu doit demander à une jeune fille de l'aider à descendre –« *compensation très juste à nos idées fossilisées et*

---

47. Germain, *Jours de colère*, p. 105, 111.
48. Germain et E. Gondinet-Wallstein, *Célébration de la paternité*, p. 13.
49. M.L. von Franz, *La Femme dans les contes de fées*, p. 32.

intellectualisées, et à notre monde masculin et abstrait »[50]. De même, à propos d'un prêtre qui se plaint des femmes qui essaient de le séduire,

> [...] *ce qu'il ne voit pas, c'est qu'en portant cet habit tout en appartenant à un ordre patriarcal (à la tête duquel se trouve un pape sans équivalent féminin à ses côtés), il constitue en lui-même une sorte de déclaration de guerre envers l'élément féminin*[51].

Pour que la société puisse fonctionner, il faut que la faute (la folie) soit rejetée sur l'individu, thème récurrent chez les romancières réalistes magiques. Les femmes qui choisissent, ou qui veulent choisir, d'exister autrement sont ramenées aux normes ; or, que peut vouloir dire être « normale » dans une société elle-même malade ?

Revenants

Les vivants et les morts occupent ensemble le quotidien réaliste magique. Peu différenciés, les uns possèdent des pouvoirs associés à l'au-delà tandis que les autres gardent les attributs de leur vivant. Chez Condé, les proches ne meurent que « *pour mieux être présents* »[52], offrant protection et conseils. Tituba n'est pas affligée par la disparition de ses parents : « *Je ne pleurai pas en la mettant en terre. Je savais que je n'étais pas seule et que trois ombres se relayaient autour de moi pour veiller* »[53]. Ils peuvent prendre n'importe quelle forme, mais ressemblent le plus souvent à eux-mêmes lors d'une époque choisie de leur vie. Ils ont même des besoins affectifs :

> *Ils sont là, partout autour de nous, avides d'attention, avides d'affection. Quelques mots suffisent à les rameuter, pressant leurs corps invisibles contre les nôtres, impatients de se rendre utiles*[54].

---

50. *Ibid.*, p. 31-32.
51. *Ibid.*, p. 93.
52. Condé, *Ségou*, tome III, p. 31.
53. Condé, *Moi, Tituba*, p. 25.
54. *Ibid.*, p. 24.

Man Yaya, mère adoptive, apprend à Tituba comment obtenir, par offrandes et sacrifices, la confiance des morts. Les rencontres apparaissent d'abord comme de simples rêves, mais bientôt les esprits se manifestent également le jour[55]. Après sa propre mort, Man Yaya rejoint Abena et Yao pour instruire et guider Tituba, bien que leurs pouvoirs soient limités. Plus tard, Tituba décrit la douceur de sa propre mort, après laquelle elle poursuit sa narration :

> *Bientôt j'atteindrai au royaume où la lumière de la vérité brille sans partage. Assis à califourchon sur le bois de ma potence, Man Yaya, Abena ma mère et Yao m'attendaient pour me prendre par la main*[56].

Le réalisme des morts se manifeste chez Yao, qui « *se met à rouler un cigare de feuilles de tabac, comme s'il cherchait à gagner du temps* [...] »[57]. Ils ne sont pas détachés des artifices des vivants, ni de leurs habitudes ou de leur confort. Les personnages morts ne trahissent pas les secrets de l'au-delà, mais s'insèrent de bonne volonté dans le quotidien des vivants.

Condé illustre les croyances antipodales des traditions afro-antillaise et chrétienne. Dans *La Migration des cœurs,* la protagoniste Cathy demande à sa servante si elle croit qu'après la mort les personnes se retrouvent pour l'éternité. La religion patriarcale le proclame tous les dimanches, mais ces femmes envisagent une éternité plus dynamique que le repos éternel :

> [Le curé] *parle du ciel. Mais du ciel, je me moque. Ce n'est pas là que j'ai envie d'aller pour y trouver les saints et les anges. Le ciel n'est pas pour moi. Je rêve d'un au-delà où nous pourrions exprimer tous les sentiments, toutes les envies que nous avons dû étouffer pendant notre existence. Un au-delà où nous serions enfin libres d'être nous-mêmes*[58].

---

55. *Ibid.,* p. 24. Voir aussi Condé, *La Vie scélérate,* 1987, p. 115.
56. Condé, *Moi, Tituba,* p. 263.
57. *Ibid.,* p. 252.
58. Condé, *La Migration des cœurs,* p. 86.

Dans *Moi, Tituba*, la vie d'Hester après sa mort consiste à aider des vivants, mais aussi à poursuivre ses propres projets. Après qu'elles sont mortes toutes les deux, loin l'une de l'autre, Tituba est néanmoins en contact avec Hester :

> *Je sais qu'elle poursuit son rêve : créer un monde de femmes qui sera plus juste et plus humain*[59].

Plus leur vie est dure, plus les personnages manifestent des affinités avec l'au-delà. Le surnaturel est plutôt rassurant pour l'esclave Nadié, qui n'a pas peur de marcher dans le noir, car « *le monde des invisibles ne recelait rien de plus horrible que celui des vivants* [...] »[60]. Dans *Ségou*, les ancêtres veillent sur leurs descendants, sans pour autant leur prodiguer toujours des conseils judicieux. Des aïeux déguisés en inconnus recommandent à Siga, puis à Malobali de s'enfuir par voie de mer. Une fois à bord d'un navire, Malobali est attaché et jeté parmi les esclaves. Cet événement malheureux lui fait remettre en cause la sagesse des ancêtres. Sa vie à l'étranger et son contact avec le christianisme l'amènent à poser d'autres questions. D'abord il a du mal à comprendre une religion qui « *condamnait toutes les manifestations de la vie* »[61]. La religion bambara attribue à l'autre monde une réalité concrète et discernable, ce qui influence son interprétation du christianisme, puisqu'il prend à la lettre l'omniprésence de Dieu :

> *Parfois, quand le père Ulrich lui parlait, Malobali tournait la tête à droite et à gauche pour tenter de surprendre ce dieu omniprésent dont il était question*[62].

L'absence de ce Dieu « *omniprésent* » contraste avec la présence réelle des ancêtres qui, malgré leurs conseils parfois discutables, agissent sur le destin en amenant leurs descendants vers des « coïncidences » qui les ramènent aux traditions (mariage d'amour entre la veuve et le frère du mari décédé, se rencontrant lors de l'exil). Les fantômes représen-

---

59. Condé, *Moi, Tituba*, p. 271.
60. Condé, *Ségou*, tome I, p. 242.
61. *Ibid.*, tome II, p. 10.
62. *Loc. cit.*

tent ce que l'on laisse derrière soi, mais qui hante la conscience. Dans *Rosie Carpe*, Titi, l'enfant de Rosie, devient « *un étroit morceau de chair fantomatique* » dès que personne ne se soucie plus de lui[63]. Mais ce principe peut aussi se manifester collectivement. Le fantôme de « Beloved », enfant assassinée par sa mère pour lui éviter l'esclavage, revient pour éveiller la conscience de celle-ci, mais surtout celle des États-Unis, qui n'ont pas fait face au passé esclavagiste[64]. La peur que ressent Morrison elle-même face à un sujet si difficile a contribué à incarner le fantôme.

Des romancières sino-américaines utilisent les fantômes pour commenter l'expérience des immigrés hantés par les traditions chinoises. Dans *Hunger*[65] (comme dans *Moi, Tituba*) le moment de la mort de la protagoniste est raconté brièvement, sans altérer sa voix narrative. Toujours dans sa maison, elle veille paisiblement sur sa fille adulte. Puisqu'elle était presque muette dans les drames familiaux, son statut de fantôme n'entraîne pas de grands changements. Dans *The Woman Warrior*[66], l'auteur joue sur les différents sens du mot « fantôme », qui désigne en chinois toute personne non chinoise. Quittant la Chine, la fille immigrée se trouve désormais dans un monde peuplé de fantômes. Sa mère alimente ses peurs (et son imaginaire aussi) en racontant des histoires sur les différentes espèces de fantômes, mais aussi sur des femmes héroïques.

Dans *Le Voyage au pays des nuits blanches*[67], la présence d'un fantôme est assez ordinaire. La protagoniste voyage en compagnie de son ex-mari, Ma Kongduo[68], sans savoir qu'il

---

63. NDiaye, *Rosie Carpe*, p. 225.
64. T. Morrison, *Beloved*. Voir aussi Denise Heinze, *The Dilemma of "Double-Consciousness"*, 1993, p. 1-3 ; et G. Caldwell, « Author Toni Morrison Discusses Her Latest Novel *Beloved* », p. 240-244.
65. Lan Samantha Chang, *Hunger*, 2000.
66. Maxine Hong Kingston, *The Woman Warrior*, 1981 (1975).
67. Chi Zijian, *La Danseuse de Yangge* suivi du *Voyage au pays des nuits blanches*, 1997.
68. Son nom fait probablement allusion à Macondo, lieu où se déroule le roman de Gabriel García Márquez, *Cent ans de solitude*.

est déjà mort. Au cours du voyage, le lecteur s'aperçoit en même temps que la protagoniste qu'elle est la seule personne capable de le voir. Elle rencontre un collègue de Ma Kongduo, qui parvient à la convaincre de laisser les deux hommes ensemble et de poursuivre son voyage seule. Sachant déjà que l'homme en question est mort, le collègue comprend qu'elle voyage avec un fantôme. Au retour, elle reçoit une lettre annonçant la mort de son ex-mari, le jour même où il a fait son apparition. (Il est revenu pour tenir sa promesse d'un dernier voyage après le divorce.) Une autre lettre, du collègue de l'ex-mari, la rassure sur sa santé mentale :

> *Ne te fais pas de souci au sujet de ton comportement bizarre. Considère que tu as eu une attitude humaine, normale. Aussi, inutile d'aller consulter un médecin : tout le monde n'a pas la chance de voyager en compagnie d'une âme. Aie confiance en toi*[69].

Le fantôme est la personnification du manque après une rupture. C'est la mort d'une relation, hantée par des souvenirs, des promesses non tenues, des envies inassouvies. Comme un nouvel amoureux, le collègue de l'ex-mari la libère (littéralement) de son fantôme.

Le fantôme évoque également des facettes de l'écriture. Condé joue avec la proximité entre les vivants et les morts dans le prologue de *Moi Tituba* :

> *Tituba et moi, avons vécu en étroite intimité pendant un an. C'est au cours de nos interminables conversations qu'elle m'a dit ces choses qu'elle n'avait confiées à personne.*

Cette remarque annonce le ton du roman, tout en créant des métaphores sur la relation auteur-personnages. À travers la fluidité des limites entre burlesque et héroïsme, satire et revendication identitaire, Condé ironise sur le portrait du réaliste magique qui croit lui-même en la magie. En revanche, n'y a-t-il pas un côté mystérieux dans toute écriture romanesque, concernant notamment l'apparition des personnages ? Condé affirme :

---

69. Chi Zijian, *op. cit.*, p. 136.

> *L'inspiration "surnaturelle" existe puisqu'on a soudain envie d'écrire à propos d'une créature totalement imaginaire qu'on n'arrive jamais à rencontrer, qui n'existe pas, que l'on n'a vue nulle part. On ne sait pas très bien pourquoi on a envie d'écrire subitement à propos de tel personnage. L'acte d'écrire est "surnaturel" en lui-même*[70].

Germain s'intéresse également à cette mystérieuse arrivée des personnages, dont « *on ne sait pas d'où ils viennent, ni pourquoi ni comment ils sont entrés* »[71]. Est-ce aussi ce qui explique l'oscillation des personnages de NDiaye entre fantômes et personnes, lorsqu'ils essaient d'émerger pleinement à la conscience ? Ce « brouillard » sert à représenter non seulement le monde fictif, mais aussi le processus d'écriture, qui met en face de ses propres fantômes et de ceux que la société préfère refouler.

---

70. F. Pfaff, *op. cit.*, p. 89.
71. Germain, *Les Personnages*, p. 9.

Deuxième partie

Héroïnes réalistes magiques

I- Celles qui mettent au monde

Si les mœurs ont évolué au cours du XXe siècle, et surtout depuis les années 1970, la définition de « femme » est encore : « *être humain du sexe qui met au monde* », tandis que « homme » signifie : « *être appartenant à l'espèce animale la plus évoluée de la Terre [...] Être humain mâle* », sans aucune référence à son rôle reproducteur (*Le Robert*). La femme est résumée par sa capacité à devenir mère – ce qui entraîne dans la société patriarcale de graves sacrifices (« *comme on nous rend difficile de devenir femme, quand c'est devenir volaille que ça signifie !* »[1]). Les valeurs « maternelles » ne sont pas intégrées dans la société, coupant les femmes (conditionnées selon ces valeurs-là) des positions de pouvoir. Lorsqu'elles sont soumises à une structure androcentrique, ces mêmes valeurs vont à l'encontre de la réussite professionnelle, de l'expression artistique et de l'accomplissement des rêves en dehors de la famille. La maternité immobilise les femmes non pas en tant que fonction naturelle, mais parce que le patriarcat profite de cette spécificité pour renforcer les remparts contre l'influence sociopolitique des femmes. Condé, NDiaye et Germain démontrent le suprême et sacré dogme de l'amour maternel, destiné à s'assurer de la complicité des femmes dans la limitation de l'expression de leurs talents. L'abandon des enfants par leurs mères est omniprésent dans leurs romans, comme l'est la tendresse et l'investissement des adultes non parents des deux sexes.

---

1. H. Cixous, *Entre l'écriture*, 1986, p. 37.

Inégalités

Selon Monique Wittig, aucune femme n'est libre, « la femme » étant un concept ancré dans la domestication par les hommes. (Les seules qui y échappent sont les lesbiennes, qui « ne sont pas des femmes »[2].) Dans *Les Guérillères,* les protagonistes recommandent une grève de la reproduction :

> *Elles disent, prends exemple sur les oiselles sauvages qui, si elles s'accouplent avec les mâles pour tromper leur ennui, refusent de se reproduire tant qu'elles ne sont pas en liberté*[3].

Depuis l'accès à la pilule et à l'avortement (1967 et 1975), plus de femmes deviennent mères, bien que le nombre d'enfants par famille ait baissé[4]. 46 % des salariés sont des femmes, mais elles continuent à assumer la partie la plus lourde des responsabilités parentales (20 minutes par jour pour les pères, une heure pour les mères actives), ainsi que 80 % du travail domestique. La société actuelle se réconforte par une rhétorique de l'égalité, tout en préconisant, paradoxalement, que la femme assume son « rôle de mère ». Les iniquités se rapportent aux conceptions traditionnelles des rôles parentaux : le travail rémunéré du père est considéré comme indissociable de ses responsabilités paternelles, tandis que celui de la femme est conçu comme un éloignement des devoirs maternels. L'image du père qui soutient la famille est contredite par la prévalence de mères qui élèvent seules leurs enfants. Seulement dans un tiers des cas, une pension alimentaire est versée de façon régulière. Les femmes sont donc le véritable soutien, financier et autre, de la famille, et pourtant elles bénéficient « *en moyenne, d'un salaire net annuel inférieur de 25 % à ceux des hommes* », et ceci bien qu'elles soient dans l'ensemble plus qualifiées qu'eux. Pour les postes à plein temps, la différence est encore de 17 %, et lorsque les deux sexes ont exactement les mêmes qualifications et fonc-

---

2. Monique Wittig, *La Pensée straight,* 2001, p. 76.
3. Wittig, *Les Guérillères,* p. 195.
4. Michèle Ferrand, *op. cit.,* p. 31.

tions, il reste encore 6 à 10 % d'écart[5]. Or, les discriminations sont les plus flagrantes à l'égard des mères.

Une enquête récente révèle que 30 % des mères en France connaissent un changement professionnel suite à une première naissance (contre 7% pour les pères), et 46 % pour un troisième enfant (6% pour les pères). Il s'agit d'une diminution « *de statut, d'horaires, d'intensité du travail ou d'un retrait du marché du travail* », tandis qu'un quart des hommes signalant un changement précisent qu'il s'agit d'une « *augmentation de leurs activités ou de leurs responsabilités* »[6]. Une enquête aux États-Unis fournit des résultats semblables : en créant 300 faux c.v., les chercheurs ont constaté que les femmes sans enfants sont deux fois plus susceptibles d'être embauchées, et se voient proposer un salaire supérieur de 11 000 dollars en moyenne à celui des mères[7]. (Les pratiques discriminatoires sont facilitées en France par la mention de la situation familiale souvent requise, tandis que la loi américaine empêche de telles discriminations ouvertes.) L'observation de Beauvoir reste pertinente au XXIe siècle, où un partage égal des taches ménagères et parentales est encore un rêve lointain : « *elles ne reçoivent pas de la société, ni de leur mari, l'aide qui leur serait nécessaire pour devenir concrètement les égales des hommes* »[8].

---

5. Anne Chemin (*Le Monde* 2006), « 750 000 euros sur trois ans pour le rattrapage salarial des femmes chez Axa ». Aux États-Unis, une enquête récente montre qu'une des raisons qui expliquent l'écart observé est que 7 % des femmes contre 57 % des hommes négocient leur salaire ; la négociation représente un risque réel, puisque celles qui y ont recours sont souvent perçues comme trop agressives pour être embauchées, tandis que la même démarche de la part de leurs collègues masculins est considérée comme normale. Debra S. Katz et Justine F. Andronici, « No More Excuses ! It's Time To Abolish The "She Didn't Ask" Defense For Wage Discrimination ».
6. Enquête 2004-2005 de l'INED : Ariane Pailhé et Anne Solaz, « Vie professionnelle et naissance »: www.ined.fr/pop-et-soc/index.html. Anne Chemin, « La vie professionnelle des femmes en première ligne après une naissance ».
7. Enquête de Cornell University, 2005, citée dans Cheryl Seelhoff, « On Discrimination Against Mothers as Mothers », 2006, p. 13.
8. S. de Beauvoir, *Le Deuxième Sexe*, tome II, p. 598.

Les inégalités publiques et privées se renforcent mutuellement, et les rôles sexués sous prétexte de différence sont toujours défavorables aux femmes. Si elles se sont battues pour prendre place à côté des hommes dans le travail, « *les hommes n'en ont pas profité pour investir le champ du domestique* »[9]. Évidemment, la servitude domestique et le travail rémunéré n'ont pas une valeur égale, ni pour assurer sa vie (autonomie, indépendance), ni pour s'épanouir. Les rôles parentaux sont-ils voués à être définis par le sexe, ou peuvent-ils dépendre des capacités et des préférences des individus ? La grossesse, l'accouchement, l'allaitement – assignent-ils à la femme un rôle nécessairement plus important dans la vie de son enfant ? La prééminence de ce lien biologique est contredite par la réussite des familles adoptives.

Dans le réalisme magique écrit par des hommes, la mère occupe généralement une place marginale et traditionnelle. Cependant, certains romanciers tels que Patrick Chamoiseau et Robert Kroetsch[10] valorisent l'autonomie féminine, y compris celle des mères. Est-ce lié au fait que ces deux auteurs sont originaires de la Guadeloupe et du Canada, pays dominés respectivement par la France et les États-Unis ? L'autonomie féminine y est-elle représentative d'un désir de libération d'un territoire ? La figure de la mère dans le réalisme magique est souvent employée pour sa valeur symbolique, en tant qu'incarnation du pays et des traditions. Dans *Dieu nous l'a donné...*, le protagoniste affirme : « *une mère, c'est comme un pays, ça ne se discute pas* »[11]. L'indépendance d'une nation s'incarne dans la naissance d'un bébé, lorsque le narrateur, se souvenant des pratiques d'une sage-femme (sa propre mère adoptive), aide une révolutionnaire à accoucher, en pleine guerre :

> *Et je me retrouvai soudain avec l'enfant entre les mains, un petit Algérien nouveau dans cette Algérie qui s'efforçait de renaître !* [12]

---

9. Michèle Ferrand, *op. cit.*, p. 25.
10. R. Kroetsch, *What the Crow Said*, 1998 (1979).
11. Condé, *Dieu nous l'a donné...*, 1972, p. 24.
12. P. Chamoiseau, *Biblique des derniers gestes*, p. 426.

Dans *Enfants de minuit*[13], la naissance du protagoniste a lieu au moment précis de l'indépendance de l'Inde. Il est en communication télépathique avec les autres « enfants de minuit », nés à la première minute de liberté ; leur destin correspond à celui du pays. Dans *La Belle Créole*, une association existe entre les figures maternelles et la terre natale : « *Nous serons tous coupables* [...] *Toi, moi, sa grand-mère, sa marraine, le pays* »[14]. Dans *Ségou*, le plus grand malheur dans le monde, surtout pour un homme, c'est de ne pas avoir de mère :

> *Non seulement il ne retrouve jamais les chemins utérins, symbole de la protection parfaite contre l'adversité du monde extérieur, mais il ne pourra même pas accomplir son rêve de retour à Ségou, mère par substitution et terre natale*[15].

Les turbulences sociopolitiques sont responsables de l'absence fréquente des mères, précipitant la dispersion du clan et la perte de repères : la mère est morte, la terre natale détruite. Les littératures postcoloniales africaines établissent un parallèle entre l'espoir de la nation et la fécondité des femmes[16], symbolique également employée par la catalane Maïté Pinero. Dans « Un goût de figue-fleur »[17], un couple parvient enfin à concevoir un enfant non pas grâce à la médecine, mais en dépoussiérant une statue ancienne et en plantant une variété traditionnelle d'arbre fruitier, représentatifs du respect pour leur pays.

Même si la « terre-mère » est axiale chez les écrivains des deux sexes, les romancières tendent à remettre en cause la rhétorique patriotique. Les mères refusent d'être des symboles ou des éléments du décor sur l'arrière-plan des histoires masculines. Si certaines mères (telles que Clara dans *La Maison aux esprits*[18]) se conforment extérieurement au modèle de

---

13. S. Rushdie, *Enfants de minuit*.
14. Condé, *La Belle Créole*.
15. Cilas Kemedjo, « Les Enfants de Ségou », p. 39 ; voir aussi Régis Antoine, « Un romantisme de la désillusion », p. 67.
16. B. Cooper, *op. cit.*, p. 65, 89, 91, 112, 125, 133.
17. Maïté Pinero, *Cremada et autres nouvelles du pays catalan*.
18. I. Allende, *op. cit.*

soumission, elles cultivent à l'intérieur d'elles-mêmes des volontés subversives. Souvent, des femmes hyperboliquement entreprenantes et énergiques poursuivent des missions héroïques, tout en étant des mères (Sofia dans *So Far from God*[19], Fa Mu Lan dans *The Woman Warrior* [20], Lénie dans *Les Baigneurs du Lac Rose*[21]). Chez NDiaye, en revanche, les mères souffrent de dilemmes plus prosaïques tels que ceux posés par la carrière ou la famille, les autres ou soi-même. Condé glorifie le lien entre l'enfant et la mère ou le père adoptifs, ainsi qu'un désir, motivé par la maternité, d'inciter aux changements politiques. Germain expose les violences au sein de la famille, dans laquelle l'homme fait sa propre loi aux dépens de la femme et des enfants. Les trois romancières mettent l'accent sur l'échec de la famille nucléaire, la réussite de l'adoption, le désir de paradigmes compatibles avec l'autonomie des femmes et bénéfiques à la société tout entière.

Au-delà des stéréotypes

Tandis que les féministes s'accordent sur le fait que la différence sexuelle a historiquement servi de prétexte pour l'oppression des femmes, la problématique « nature ou culture », loin des spéculations de jadis, fait actuellement l'objet de recherches approfondies[22]. En revanche, un accord persiste dans la société actuelle, basé sur la notion infondée selon laquelle, malgré « l'égalité », les instincts parentaux différent selon le sexe[23]. La diversité ethnohistorique suggère que les responsabilités maternelles et paternelles peuvent se distribuer d'une multiplicité de façons, bien au-delà des notions

---

19. A. Castillo, *op. cit.*
20. Maxine Hong Kingston, *op. cit.*
21. Tanella Boni, *Les Baigneurs du Lac Rose*, 2002.
22. Ilana Löwy et Hélène Rouch, « La Distinction entre sexe et genre. Une histoire entre biologie et culture », *Les Cahiers du genre*, n°34, 2003.
23. Selon l'historienne Élisabeth Badinter, la rhétorique de l'« instinct maternel » est une fabrication des philosophes du XVIIIe siècle. É. Badinter, *L'Amour en plus*.

courantes du naturel. Certes, la grossesse et l'allaitement doivent être pris en compte. Mais tandis que la rhétorique (et la politique) actuelles considèrent ces faits comme justifications irréfutables d'un plus grand « rôle maternel » (servitude domestique), il s'agit plutôt de valeurs que d'évidences. On pourrait aussi bien décider, par exemple, que cette partie étant assurée par les femmes, les autres soins seront « naturellement » accomplis par les hommes. On peut aussi envisager des alternatives à la famille mononucléaire (voire du couple), dans une plus grande responsabilisation collective. Beauvoir reconnaît la stratégie mystificatrice du « mythe de la femme » béni par Dieu et nature :

> [...] *une des ruses de l'oppression sera de se camoufler en situation naturelle : puisqu'en effet on ne saurait se révolter contre la nature*[24].

Le naturel est le meilleur masque pour l'(auto)oppression, car

> *l'esclave est soumis quand on a réussi à le mystifier de telle sorte que sa situation ne lui semble pas imposée par des hommes* [...][25].

Selon Sylviane Agacinski, les différences entre les sexes ne se traduisent pas nécessairement par la hiérarchie, résultat de l'imposition de l'expérience masculine comme norme. Le fait d'être mère, ainsi que les qualités « féminines » inculquées à toutes les femmes, peuvent fournir un modèle de pouvoir social[26]. De même, Charlotte Perkins Gilman[27] constate que l'espèce humaine souffre du confinement des femmes dans la reproduction et l'entretien, qui a limité leur participation à l'évolution sociale. Gilman distingue les attributs sexuels des attributs raciaux. Dans la nature, avec peu d'exceptions, les mâles n'ont que les attributs sexuels, tandis que les femelles possèdent et transmettent les attributs raciaux. Le patriarcat

---

24. S. de Beauvoir, *Pour une morale de l'ambiguïté*, p. 104-105.
25. *Ibid.*, p. 106-107.
26. S. Agacinski, *Politique des sexes*, 1998.
27. Charlotte Perkins Gilman (1860-1935) : sociologue et romancière visionnaire, célèbre aux États-Unis au début du XXe siècle.

renverse cette structure, en faisant de la femelle un être sexué et du mâle un être humain :

> *Les aptitudes physiques et psychiques naturelles de la femme furent appropriées par l'homme. Il s'est donné le rôle de la mère du monde*[28].

Colette Guillaumin critique l'approche « *animaliste* », qui fut utilisée à tort et à travers, et qui « *met hors de son champ un ensemble déterminé de phénomènes* »[29]. Toutefois, les comparaisons de Gilman peuvent servir à ouvrir l'imagination à de nouveaux modèles, en reconnaissant que la maternité constitue un grand sacrifice qui ne profite pas forcément à l'espèce. Gilman préconise plutôt qu'une bonne mère mette ses ressources au service de l'amélioration de l'ensemble de la société dans laquelle son enfant, et tous les autres, doivent vivre[30].

Les détracteurs de la dissolution de la famille, qui essaient de renvoyer les femmes vers « le naturel » afin de laisser aux hommes « leur place », rappellent la misogynie fondatrice de la civilisation occidentale (comme de toutes les civilisations qui dominent actuellement) autant dans la philosophie que dans la religion. Ces détracteurs, sont-ils si loin de l'attitude de Nietzsche, pour qui l'acquisition des droits « *s'avère comme un curieux symptôme de l'affaiblissement, de l'effritement graduel des instincts féminins primordiaux* »[31] ? (Pourquoi les femmes, et même des féministes, ne refusent-elles pas de tels « grands hommes » comme autorités ?) La dissolution de la famille, ne relève-t-elle pas surtout du fait qu'un modèle est devenu obsolète, tandis que la société ne s'est pas suffisamment restructurée pour accueillir d'autres modèles ? Le fait que beaucoup de femmes doivent assumer les rôles à la fois « paternel » et « maternel » ne suggère-t-il pas un échec du modèle de famille mononucléaire ? Le besoin

---

28. C.P. Gilman, *Women and Economics*, 1966 (1898), p. 132.
29. Colette Guillaumin, *Sexe, Race et Pratique du pouvoir*, 1992, p. 166-169.
30. Gilman illustre cet argument notamment dans deux romans utopiques : *Herland*, 1979 (1915) et *With Her in Ourland*, 1997 (1916).
31. F. Nietzsche, *Par-delà le bien et le mal*, p. 155.

de collectivisation des soins des enfants, assurés par des professionnels des deux sexes, voire l'acceptation d'autres unions et formes de parenté, est plus évident que jamais.

Gilman posait surtout cette question : pourquoi la mère serait-elle plus qualifiée pour s'occuper de son enfant que des professionnels de la puériculture ayant des savoirs adaptés, de l'expérience, de l'inclination, ainsi qu'un moyen de gagner dignement leur vie ? (Une bonne mère amène son enfant chez le dentiste plutôt que de soigner elle-même ses dents ; pourquoi en serait-il différemment pour les autres soins ?) Les crèches furent une avancée féministe primordiale, mais devraient se développer davantage. (Gilman les imagine gratuites et prêtes à accueillir des enfants pour n'importe quelle durée.) Libérée des soins quotidiens, la mère peut avoir une relation avec son enfant qui leur rend leur dignité à tous deux. Il n'est pas efficace d'immobiliser dans ces soins l'énergie de toutes les mères, alors que quelques personnes suffisent pour un ensemble d'enfants. Cette immobilisation s'explique par le mythe de « l'instinct maternel » et du tout-puissant lien biologique.

Dans quelle mesure les femmes sont-elles complices de leur oppression, et pourquoi ? La littérature sert à explorer une des facettes les plus complexes et les plus nécessaires de la domination : l'accord des dominées. La stratégie d'oppression consiste à diviser les opprimés entre eux, mais aussi à les diviser contre eux-mêmes. Ainsi les mères chez NDiaye, lorsqu'elles ne se révoltent pas en délaissant leurs enfants

> [...] *font don de soi, mais ne reçoivent rien en retour de la part de leurs enfants. Par leur attitude, elles favorisent cependant un consensus tacite, sur la base duquel les comportements irresponsables et égoïstes de leurs enfants se perpétuent, dans ce sens elles participent pleinement à cet état de fait*[32].

Reconnaissant l'impasse de ce modèle, le réalisme magique imagine de nouveaux paradigmes et crée des contre-mythes. Ainsi, la grossesse de Tituba l'incite à l'engagement politique,

---

32. Colette Sarrey-Strack, *Fictions contemporaines au féminin*, 2002, p. 106.

car elle « *rêve d'ouvrir sur un autre soleil les yeux de* [s]*a fille !* »[33]. Refusant de se figer en madone passive et adorante, ses valeurs « maternelles » s'opposent à celles des hommes qui l'entourent. Son désir de transformation ne concerne pas uniquement son enfant, puisque cette dernière n'aurait pas été esclave ; Tituba veut qu'elle naisse dans un monde sans esclavage : « *si le monde devait recevoir mon enfant, il fallait qu'il change !* » (p. 244). Lorsqu'une rébellion s'organise et que Tituba, l'initiatrice, n'est plus consultée, elle interroge le jeune chef Iphigene. Celui-ci envisage un incendie pour détruire les plantations. Tituba exprime un réflexe maternel stéréotypé, qui révèle néanmoins le désir de reconcevoir les priorités et non pas de simplement renverser les pouvoirs existants :

> – *Les enfants aussi périront ? Les enfants au sein ? Les enfants aux dents de lait ? Et les fillettes nubiles ?*
> *Il pirouetta sur lui-même* […] *Ont-ils eu pitié de Dorcas Good ? Ont-ils eu pitié des enfants de Benjamin Cohen d'Azevedo ?*
> *Je baissai plus bas la tête et murmurai :*
> – *Devons-nous devenir pareils à eux ?*[34]

Pour Tituba, l'objectif est plus global que l'affranchissement des esclaves : il s'agit d'abolir le patriarcat. Dans un cauchemar, Tituba est agressée par le maître blanc (Samuel Parris) et par les « maîtres » noirs : John Indien et Christopher, le chef des Marrons (p. 251). Elle apprendra par la suite que ce dernier collabore avec les propriétaires des plantations. Mais ce rêve révèle surtout la transversalité du machisme. Dans un nouvel ordre fondé sur une attitude guerrière, les femmes seront tout autant esclaves – d'où l'inutilité d'un engagement dans une lutte qui ne remet pas en cause les rôles sexués (allusion au féminisme des années 1970).

Malgré des améliorations dans la société occidentale depuis le siècle dernier, le constat de J.S. Mill est encore d'actualité :

> [La femme] *prend à sa charge une bonne part et ordinairement la plus forte part des travaux du corps et d'esprit que demande*

---

33. Condé, *Moi, Tituba*, p. 247.
34. *Ibid.*, p. 249.

l'union conjugale. Si elle assume d'autres charges, elle dépose rarement celles-ci, mais elle ne fait que se mettre dans l'impossibilité de les bien remplir[35].

Les conditions du travail féminin au XIXe siècle étaient tellement aberrantes que ce défenseur de la représentation politique des femmes préconise l'abolition d'un travail féminin salarié qui permet

> *au mari d'abuser de son pouvoir en la forçant au travail, et en lui laissant le soin de pourvoir aux besoins de la famille par ses efforts, tandis qu'il passe la plus grande partie de son temps à boire et à ne rien faire*[36].

Bien que la plupart des féministes, de Virginia Woolf à Simone de Beauvoir, donnent priorité à l'indépendance économique, n'importe quelle politique peut être défavorable aux femmes lorsque l'expérience masculine seule est prise en compte. Elles sont ainsi considérées comme dignes de l'égalité des droits seulement dans la mesure où elles sont « des hommes » ; tout le reste est érigé en « différences naturelles » qui exigeraient un traitement différent. Le féminin, a-t-il toujours connoté, comme le suggère Beauvoir, la différence, et jamais la norme ? Le rêve de l'ailleurs et l'autrefois gynocentrés, si présent chez les personnages condéens, est suggéré aussi chez NDiaye et chez Germain, lorsque les pouvoirs surnaturels des femmes sont évoqués comme des vestiges d'un passé illustre, aux antipodes de la subjugation

---

35. J.S. Mill, *De l'assujettissement des femmes*, p. 516. Josette Coenen-Huther, *Femmes au travail, femmes au chômage*, 2004.
36. J.S. Mill, p. 516. De même, de nos jours, dans le Sahel par exemple, l'exode des hommes vers des emplois rémunérés en ville entraîne une surcharge de travail non rémunéré pour les femmes. Les filles voient diminuer leurs chances d'aller à l'école, tandis que leurs mères n'ont plus le temps de leur transmettre les savoirs traditionnels. Les femmes doivent chercher l'eau et le bois de plus en plus rares, et procurer à manger. Lorsqu'elles doivent faire des achats, la « division du travail » exige que l'argent vienne de leurs propres économies et non pas du salaire des hommes. Les projets de développement s'adressent aux hommes, qui ne partagent pas les bénéfices avec les femmes et les enfants. Marie Monimart, *Femmes du Sahel*, 1989. Une situation semblable a été documentée dans le nord de l'Inde. V. Shiva, *The Violence of the Green Revolution, op. cit.*

quotidienne. N'existe-t-il pas sur l'arrière-plan archétypal de nos pensées l'idée d'un matriarcat aux origines lointaines de l'humanité ?

Marx et Engels contribuèrent à populariser l'idée que les origines de l'humanité se trouvent dans un matriarcat pacifique, renversé pour permettre l'accumulation et la transmission de la propriété privée. Selon ce raisonnement, certes discutable, remis en cause par des féministes telles que Beauvoir et Françoise Héritier, il a fallu que les hommes puissent reconnaître leur propre progéniture afin de lui léguer leurs biens, et qu'ils s'approprient, à cette fin, des femmes. Les compilations mytho-historiques de Robert Briffault et de Johann Jakob Bachofen[37], historiens de la fin XIXe siècle, tentèrent de prouver la prédominance originelle des femmes, comme l'ont fait Christine de Pizan au XVe siècle, puis Helen Diner, Elizabeth Gould Davis, Marija Gimbutas et tant d'autres féministes du XXe siècle. Avec nostalgie, toutes dépeignent un matriarcat qui n'est pas l'inverse du patriarcat, les femmes n'exerçant pas de domination sur les hommes. Ces derniers présumèrent que la nature accordait plus de pouvoir aux femmes, comme en témoignent les processus « magiques » des menstrues et la capacité à donner vie. Le rôle fécondateur des hommes ne fut reconnu qu'avec la domestication des animaux. Cependant, de telles théories n'expliquent pas suffisamment pourquoi les femmes auraient accepté une telle défaite. Leurs auteurs présument une prise de pouvoir violente, coïncidant avec l'avènement du monothéisme. En effet, l'Ancien Testament présente Dieu comme jaloux des autres religions, préconisant la destruction des bosquets sacrés des déesses, tandis que les hymnes à la déesse Inanna suggèrent le « féminisme » de ces religions antérieures, dégradé au fil des siècles. Des événements semblables auraient eu lieu sur tous les continents, bien que certaines régions aient conservé des coutumes matriarcales.

Diverses théories sur les origines du patriarcat sont analysées dans l'œuvre monumentale de Marilyn French, *La Fas-*

---

37. R. Briffault, *The Mothers*, 1952 (1861). J.J. Bachofen, *Le Droit maternel*, 1996 (1861).

cination du pouvoir[38]. Elle rejette comme explications des origines du patriarcat : la propriété privée, la guerre, la chasse, la consommation de la viande ; elle en soutient d'autres : la marginalisation des hommes et leur temps libre, la ségrégation progressive des sexes, le développement de cultes masculins, la découverte de l'insémination par les hommes, la patrilinéarité, l'augmentation des populations et le contact plus grand entre tribus. Ce n'est pas la force physique qui permet aux hommes de prendre (et surtout de garder) le pouvoir, mais plutôt leur solidarité et leur détermination dans l'emploi de diverses ruses. Les femmes, n'ayant jamais connu ni imaginé la possibilité d'un patriarcat, ne se méfient pas de certains changements, qui s'instaurent insidieusement. Le rôle de l'homme dans la reproduction est mis en avant, de telle manière que la créatrice magique qu'était la femme devient une terre passive qui reçoit la semence. Son lien avec la magie est rompu. Aristote considérait les semences comme des petits êtres humains. La femme, homme imparfait, n'était qu'un réceptacle dans lequel ces « petits hommes » pouvaient grandir. Minimiser le rôle biologique de la femme, n'est-ce pas un moyen de dompter sa puissance absolue et effrayante sur la création de la vie ? En revanche, des peuples matriarcaux tels que les Mosuo en Chine considèrent encore au XXe siècle que les hommes ne font qu'arroser un fœtus préexistant dans la mère[39]. Ni la paternité, ni le nom de famille n'existent, et les enfants sont élevés collectivement, les hommes s'intéressant particulièrement à ceux de leurs sœurs.

Si Simone de Beauvoir, en supposant que donner la vie ne fut qu'un fardeau chez les chasseurs-cueilleurs[40], et plus récemment Françoise Héritier ainsi que la plupart des anthropologues rejettent la théorie d'un matriarcat originel, l'art néolithique confirme une sacralisation des processus d'engendrement. Les premières représentations des vulves se trouvent aux environs des Eyzies, vers 30 000 avant J.-C., et

---

38. Marilyn French, *La Fascination du pouvoir*, 1986, p. 69-130. Françoise Gange, *Les Dieux menteurs*, 1998.
39. Marion Van Renterghem, « Namu au Pays des Filles », 2005.
40. S. de Beauvoir, *Le Deuxième Sexe*, tome I, p. 112.

sont parmi les symboles les plus courants tout au long de la préhistoire. Des figurines de femmes enceintes avec des vulves élargies existent dès 25 000 avant J.-C. Les vulves sont souvent associées aux symboles d'eau, de graines ou d'oiseaux. Selon l'archéologue Marija Gimbutas, ces associations sont le signe du culte d'une déesse vénérée sous divers aspects, et non seulement pour sa fertilité, ainsi qu'une prééminence des femmes[41]. Ce culte se répandit à travers l'Europe et au-delà, de sorte que les mêmes signes de ce « langage de la déesse » adornent les antiquités du monde entier. Les premiers écrits littéraires, qui datent d'environ 3200 avant J.-C., comprennent des hymnes et des légendes de la déesse Inanna, puissante et autonome. Certains furent écrits par la prêtresse Enheduanna, premier écrivain connu de l'histoire[42]. Les écrits postérieurs aux sagas d'Inanna, tels que *L'Épopée de Gilgamesh,* sont de plus en plus centrés sur les dieux et les hommes, qui l'emportent sur les déesses et les femmes, dans une tradition désormais délimitée par les hommes. L'Ancien Testament réduit encore la présence des déesses, visées uniquement par des projets d'extermination (*Deutéronome*, 7, 5 ; 12, 2 ; *Deuxième Livre des Rois*, 17, 11 ; 21, 3...).

D'aimantes et terribles mères

Pourquoi les trois romancières présentent-elle une image si troublante de la parenté biologique, et soutiennent-elles la parenté choisie ? Si avec la contraception et l'avortement la femme n'est plus prisonnière de sa biologie, la mère adoptive l'est encore moins ; est-ce l'aboutissement de la liberté de choisir ? Les romancières réalistes magiques affirment le désir d'un nouveau paradigme de la maternité, qui ne compromet plus l'autonomie.

---

41. Marija Gimbutas, *Le Langage de la déesse*, 2005 (1989).
42. Betty De Shong Meador, *Inanna, Lady of Largest Heart*, 2000. Enheduanna a écrit vers 2200 avant J.-C. Voir aussi D. Wolkstein et S.N. Kramer, *op. cit.*

Dans *The Woman Warrior*[43], la mère du protagoniste lui raconte la légende d'une femme à la fois guerrière salvatrice de son peuple et mère dévouée. Fa Mu Lan quitte les champs à sept ans pour suivre un oiseau. Elle passe quatorze ans au ciel, où elle apprend d'un couple âgé les arts de la guerre, qui exigent la transcendance de tous les paradoxes. Ses mentors lui expliquent qu'être une femme est un avantage dans la guerre, puisqu'elle sera plus légère et plus adroite que ses ennemis masculins. De retour sur terre, elle devient la commandante d'une armée de paysans qui se révoltent contre leurs oppresseurs. Son mari vient la retrouver dans la guerre, et ils vivent ensemble comme deux soldats, gardant secret le fait qu'elle soit une femme. Lors de sa grossesse, Fa Mu Lan porte des armures plus élaborées, qui la font ressembler à un homme gros et imposant. Après la naissance, elle cache son fils dans ces armures et continue à diriger ses troupes. Le soir, elle vit avec son mari et son enfant comme toute jeune mère heureuse. Après le sevrage, son mari part avec l'enfant pour le confier à ses parents, tandis que Fa Mu Lan continue à se battre. Une fois l'empereur assassiné et un paysan mis à sa place, elle part seule chez un baron qui a exploité et terrorisé les gens de sa propre région. Quand il lui demande qui elle est, elle réplique : « *I am a female avenger* » (p. 45), ce qui peut signifier « je suis une vengeresse » ou « je suis un vengeur des femmes ». Comprenant seulement le deuxième sens, le baron essaie de la convaincre (d'homme à homme) que les femmes ne valent rien. Elle le tue. En fouillant la maison, elle surprend des femmes abandonnées par leurs serviteurs et qui ne peuvent s'échapper à cause de leurs pieds mutilés. Fa Mu Lan leur donne à chacune un sac de riz et elles s'en vont en boitillant. Miraculeusement, ces mêmes femmes, qui étaient « *comme des faisanes élevées dans le noir pour leur viande tendre* »[44], constituent elles-mêmes une armée, habillées de robes noires et rouges (couleurs associées à l'anarchisme). Différentes de Fa Mu Lan, leurs revendications sont spécifiquement sexuées. Elles tuent uniquement des hommes et des

---

43. Maxine Hong Kingston, *op. cit.*
44. *Ibid.*, p. 46.

garçons, adoptent les filles non désirées des paysans, et accueillent les femmes qui fuient la servitude. Fa Mu Lan, en revanche, retourne dans sa belle famille, où son fils est impressionné par le général, et très heureux d'apprendre que celui-ci est aussi sa mère. Dans ce portrait utopique, la mère ne laisse aucunement son enfant entraver sa liberté, qui contribue à établir une société plus juste. Cet optimisme se manifeste parfois chez Condé, tandis que NDiaye et Germain réservent l'amour maternel pour les adoptions.

Dans *La Sorcière* de NDiaye, le règne de la terreur que la voisine Isabelle impose à son fils de cinq ans (Steve) contraste avec la soumission de la protagoniste Lucie. Quant à Isabelle,

> [...] *il ne fallait pas compter sur elle pour jouer à la bonne petite maman au point de cuisiner et de servir autre chose que des pizzas surgelées à ce petit crampon de Steve et ce bonnet de nuit qu'était son père* [...][45].

Toutefois, le fait de négliger sa famille n'est pas une solution efficace pour affirmer sa propre identité. Elle essaie de se valoriser à travers Steve, en imaginant qu'il pourrait entrer à l'École Polytechnique, mais il ne sera jamais rien que la victime de ses frustrations. Isabelle n'est pas capable de s'épanouir dans le rôle étriqué de femme au foyer, ni de trouver un travail tant qu'elle a la charge de Steve. Ses ambitions frustrées se retournent contre cet enfant censé les réaliser à sa place :

> *Tu crois peut-être que ta petite maman supportera que tu deviennes un zéro, tu crois que c'est pour ça que je me crève à te donner une éducation, sans rien faire de ma vie, juste voir le temps filer ?*[46]

Ce n'est qu'en mettant Steve en pension (dans une « maternelle compétitive ») qu'Isabelle réussit sur le plan professionnel. Mais Lucie vit aussi ses espoirs à travers ses filles. Elles, au moins, ne seront pas victimes de la domestici-

---

45. NDiaye, *La Sorcière*, p. 40.
46. *Ibid.*, p. 26.

té. En revanche, elles rejettent si violemment le sort de leur mère que la seule possibilité qui s'ouvre pour leur avenir est la métamorphose en corneilles. Jung appelle ce refus un « *complexe maternel négatif* » ; Adrienne Rich et Mary Daly l'appellent de la « *matrophobie* » :

> *Beaucoup de filles à qui répugne le sort réservé à leur mère tombent à leur tour dans le piège sous une forme qui en semble l'antithèse, mais qui n'est en fait qu'une légère variante du même mal-être (la vie, par exemple, d'une Cover-girl comparée à celle d'une ménagère austère)*[47].

NDiaye critique non seulement le chômage des mères, qui continue à les enfermer dans la sphère domestique, mais aussi le confinement inhérent à la famille mononucléaire. Les personnages de ses romans sont constamment en train de changer de structure familiale, pour tomber dans les mêmes conflits qui les firent fuir. Isabelle réclame pour elle-même des privilèges accordés aux hommes. Tandis que Lucie joue le rôle de « *la bonne petite maman* », Isabelle pense d'abord à elle-même. Sa solution personnelle pour réussir en dépit de la domination masculine est loin de déstabiliser cette institution.

Chez NDiaye, le lien biologique n'est aucunement une garantie d'amour, de tendresse, ni même d'assouvissement des besoins vitaux de l'enfant. Les pères sont particulièrement puérils et irresponsables envers leurs enfants. Le titre de la pièce de théâtre *Papa doit manger* suggère d'emblée l'égoïsme de cette figure manipulatrice. Papa quitte subitement sa famille, sans donner de nouvelles, revient des années plus tard pour escroquer Maman, puis disparaît de nouveau jusqu'à ce que ses filles soient adultes. Ensuite, démuni, il s'installe chez l'une d'elles, qui raconte son incapacité à rejeter ce père biologique fainéant :

> [...] *pourquoi m'a-t-il paru si nécessaire de venir en aide à cet homme au seul motif qu'il était mon père ?*

---

47. Mary Daly, *Gyn/Ecology*, p. 20. « *Ses instincts sont tous entièrement concentrés sur la mère sous une forme défensive et par suite incapables de se bâtir une vie personnelle* ». C.G. Jung, *Les Racines de la conscience*, p. 125-126.

> *Je suis en colère, mais faible aussi.*
> *Les yeux de mon père sont les miens et son front haut et l'implantation de ses dents un peu jaunes, comme les miennes*[48].

Il rêve d'employer l'argent de Maman pour se débarrasser de son fils en le plaçant dans une institution. Papa a raconté à Maman qu'il avait été obligé de partir loin afin de faire fortune ; ironiquement, il n'a pas quitté cette même petite ville, s'installant dans un appartement au bord de l'autoroute, que Zelner (compagnon de Maman) décrit ainsi :

> *Cet endroit est le plus lugubre que je connaisse. On entend la route comme si elle passait dans votre salon*[49].

Les entraves réelles dans la vie de Maman, obligée de quitter sa formation de coiffeuse pour élever seule ses enfants, contrastent avec les délires de Papa, qui n'hésite pas à abandonner sa famille. Même s'il affirme que ses filles n'ont pas beaucoup d'importance, n'étant que des filles, il n'attache pas plus de valeur à son fils :

> *Il faut que Bébé disparaisse dans le premier établissement venu et que j'oublie Bébé pour devenir l'homme que je dois être. Je suis brillant. Je dois être enfin victorieux*[50].

Au lieu de transférer sur son fils ses inatteignables ambitions, Papa le considère comme son ennemi. Freiné par son propre manque d'initiative, il emploie l'enfant comme bouc émissaire, ce que reconnaît Anna :

> *Tu ne feras rien de ce que tu dis. Rien avec l'argent. On vivra avec pendant quelques semaines, puis tout sera à recommencer*[51].

Quant à la « douceur » entre père et enfant, sa seule occurrence chez NDiaye s'entoure d'absurdité et d'incompréhension :

---

48. NDiaye, *Papa doit manger*, p. 86-87.
49. *Ibid.*, p. 68.
50. *Ibid.*, p. 43.
51. *Ibid.*, p. 46.

– Mon pauvre petit colibri ! – Non, c'est un oiseau, ce n'est pas ton petit, ce n'est pas ton enfant, lui dit Foret, son père, avec douceur[52].

Indifférents, manipulateurs, fantaisistes et égoïstes, les pères chez NDiaye échappent plus facilement que les mères à l'enfermement domestique, bien que les mères abandonnent également leurs enfants. Bref, la famille traditionnelle n'est qu'une source de malheur pour tous, bien que les structures alternatives ne vaillent guère mieux. Les protagonistes sont coincés dans le no man's land entre tradition et innovation, de sorte que les avantages potentiels de l'un comme de l'autre sont inaccessibles.

Aucune des trois romancières ne dépeint l'amour maternel comme une évidence. La mère de Tituba ne peut lui montrer de l'amour qu'après sa propre mort. La mère de Marie-Noëlle[53] est également incapable de l'aimer, sa présence rappelant le viol auquel elle doit son existence. La fillette est laissée en Guadeloupe, où elle est heureuse dans sa famille d'adoption, jusqu'à ce que sa mère la fasse venir en France. Seul son beau-père adoucit cet exil, en lui donnant la tendresse et les soins qu'exige un enfant. Dans *La Migration des cœurs*, en revanche, même un enfant résultat d'un viol peut être aimé, car :

> [...] *l'amour maternel est sournois. Il s'infiltre par les fissures du cœur comme les chauves-souris par les moindres crevasses des toits*[54].

Les victimes n'excusent pas pour autant leurs violeurs. Mabo Julie doit porter les enfants issus du viol par les maîtres, en réservant presque tout son lait pour les enfants « légitimes ». À l'occasion de ses soixante-douze ans, au gouverneur qui lui attribue une médaille elle répond :

> *Malgré cela, il n'y a en moi que deuil, haine et ressentiment pour le sort qui, m'infligeant ma couleur, m'a condamnée à l'enfer*[55].

---

52. NDiaye, *Rosie Carpe*, p. 221.
53. Condé, *Desirada*.
54. Condé, *La Migration des cœurs*, p. 105.
55. *Ibid.*, p. 114.

Pour certaines esclaves, tuer leurs enfants était ressenti comme le seul acte responsable qu'elles pouvaient accomplir envers eux. De retour à la Barbade, chez les Marrons, Tituba rencontre la maternité autrement que chez les esclaves. Nés dans la liberté, bien que précaire, les enfants sont accueillis par leurs mères. Tituba joue le rôle de sage-femme pour cette liberté naissante[56].

Chez Sylvie Germain, les enfants adoptés reçoivent plus d'amour que les enfants biologiques qui (fruits du hasard) sont négligés. Ils sont le résultat des passions insensées, tandis que les enfants adoptés représentent un choix conscient et libre. Même les parents biologiques doivent « adopter » leur enfant, car l'aimer ne relève pas que de l'instinctif, mais implique un choix[57]. Dans *Le Livre des Nuits* et dans *Chanson des mal-aimants*, des enfants sont adoptés à la suite de la disparition de leurs parents, juifs, lors de l'Holocauste. Dans *Moi, Tituba*, l'adoption suit la tragédie de l'esclavage. Comme Yao était tout pour son épouse de seize ans, victime d'un viol, il est aussi père et mère pour l'enfant de celle-ci. La tendresse entre père et fille adoptive est également décrite par Germain ; il s'agit d'« *une paternité non plus animalement ancrée dans le biologique mais fondée éthiquement et spirituellement dans l'amour* »[58].

De même, Tituba se lie d'affection avec Betsey, la fille de sa maîtresse, cette dernière étant trop malheureuse pour donner de l'amour et des conseils à sa fille. Tituba, après sa mort, veille sur une autre enfant qu'elle choisit, à qui elle apprend la magie :

> *Une fois son père et sa mère endormis, elle me rejoint dans la nuit que je lui ai appris à aimer.*
> *Enfant, que je n'ai pas portée, mais que j'ai désignée ! Quelle maternité plus haute !*[59]

---

56. Condé, *Moi, Tituba*, p. 235.
57. Germain et E. Gondinet-Wallstein, *Célébration de la paternité*, p. 25.
58. *Ibid.*, p. 14.
59. Condé, *Moi, Tituba*, p. 270.

Tituba, jamais mère de son vivant, le devient dans sa mort : mère spirituelle qui se manifeste sous l'apparence d'animaux (lézard, coq, oiseau, chèvre) ou en force de la nature (feu, eau, vent) (p. 272).

En choisissant leurs enfants et en prenant grâce à eux encore plus de force pour réaliser leurs rêves, les mères se libèrent du paradigme de l'altruisme et de dévotion exclusive à la famille, modèle intenable et nuisible à la mère comme à l'enfant.

II- Celles qui vivent sur les marges

> *Leur puissance conjuguée a menacé les hiérarchies les systèmes de gouvernement les autorités. Leur savoir a rivalisé avec succès avec le savoir officiel auquel elles n'ont pas eu accès, il l'a mis au défi, il l'a pris en défaut, il l'a menacé, il l'a fait paraître inefficace. Aucune police n'a été trop puissante pour les traquer*[1].

Depuis les années 1970, la recherche d'une spiritualité féminine amène à la redécouverte des sorcières européennes[2]. Elles refont surface chez les romancières réalistes magiques, contestant par leur présence même l'emprise patriarcale sur les valeurs et coutumes, l'identité et l'imaginaire. Les sorcières chez Condé sont hyperboliquement bienfaisantes (*Moi, Tituba*) ou plus complexes (*Célanire cou-coupé*, *Histoire de la femme cannibale*) tandis que l'approche de NDiaye est plutôt satirique : elles sont anodines et innocentes (voire naïves), bien que leurs pouvoirs représentent toujours l'autonomie féminine. Chez Germain, la sorcellerie féminine est plus variable d'un roman à l'autre : selon la légende biblique, une femme transmet une malédiction malgré elle (*Tobie des marais*), mais la magie est salvatrice pour Lucie dans *L'Enfant méduse*, et des figures de femmes solitaires, vivant près de la nature, hantent la lisière de plusieurs romans. Nous aborderons surtout la sorcière comme héroïne et vengeresse chez Condé, ainsi que son insertion dans le quotidien contemporain chez NDiaye (les exemples chez Germain étant plus « classiques »).

---

1. Monique Wittig, *Les Guérillères*, p. 128.
2. Sabina Magliocco, *Witching Culture*, 2004.

Sorcières historiques

Une approche historique est nécessaire pour comprendre la figure actuelle de la sorcière, et notamment l'analyse de sa persécution. Dans *Chocolat*, Joanne Harris adapte au contexte contemporain la rivalité entre prêtre et sorcière, pour dépeindre la sorcière comme innocente des maléfices, et même victorieuse. Incarnant la sagesse et la puissance féminine, Vianne s'intègre dans le monde villageois sans pour autant se conformer aux usages patriarcaux et chrétiens ; héritière d'une tradition préchrétienne, d'une longue lignée de sorcières, elle reste proche de la nature et des esprits. Avenante, généreuse et investie dans la communauté, son éthique égalitaire détermine sa relation avec sa fille de sept ans (qui n'a jamais connu de père), et elles vivent dans une respectueuse et joyeuse compréhension. En plein mois de Carême, Vianne ouvre une chocolaterie en face de l'église. Lorsqu'elle héberge une femme qui fuit son mari violent, le prêtre la prend à partie :

> *Et maintenant qu'elle a rompu ses vœux matrimoniaux, qu'elle a quitté tout ce qu'elle avait et renoncé à son ancienne vie, vous pensez qu'elle sera plus heureuse ?*
> – Bien sûr.
> – *Une bien belle philosophie... À condition d'être de ceux qui ne croient pas au péché...*
> Elle éclata de rire. "*Mais je n'y crois pas ! répliqua-t-elle. Je n'y crois absolument pas*"[3].

Cette vision libératrice prend le dessus lorsque le prêtre succombe à la tentation et casse la vitrine de Vianne pour s'empiffrer de chocolats. Cette vision triomphale suggère une intégration de la sorcière après des siècles de persécution, puis de mise à l'écart et de diffamation.

Si dans la société patriarcale la femme est l'Autre, la sorcière l'est davantage. Pendant les grands massacres du XVIe au

---

3. Joanne Harris, *Chocolat*, p. 281.

XVIIIᵉ siècle, toute femme est susceptible d'être accusée, la sorcellerie étant définie comme partie intégrante de sa nature[4]. La sage-femme guérisseuse est réduite en cendres, son image caricaturée. Jadis les « bonnes dames » ou « belles dames » vénérées, elles seront dans l'imaginaire des générations suivantes ignorantes, superstitieuses, cruelles et laides. En insistant sur l'aspect diabolique de leurs victimes, les tortionnaires créent l'Enfer sur terre. Qui étaient ces femmes assassinées ? Les archives montrent qu'elles pouvaient être n'importe qui, vieilles ou jeunes, riches ou pauvres, et que les véritables raisons de leurs persécutions sont multiples. Combien étaient des guérisseuses, des adeptes des anciennes divinités, des « féministes » ? Les connaissances des sorcières, transmises oralement, ainsi que leur version de l'histoire, sont perdues. Les connaître implique une lecture entre les lignes du discours officiel, des transcriptions de procès, des manuels de torture, puis une collaboration entre fait et imagination. Tandis que les historiens n'ont pas encore assez affronté cette tragédie pourtant documentée (la majorité des transcriptions des procès reste à analyser), les romancières ne laissent pas oublier les victimes de ce « gynocide ». Les réalistes magiques les sortent de l'oubli et participent à la réhabilitation de leur image au service de la lutte féministe contemporaine.

Les massacres, qui durèrent plus de deux siècles, sont responsables de l'image actuelle des sorcières sournoises, tentatrices ou malfaisantes, ainsi que du contre-modèle de la sorcière réinventé par les féministes. 1560 à 1760 sont les dates approximatives de la plus grande hécatombe en Europe en dehors d'une situation de guerre. 200 000 personnes sont accusées, dont la moitié sont mortes soit en prison, soit sous la torture ou sur le bûcher. 85 % des accusés et 80 % des condamnés à mort sont des femmes dites sorcières[5]. Le *Marteau*

---

4. Henry Institoris et Jacques Sprenger, *Le Marteau des Sorcières*, 2005 (1486).
5. Il s'agit d'une moyenne pour l'Europe. A.L. Barstow, *Witchcraze*, p. 23-24. Bien que des persécutions aient existé et continuent à exister ailleurs, nous limiterons notre analyse au contexte européen, qui fournit un paradigme pertinent à la compréhension de la domination masculine

des sorcières, le plus important manuel de torture de l'époque, cible avant tout les sages-femmes, et comme l'observent des féministes telles que Mary Daly et Françoise d'Eaubonne, cherche à purifier la société de tout élément inassimilable au patriarcat[6]. Toutes les femmes sont ainsi soumises aux rôles prescrits, sous peine de mort. L'historienne Anne Barstow constate que la dégradation dans la condition des femmes après les massacres relève du fait qu'elles furent terrorisées suffisamment pour les réduire au silence. Les filles ayant vu leurs mères brûlées vives auraient inculqué à leurs propres filles la soumission. Contrairement au mythe d'une évolution au fil des siècles, le statut des femmes du IXe au XIIIe siècle fut nettement plus avantageux que du XIVe au XIXe. La femme devient d'abord le bouc émissaire pour les pestes et les guerres. En 1405, Christine de Pizan témoigne du fait que la misogynie de son époque est pire qu'aux époques précédentes. Elle prend la défense de Jeanne d'Arc, deux ans avant qu'elle soit accusée de sorcellerie et brûlée en 1431[7]. Les femmes furent désormais obligées d'éviter tout ce qui pouvait être perçu comme un lien avec le surnaturel, associé exclusivement à Satan. Satan n'est mentionné dans la Bible que de façon abstraite. Il devient « le Diable » au Moyen Âge, s'incarnant sous diverses apparences, et s'insérant dans la vie des hommes. Il s'agit d'une parodie calomniatrice d'un dieu préchrétien, qui a perduré sous la figure du dieu grec Pan. Comme le constate Gimbutas, le dieu cornu est une figure païenne qui remonte au néolithique. Esprit de fécondité, d'exubérance sexuelle, il est le principe masculin, complément de la déesse trinitaire (jeune fille, mère, vieille dame). Au Proche Orient ancien, comme dans l'Europe du Moyen Âge, la nouvelle religion inverse les préceptes de l'ancienne. La vie, la nature et la sexualité, jadis

---

ainsi que de la domination raciale et culturelle. Il s'agit d'une époque de conquête coloniale : de génocide ailleurs et de gynocide chez soi.
6. Mary Daly, *Gyn/Ecology*, p. 178-222. Françoise d'Eaubonne, *Le Sexocide des sorcières*.
7. Christine de Pizan, *Le Livre de la Cité des Dames*. Christine de Pizan, *Le Ditié de Jehanne d'Arc*.

sacrées, sont profanées par la religion patriarcale conquérante.

> On avait follement dit : "Le grand Pan est mort." Puis, voyant qu'il vivait, on l'avait fait un Dieu du mal [...][8].

L'Église absorbe les fêtes et les divinités païennes qu'elle ne peut éradiquer. La Déesse Mère devient la « mère de dieu », et se soumet progressivement au cadre patriarcal du christianisme.

Médecine ou malédictions

Michelet considère les sorcières d'Europe comme les premiers scientifiques. Tandis que les savants officiels spéculaient sur les forces surnaturelles, ce sont elles qui faisaient des expériences pour mieux comprendre le monde naturel :

> Ce n'est pas la Cassandre antique qui voyait si bien l'avenir, le déplorait, l'attendait. Celle-ci crée cet avenir. Plus que Circé, plus que Médée, elle a en main la baguette du miracle naturel, et pour aide et sœur la nature. Elle a déjà des traits du Prométhée moderne[9].

La guérisseuse « sorcière » trouve des remèdes à une époque où la maladie et la mort sont officiellement considérées comme manifestations inéluctables de la volonté divine. Du XIIIe au XVe siècle, pendant que les autorités chrétiennes proclament le mal intrinsèque du corps humain, les sorcières continuent à respecter et à étudier les forces vitales. Les sages-femmes emploient l'ergot de seigle pour soulager les douleurs de l'accouchement, au moment où l'Église maintient que ces douleurs sont le châtiment de Dieu. Un dérivé de l'ergot est utilisé couramment de nos jours pour accélérer

---

8. J. Michelet, *La Sorcière*, p. 219. Colette Arnould, *Histoire de la sorcellerie en Occident*, p. 125-128 ; Margaret Murray, *The Witch Cult in Western Europe*, et *The God of the Witches*.
9. J. Michelet, *op. cit.*, p. 32.

l'accouchement et pour aider aux « relevailles »[10]. Les guérisseuses emploient des plantes réputées toxiques à cause de leur apparence sinistre. À faible dose, ces plantes guérissent, de sorte qu'elles sont à la base de divers remèdes utilisés de nos jours (digitale, jusquiame, belladone...). La doctrine officielle ne voyait dans ces plantes que des poisons, mais les paysans continuèrent largement à s'y fier. Les méthodes de la guérisseuse sont empiriques : elle fait confiance à ses intuitions, aux expériences, et améliore constamment ses traitements, de sorte que « *l'unique médecin du peuple, pendant mille ans, fut la Sorcière* »[11]. Tandis que l'Église apprend aux pauvres que la vie terrestre est sans importance, donc la guérison inutile, les médecins, sous les auspices de l'Église, soignent les riches. Face à l'inefficacité de leurs méthodes, ils ont besoin d'un bouc émissaire ; ils rejettent la faute sur les sorcières, sans doute jaloux de leurs compétences. À la guérisseuse sont attribués les rôles de provocatrice de maladie et d'obstacle à la guérison. Cependant, certains reconnaissent leur savoir : en 1527, Paracelse, « le père de la médecine moderne », brûle les textes de médecine et déclare avoir tout appris des sorcières[12].

Du Ve au XIIIe siècle, l'Église empêche que la médecine soit une profession respectable. Puis en créant des Écoles de médecine (la première à Montpellier en 1220), interdites aux femmes, l'ordre patriarcal s'approprie la guérison[13]. La nouvelle médecine se caractérise par une répugnance pour le corps, inspirée des dogmes religieux. Alors que la science des sorcières est en constante évolution, la médecine officielle est fondée sur des textes de la Grèce antique. Elle utilise des serpents, des chenilles, des métaux toxiques, des inscriptions de prières sur les dents du patient. Avec leur manque de savoir et leur confiance absolue dans leur droit divin, les nouveaux médecins sont au mieux inefficaces, au pire, mortels :

---

10. B. Ehrenreich et D. English, *Witches, Midwives, and Nurses*, p. 14.
11. J. Michelet, *op. cit.*, p. 32.
12. Ehrenreich et English, *op. cit.*, p. 17.
13. *Ibid.*, p. 15.

À partir du XIVe siècle, leurs pratiques étaient recherchées par les privilégiés, à la condition qu'ils prennent beaucoup de peine à assurer que leurs soins du corps ne présentaient pas un danger pour l'âme. En vérité, les récits de leur apprentissage médical font penser qu'ils mettaient plus probablement en danger le corps[14].

Les premières attaques ne sont pas dirigées contre les guérisseuses de campagne, mais contre les doctoresses instruites. Mise en procès par la Faculté de Médecine à Paris en 1322, Jacoba Felicie n'est pas accusée d'incompétence ; six témoins affirment avoir été guéris par elle, l'un d'eux la déclare le meilleur médecin dans tout Paris. L'accusation repose uniquement sur le fait qu'elle est une femme, ce qui l'empêche légalement de pratiquer la médecine. (Seuls les médecins diplômés ont le droit de pratiquer, et les femmes, interdites dans les universités, n'ont aucun moyen d'avoir des diplômes.) Au XIVe siècle, partout en Europe, les hommes médecins luttent pour l'exclusion des femmes. Le prétexte de sorcellerie proposé par l'Église leur convient, et ils s'allient aux inquisiteurs pour « prouver » la corruption des sorcières en cherchant, par exemple, des indices dans les parties intimes de leurs corps. Dans les mises en scène pornographiques qu'étaient les procès, leur regard voyeuriste et violeur est le prélude au sadisme ecclésiastique et judiciaire. Pendant deux cents ans, toute femme qui guérit est considérée comme sorcière, méritant la peine de mort. Ces procès

---

14. *Ibid.*, p. 16. Ces médecins iatrogènes ont envahi par la suite le domaine de l'accouchement. Le taux de mortalité en couches s'est aggravé radicalement entre les mains infectées des médecins du XVIIe siècle, qui circulaient entre les morgues et les salles d'accouchement. De nos jours, la mortalité n'est pas plus élevée en Hollande, où un tiers d'accouchements ont lieu à domicile, qu'en France où l'accouchement est fortement médicalisé. Au XVIIe siècle, « *les femmes savaient qu'accoucher à l'hôpital représentait un risque mortel infiniment plus grand que d'accoucher chez soi. Pourtant, la majorité des femmes pauvres qui relevaient d'une aide obstétricale étaient tenues d'enfanter dans des hospices publics, parce qu'elles y servaient de matériau d'étude et d'expérimentation, exactement comme aujourd'hui* ». Adrienne Rich, *Naître d'une femme*, p. 148. Sophie Gamelin-Lavois et Martine Herzog-Evans, *Les Droits des mères*, p. 69.

[...] *élevaient les hommes à un niveau intellectuel et moral où ils étaient les alliés de Dieu et de la Loi, et à un plan professionnel qui les plaçait sur un pied d'égalité avec les avocats et les théologiens ; enfin, ils dégradaient les femmes en les ravalant à un statut sous-humain d'alliées du diable, des ténèbres, du mal et de la magie*[15].

Massacres

Le livre le plus utilisé par les inquisiteurs est *Le Marteau des sorcières*[16]. Sa parution en petit format, consultable partout (il est considéré comme le premier *livre de poche*) lui a permis d'atteindre une grande diffusion. Écrit par deux dominicains, Jacques (Jacob) Sprenger et Heinrich Krämer (Henricus Institoris), approuvé par le pape, ce manuel décrit les crimes des sorcières et les méthodes de torture à employer. Compilation des fantasmes sadiques et délirants des deux prêtres, il est l'aboutissement de la misogynie chrétienne[17]. Le *Marteau des sorcières* constate que toute femme est susceptible d'être sorcière : cela fait partie de sa nature faible et licencieuse. Elle peut provoquer l'impuissance des hommes (y compris en collectionnant leurs membres virils), dévorer les nouveau-nés, téter les vaches sous forme de lièvre, pratiquer des avortements et diffuser des moyens de contraception.

Au XVIe siècle se répand la croyance que les pouvoirs des sorcières viennent du Diable, qui les accorde aux femmes en échange de leur obéissance absolue[18]. En Écosse, la distinction entre bonne et mauvaise sorcière est officiellement abolie en 1563 ; désormais toute sorcière est condamnable, et guérir en dehors des structures officielles (qui excluent les femmes)

---

15. Marilyn French, *La Fascination du pouvoir*, p. 177.
16. Institoris et Sprenger, *op. cit.*
17. Pour une analyse des accusées comme « écrans de projections » pour les fantasmes des inquisiteurs, voir Daly, *Gyn/Ecology*, p. 180-181, 190-192, 214-215, ainsi que C. Arnould, *op. cit.*, p. 284.
18. A.L. Barstow, *op. cit.*, p. 20.

devient un crime qui mérite l'exécution[19]. Partout en Europe centrale, la croyance dans le mal absolu de la sorcière coïncide avec une croissance de la population, un manque de nourriture et une inflation monétaire. Les classes dirigeantes ont besoin de boucs émissaires, et les sorcières, obstacles potentiels à un nouvel ordre, rempliront ce rôle fatal. Avec la distribution du *Marteau des sorcières*, il est officiellement entendu que le rôle du bouc émissaire sera attribué à la femme. 85 000 femmes sont mises à mort, laissant des villages entiers sans aucune. Le *Marteau des sorcières*, catalogue de fantasmes masculins sadomasochistes, insiste notamment sur la nymphomanie des femmes, la saleté de leur corps et leur absence de jugement. Non seulement les sorciers sont dits minoritaires et sans importance[20], mais les accusations sont liées spécifiquement aux fonctions naturelles de la femme : sa sexualité, la maternité, l'allaitement, l'accouchement. Le « *téton du diable* », recherché sur le corps des accusés (hommes et femmes), renvoie à la féminité ; était-il synonyme de clitoris ? Condé fait la satire de ces mythes misogynes, dans sa description des réactions au procès d'une femme accusée d'avoir cannibalisé son mari : « *Ses seins portaient une bile qui tachait son linge aux heures de diaboliques tétées* »[21]. L'idée que le diable tète la sorcière est « *une inversion d'une fonction féminine naturelle, une parodie transformée en farce meurtrière* »[22].

Pour Sprenger, la haine misogyne est conçue comme un soutien aux hommes, victimes des pouvoirs mystérieux des femmes :

---

19. Mary Daly, *Gyn/Ecology*, p. 193.
20. Même le mot « SORCIER, IÈRE » est « *d'abord attesté au féminin (v. 1160), puis au masculin (1283)* ». Le massacre des sorcières en Europe a des conséquences opposées sur les deux termes : tandis que « sorcière » signifie dès 1579 « *femme vieille, laide et méchante* », « sorcier » désigne à partir de 1635 « *une personne (en général un homme), spécialement un artiste, qui captive par son adresse, son art* ». *Dictionnaire historique de la langue française*, p. 3567.
21. Condé, *Histoire de la femme cannibale*, p. 211.
22. A.L. Barstow, *op. cit.*, p. 129.

> *Ne croyez pas que ce soit de ces scolastiques insensibles, hommes de sèche abstraction. Il a un cœur. C'est justement pour cela qu'il tue si facilement. Il est pitoyable, plein de charité ! Il a pitié du pauvre homme dont elle a fait grêler le champ. Il a pitié du mari qui n'étant nullement sorcier, voit bien que sa femme est sorcière, et la traîne, la corde au cou, à Sprenger, qui la fait brûler*[23].

Nul châtiment n'est trop sévère pour la sorcière. La torturer est une obligation divine, l'exterminer un acte de purification sociale. Plus le châtiment est douloureux, plus il sert d'exemple pour cantonner les femmes dans un rôle subalterne, silencieux, entièrement défini par les hommes.

Mary Daly constate que la torture et l'extermination des sorcières, particulièrement brutales en Allemagne, ont fourni un modèle aux atrocités nazies. Cependant, malgré des ressemblances frappantes (complicité des médecins, obsession de la pureté, élimination des personnes désignées comme impures, registres tenus méticuleusement...) le *gynocide* du XVIe au XVIIIe siècle est rarement cité comme ancêtre du génocide du XXe. Tant que le véritable objectif des massacres des sorcières (l'élimination d'une identité féminine autonome) sera effacé de l'histoire officielle, le *gynocide* symbolique et réel continuera sous d'autres formes. Daly établit un lien entre les massacres des sorcières en Europe et des abominations contemporaines telles que l'excision en Afrique, l'immolation des mariées et des veuves en Inde, les abus de la gynécologie et de la psychothérapie en Occident. Il s'agit de comprendre le schéma à la base de tout acte *gynocidaire*, afin de tuer l'Hydre, au lieu de couper ses têtes qui repoussent. Barstow constate que les violences faites contre les femmes sont en augmentation dans le monde actuel. Analyser les massacres des sorcières approfondit la compréhension de ces violences, qui suivent les mêmes paradigmes que lors des massacres. Les évangélistes intégristes, influents dans la politique américaine, tiennent un discours sur les femmes semblable à celui des inquisiteurs[24].

---

23. J. Michelet, *op. cit.*, p. 157.
24. A.L. Barstow, *op. cit.*, p. xi-xiv. Mary Daly, *Gyn/Ecology*, p. 200-201, 205-213.

Mères et filles furent souvent brûlées ensemble, la sorcellerie étant considérée comme transmise de génération en génération. Les filles épargnées furent contraintes de regarder leurs mères brûler, afin de les terroriser. Après les massacres,

> *Les femmes commencèrent à protester moins en général. Réputées à la fin du Moyen Âge être des chipies et des harpies, paillardes et agressives, les femmes adoptent progressivement l'identité passive et soumise qui les caractérise au milieu du XIXe siècle*[25].

Mieux vaut se soumettre (et même devenir agent du système) que de brûler.

Sorcières littéraires

Satire

La peur des sorcières refait surface dans *La Sorcière* de NDiaye. L'ambiguïté et les paradoxes dans les croyances occidentales de nos jours sont relevés lorsque Lucie est arrêtée pour charlatanisme, accusée d'avoir prétendu être sorcière afin d'enseigner dans « *l'université féminine de la santé spirituelle* ». Le gendarme croit tout de même qu'elle est une véritable sorcière et essaie de la brûler (ou au moins de la terroriser) :

> *Il enflamma d'une main une sorte de longue mèche qu'il tenait dans l'autre, la lança entre deux barreaux, jusque sur le lit de camp qui s'embrasa.*
> *– Maudite sorcière, cria-t-il d'une voix étouffée. Maudite, maudite.*
> *Puis il ricana, rageur, jubilant, haineux, son visage eut l'expression forcée et grotesque des masques de carnaval sataniques tandis qu'il regardait l'épaisse fumée malodorante s'élever péniblement du matelas, venir à moi avec lenteur, réticence (allait-il, me demandai-je, en tirer une conclusion favorable à mon égard ?)* [...]

---

25. A.L. Barstow, *op. cit.*, p. 158.

– *Maudite, sifflait-il de nouveau, l'œil exorbité, crève, crève...*[26]

Cette scène est interrompue par l'arrivée de sa femme, venue récupérer le panier dans lequel elle a transporté son dîner. Elle demande d'où provient l'odeur, mais son mari ignore sa question, ne pensant qu'à sa fille :

> *Et où est ma petite merveille, où est mon petit gâteau de sucre ? demandait-il, haletant*[27].

La fille et la femme reçoivent l'amour niais, l'autre face de sa haine envers la sorcière. A-t-il peur qu'elle l'amène à découvrir en elles autre chose que leur docilité ? La sorcière, ne risque-t-elle pas d'inciter à la rébellion toutes les femmes ? Mais Lucie est en prison, rappelons-le, parce qu'accusée de ne *pas* être sorcière : « *Vous n'êtes qu'une méprisable arnaqueuse* [...] *Une sorcière, hein ? Laissez-nous rire* »[28]. Lucie essaie donc de se défendre :

> – *Je suis accusée d'escroquerie ! Je suis accusée, précisément, de ne pas être une véritable sorcière, de me faire passer pour ce que je ne suis pas*[29].

Son adversaire reste convaincu qu'elle est une sorcière, ce qui équivaut pour lui à être une adepte de Satan :

> – *J'ai mon idée là-dessus, souffla le gendarme.*
> *Il hésita puis, comme s'armant de courage :*
> – *On sait bien que les... que les femmes comme vous essayent de persuader qu'elle n'en sont pas*[30].

Non seulement l'influence du temps des grands massacres persiste chez certains, qui transposent sur la figure de la sorcière leurs craintes et perversions, mais cette scène rappelle aussi l'illogisme des accusateurs, l'incapacité de l'accusée à se disculper, ainsi que le grand nombre de celles qui sont mortes en prison. Le fait que Lucie se demande si la « *réticence* » du

---

26. NDiaye, *La Sorcière*, p. 183.
27. *Ibid.*, p. 184.
28. *Ibid.*, p. 179.
29. *Ibid.*, p. 181.
30. *Ibid.*, p. 182.

feu jouerait en sa faveur affirme sa propre compréhension du « raisonnement » du gendarme.

Vengeance

Les massacres se justifièrent par des portraits misogynes de sorcières viles et vengeresses. Il est certain que les accusées sont innocentes des crimes fantasmés du *Marteau des sorcières* (combien de femmes auraient collectionné les membres virils de prêtres pour les nourrir à l'avoine ?[31]). En revanche, certaines femmes n'auraient-elle pas tenté de se venger véritablement par la magie ? La dégradation de leur statut et l'exclusion de toute structure « légitime » de pouvoir auraient laissé la magie comme un des seuls recours envisageables pour réclamer leurs droits. Vers 1550, dans un climat de pauvreté et d'inquiétude, les accusations de sorcellerie abondent. Le travail féminin salarié, jadis essentiel à l'économie, devient aléatoire. Le chômage, le manque de nourriture et l'augmentation de la criminalité contribuent au malaise et à la méfiance. Certaines femmes maudissent véritablement leurs ennemis, soit en cachette, soit en public. Si de réels malheurs arrivent, ceux-ci n'hésitent pas à accuser ces femmes de sorcellerie. Ils s'absolvent ainsi des sentiments de culpabilité envers elles, tout en trouvant un objet de vengeance pour compenser leur malheur.

Selon Michelet, la femme du XVIe siècle, terrorisée, écrasée par la misogynie, qui « *demandait presque pardon d'être, de vivre, d'accomplir les conditions de sa vie* » avait besoin de la sorcière ; sa vie est précaire et personne d'autre ne s'occupera d'elle[32]. Les massacres qui suivent réussissent enfin à rompre ce lien de solidarité féminine, faisant de la femme indépendante une figure de crainte pour les autres, qui

---

31. Un homme ayant perdu son membre le réclame à une sorcière qui l'invite à grimper dans un arbre et à en choisir un ; il veut prendre le plus gros, mais la sorcière l'informe qu'il appartient au curé. Institoris et Sprenger, *op. cit.*, p. 288. Barbara Walker considère cette histoire comme la plaisanterie d'un paysan, prise au sérieux par les inquisiteurs. B. Walker, *The Women's Encyclopedia of Myths and Secrets*, 1983, p. 797.
32. J. Michelet, *La Sorcière*, p. 113.

peuvent être coupables par association. En Occident, la solidarité féminine n'a jamais repris toute sa vigueur. La « méchante sorcière » des contes de fées conserve néanmoins quelques traces d'un rôle essentiel, comme l'illustre Margaret Atwood, écrivant dans une perspective de sorcière des contes de fées ; sans elles, les bonnes filles

> *[...] ne feraient que du ménage, ce qui semble bien constituer l'activité principale de ces histoires. Elles se marieraient à quelque paysan, auraient dix-sept enfants et obtiendraient pour toute récompense cette inscription sur leur pierre tombale : "Elle fut une bonne épouse." La belle affaire !*
> *Moi, je fais bouger les choses, je les active. "Allez donc jouer dans la circulation, leur dis-je. Mettez donc cette robe de papier et allez cueillir des fraises sous la neige." C'est pervers, mais ça marche. [...]*
> *Tu peux bien t'essuyer les pieds sur moi, retourner mes mobiles dans tous les sens, me broyer la tête sous une meule ou me noyer dans la rivière, tu n'arriveras jamais à me sortir de l'histoire. Car je suis l'intrigue, ma jolie, et tâche de ne jamais l'oublier*[33].

Cette relation complexe entre les sorcières et les autres est relevée par Judah White, un fantôme qui visite Tituba en Nouvelle-Angleterre :

> *Sans nous, que serait le monde ? Hein ? que serait-il ? Les hommes nous haïssent et pourtant nous leur donnons les outils sans lesquels leur vie serait triste et bornée. Grâce à nous, ils peuvent modifier le présent, parfois, lire dans l'avenir. Grâce à nous, ils peuvent espérer. Tituba, nous sommes le sel de la terre*[34].

Tituba, bien que « *faite pour panser et non pour effrayer* » (p. 27), est tentée parfois par l'idée de vengeance :

> *J'aurais aimé déchaîner le vent comme un chien à la niche afin qu'il emporte au-delà de l'horizon les blanches Habitations des maîtres, commander au feu pour qu'il élève ses flammes et les fasse rougeoyer afin que l'île tout entière soit purifiée, consumée !*

---

33. Margaret Atwood, *La petite poule rouge vide son cœur*, p. 26-27.
34. Condé, *Moi, Tituba*, p. 87.

Mais je n'avais point ce pouvoir. Je ne savais qu'offrir la consolation ![35]

Dans *La Diablesse et son enfant*[36], autant d'innocence se manifeste dans une figure féminine marginale. La diablesse est une belle femme noire qui va de maison en maison en cherchant son enfant perdu. D'abord prêts à l'accueillir, les gens lui ferment la porte au nez lorsqu'ils voient ses sabots. Le souvenir d'avoir eu un enfant est vague chez cette diablesse désorientée qui vit dans une forêt, comme la sorcière archétypale. La méfiance que lui témoignent les autres la pousse à s'accaparer le premier enfant venu. Cette décision n'aboutit pas au mal, puisque, se souvient-elle enfin, cette enfant est effectivement la sienne. Elles retrouvent leur vie de confort et de tendresse, et les sabots sont remplacés par des pieds. Réhabilitant l'image de la diablesse (noire, féminine, vivant à l'écart) pour la rendre familière et sympathique, ce petit livre conserve la magie mais non pas le cynisme que l'on trouve dans les romans de NDiaye.

Le racisme peut entraîner la suspicion, comme c'est le cas dans *La Migration des cœurs*. La belle-mère (blanche) de Cathy, qui est métisse, la tient pour responsable de divers « malheurs » qui ont lieu depuis sa venue : la mort, le feu aux cannes, un prêtre noir qui donne la communion à un blanc pour la première fois[37]. La vengeance est axiale dans *Histoire de la femme cannibale*[38], lorsque la protagoniste Rosélie s'identifie à Fiéla, accusée d'avoir tué et congelé son mari adultère (bien qu'elle n'avoue rien, restant muette). Rosélie elle-même est née avec le don de guérir des cas dits incurables (notamment suite à la torture), et de redonner la fécondité aux bêtes stériles. Rosélie voit dans un rêve Fiéla, qui lui explique qu'elle a agi pour son bien. Plus méprisée qu'une criminelle ordinaire, Fiéla est accusée de sorcellerie par un public qui, enivré de haine misogyne, veut sa mort :

---

35. *Ibid.*, p. 27.
36. NDiaye, *La Diablesse et son enfant*, 2000.
37. Condé, *La Migration des cœurs*, p. 63-64.
38. Condé, *Histoire de la femme cannibale*.

Fiéla ne méritait rien qu'une exécution publique. Cela aurait remis à l'endroit la tête des femmes qui auraient eu envie de l'imiter et de croquer leur mari. Exemple à suivre, le Nigeria qui lapide les adultères[39].

L'assassinat et le cannibalisme supposés sont perçus comme une révolte contre l'ordre patriarcal, qui sera rétabli en faisant d'elle un exemple lors d'une exécution publique. Rosélie commente : « *L'histoire remonte au temps longtemps ! Pour l'Europe, au Moyen Âge* » (p. 212). La culpabilité de Fiéla n'est pas certaine, et elle semble indifférente à l'issue de son procès. Le fils de la maîtresse de son mari, élevé par Fiéla, est également soupçonné ; veut-elle le protéger en gardant le silence ? Et même si elle est responsable de sa mort, s'agit-il d'un acte d'autodéfense contre un mari connu comme violent ? Rosélie croit en l'innocence de Fiéla, tandis que les médias et l'opinion populaire font d'elle une sorcière redoutable. Elle terrifie non seulement à cause de son crime, mais parce qu'elle ne sourit pas et parce qu'elle n'a pas eu d'enfants biologiques. Condé fait allusion non seulement aux massacres en Europe, mais à une persécution misogyne qui traverse les époques et les continents, en se demandant :

Est-ce que les femmes n'ont pas toujours été accusées d'être des sorcières ?[40]

Innocente ou non, Fiéla est une source d'inspiration pour Rosélie, qui baptise un de ses tableaux « *Femme cannibale* ». L'exemple de Fiéla ne sert-il pas d'admonition aux maris qui battent leurs femmes en toute impunité, allant jusqu'à l'assassinat ? La vengeance des sorcières sert à remettre de la justice et de l'ordre dans des situations aberrantes. Tel est également le cas de l'Admirable dans *Biblique des derniers gestes*, qui attend le passage des violeurs, puis les dissout dans les draps qu'elle lave ; cette « *diablesse avaleuse* » est au service de la sécurité de toutes les femmes[41].

---

39. *Ibid.*, p. 276.
40. *Ibid.*, p. 212.
41. P. Chamoiseau, *Biblique des derniers gestes*, p. 293.

Dans *Célanire cou-coupé*[42], la guadeloupéenne Célanire est employée par le gouvernement colonial de Côte d'Ivoire pour diriger le Foyer des métis, dans lequel sont abandonnés les enfants de père blanc. Célanire excelle dans la direction du Foyer (« *Sous le soleil de Célanire, les enfants rayonnaient de santé et de propreté* »[43]), mais exerce une influence étrange sur son entourage. Elle devient la maîtresse du gouverneur, tout en ayant des liaisons lesbiennes avec ses employées. Les personnes dont elle se lasse, ou dont elle veut se débarrasser, meurent mystérieusement (la femme du gouverneur s'égare dans un marais). Le lecteur apprend au fur et à mesure son histoire : elle était un bébé sacrifié (son cou coupé). Elle a survécu grâce aux efforts frankensteinesques d'un médecin, le Dr Pinceau, qui devient son père adoptif. Adolescente, elle l'accuse injustement de viol et il est envoyé à la colonie pénitentiaire de Guyane ; il y rencontre Hakim, également détenu à cause de Célanire. Du moins, c'est ce que maintiennent les narrateurs ; Condé nous montre Célanire uniquement à travers le regard des autres, afin de jouer sur le doute, y compris entre naturel et surnaturel. Ainsi il s'agit bel et bien d'un roman fantastique (son sous-titre) selon la définition de Todorov.

Il commente également les relations troubles entre les Antilles, l'Afrique et la France. À travers la vie de Célanire, Condé met en scène le colonialisme, les tumultes de la décolonisation, et la création de nouveaux paradigmes. De retour en Guadeloupe, Célanire semble exercer sa vengeance sur Agénor, qui l'a achetée peu après sa naissance afin de la faire sacrifier, voulant assurer par ce rite sa réussite en tant qu'homme politique. Célanire, revenue jeune femme, « *prenait tout son temps : la vengeance est un plat qui se mange froid* »[44]. Cette phrase se répète plus tard, dans un dialogue télépathique entre Agénor et Célanire. Agénor meurt peu

---

42. Condé, *Célanire cou-coupé*.
43. *Ibid.*, p. 40. Condé renforce par « *soleil de Célanire* » l'allusion que fait le titre à « Soleil cou-coupé », un recueil de poèmes d'Aimé Césaire, *op. cit.*, p. 241-296.
44. Condé, *Célanire cou-coupé*, p. 18.

après, brûlé vif dans son lit. Lorsqu'elle apprend qu'il est mort, le narrateur informe : « *son humeur était follement festive. Elle venait de coucher son pire ennemi* »[45]. Après cet événement, Célanire s'adoucit, puis perd goût à la vie, malgré toutes les bonnes œuvres qu'elle met en place, « *orphelinats, dispensaires, foyers de vieillards, soupes populaires* », au lieu de construire des routes et des ponts[46]. Nous apprenons alors qu'elle souhaite devenir mère, ce qui ramène sur terre cette sorcière redoutable.

Ce roman dépeint le « sacrifice féminin » dans tous les sens du terme. Au Foyer, sous la direction de Célanire, les filles bénéficient enfin de la même éducation que les garçons. Bien que l'intrigue se situe au début du XXe siècle (avec certains anachronismes typiques de Condé), les disparités entre les sexes s'inscrivent dans les traditions de la Guinée plus que dans celles de la Guadeloupe. Des femmes commencent à voir le Foyer comme un refuge. Trois concubines royales s'enfuient et y sont accueillies.

> *C'est que des rumeurs circulaient, confuses à la manière de toutes les rumeurs, faisant du Foyer le paradis pour les femmes. Là-haut, à ce qu'il paraît, on n'attendait pas vainement le bonheur. On le saisissait à pleine main. Plus de bois vert qui vous fume dans les yeux ! Plus de corvées d'eau ! Plus de foutou à piler ! Hakim connaissait la façon dont on traitait les femmes dans la concession de Koffi Ndizi. Bêtes de somme et chair à plaisir !* [47]

Le sort misérable des femmes est un thème récurrent ; Tanella, la concubine de l'oncle maternel du roi, déjà grand-père alors qu'elle n'a que quinze ans, en fournit un exemple :

> *Deux ans plus tôt, le village d'Attonblan avait offert Tanella à Koffi Ndizi parmi un lot de présents, volaille, poisson séché, pagnes richement tissés. Il n'avait pas eu de goût pour elle et l'avait laissée à Kwame Aniedo qui, un temps, s'en était amusé*[48].

---

45. *Ibid.*, p. 193.
46. *Ibid.*, p. 194.
47. *Ibid.*, p. 32.
48. *Ibid.*, p. 36.

Tanella finit par se défendre contre le viol, en tuant son maître. Elle se réfugie au Foyer, et devient l'amante de Célanire. La foule, exaspérée parce que le gouvernement colonial a jugé Tanella innocente, marche vers le Foyer

> [...] *pour signifier tout simplement qu'il était temps, grand temps que ces Français et leurs créatures, gouverneurs, prêtres, oblats, les laissent à leurs coutumes et retournent chez eux*[49].

Célanire instaure une meilleure condition de vie pour les femmes. Représentante de la France, apporte-t-elle plus d'améliorations que de malheurs ? Guadeloupéenne, Célanire est colonisée autant que colonisatrice ; mais son île natale qui l'a sacrifiée, peut-elle vraiment s'identifier à elle ? Les questions coloniales ne peuvent être abordées sans examiner le statut des femmes, victimes sacrificielles du patriarcat et exilées du monde entier. Le Foyer est une bonne solution au problème de l'abandon des enfants métissés, mais les Français sont à l'origine même de ce problème. Selon Célanire, le colonialisme pourrait aider les femmes, en éradiquant certaines coutumes patriarcales, mais échoue à cause de son propre sexisme :

> *Elle avait beaucoup réfléchi et s'était demandé pourquoi les relations entre les Africains et les Français achoppaient. C'est que les colonisateurs, étant hommes, ne se préoccupaient que des hommes. C'étaient les hommes qu'ils tentaient d'associer à leurs projets. Les femmes ne leur venaient jamais à l'idée. Alors qu'en Afrique, plus que partout ailleurs, les femmes saluaient des changements dont elles avaient tout à gagner*[50].

Les positions de Célanire contre l'excision, pour l'embauche des femmes célibataires ou de celles qui fuient leurs maris font que « *les hommes la considèrent comme une dangereuse féministe* »[51]. Hakim applique à Célanire le mythe de la Sirène destructrice[52] ; n'est-ce pas une image prévisible pour une femme qui incite aux changements ? La marginalité

---

49. *Ibid.*, p. 37.
50. *Ibid.*, p. 51.
51. *Ibid.*, p. 89.
52. *Ibid.*, p. 131.

s'incarne aussi dans l'homosexualité d'Hakim et dans la bisexualité de Célanire, tabous imprononçables :

> [...] *Rozier n'osa pas, ce qu'on aurait fait de nos jours, prononcer le mot d'homosexualité*[53].

Pour « lesbiennes », on substitue l'euphémisme « *comme mari et femme* »[54]. L'auteur intervient de nouveau avec les connaissances de son époque, pour expliquer que l'absence de mots ne signifie pas l'absence de faits. Comme dans *Moi, Tituba*, elle profite d'une intrigue carnavalesque pour glisser des messages didactiques :

> *Il faut savoir qu'au début du siècle, en Guadeloupe, l'homosexualité féminine était loin d'être inconnue. La belle Elissa de Kerdoré en était la championne* [...] *À l'en croire, l'hétérosexualité était une obligation imposée par la société. En réalité, le mariage était contre nature. À preuve, son ratage sous tous les cieux, dans tous les pays ! Si les femmes suivaient la pente de leur nature et demeuraient entre elles, elles éprouveraient plus de bonheur, d'intimité et de tendresse*[55].

Quant à Célanire, rien ne peut empêcher la réalisation de ses désirs sur le plan personnel (la liberté d'aimer), et sur le plan social (l'avancement des femmes). Elle ne se soumet pas à l'ordre hétérosexuel, duquel elle sait tirer profit tout en satisfaisant ses attirances véritables pour d'autres femmes. Ce personnage (sorcière supposée) est transposé dans une situation coloniale, où le bien et le mal sont difficiles à distinguer avec certitude. Célanire est une bonne dirigeante qui ne se conforme pas, malgré ses œuvres humanitaires, à un modèle de femme altruiste qui agit avec le cœur et non la pensée. Son opportunisme, ses bons calculs, ne sont-ils pas plus efficaces que le serait la charité discrète ? Ni tout à fait condamnable, ni entièrement excusable, cette figure ambiguë suggère ce que

---

53. *Ibid.*, p. 77. Le personnage d'Hakim rappelle celui du ganhador (esclave libre qui aide les autres esclaves à acheter leur liberté) José dans *Ségou*. C'est à cause de son homosexualité qu'il reste au Brésil, au lieu de retourner en Afrique. Condé, *Ségou*, tome I, p. 283.
54. Condé, *Célanire cou-coupé*, p. 84, 169.
55. *Ibid.*, p. 170.

pouvait être la sorcière-guérisseuse. Tandis que Germain attribue à ses héroïnes des pouvoirs sorciers archétypaux et une marginalité qui bascule dans la folie et l'enchantement, Condé et NDiaye font des références directes aux massacres, tout en créant des personnages de sorcières contemporaines.

Sorcières rétablies

Qui est-elle, aujourd'hui, la sorcière ? La figure grotesque et redoutable des médias, ou l'intransigeante détractrice du patriarcat que décrivent certaines féministes ? Quel rapport entre la réalité et les stéréotypes, qui suivent leur propre évolution ?

> *Les sorcières étaient accusées d'être pragmatiques, empiriques et immorales. Mais au XIXe siècle, la rhétorique s'inverse : les femmes, dit-on, sont délicates, sentimentales et pas scientifiques. Les hommes changent les stéréotypes à leur gré ; les femmes restent elles-mêmes*[56].

Dans *Moi, Tituba*, Condé ne cherche pas à dépeindre une Tituba innocente de l'accusation de sorcellerie, mais plutôt à redéfinir ce concept. Les tentatives de magie maléfique se manifestent uniquement chez les Puritains eux-mêmes ; contrairement à la magie bénéfique de Tituba, leurs techniques sont primitives et inefficaces. Condé suggère que l'image de la sorcière diabolique, qui persiste de nos jours, fut confectionnée par les pouvoirs patriarcaux, afin d'écarter des valeurs différentes des leurs. Les mêmes contes de fées (version Disney) continuent à transmettre aux enfants la peur de la sorcière. Les petites filles doivent attendre leurs princes et se méfier des pouvoirs de la vieille dame. En effet, de Cendrillon à Blanche-Neige, les conflits sont fabriqués entre femmes, amenées à voir dans les hommes leurs sauveurs vis-à-vis des maléfices d'autres femmes ; la seule bonne mère est la mère morte. Depuis George Sand, les romancières contredisent

---

56. B. Ehrenreich et D. English, *op. cit.*, p. 42.

cette image populaire par des portraits valorisants des sorcières. La Petite Fadette et sa mère soignent par les plantes et connaissent les mystères de la nature[57]. Les femmes autonomes, marginales, honorables, solitaires et solidaires peuplent l'œuvre de Sand, dans laquelle la fée

> [...] *est assimilée à la nature créatrice qui modèle tout ce qui existe, à la vision magique de la beauté invisible et pourtant réelle du monde, enfin, à celle qui fait don de la puissance créatrice de l'artiste. Figures maternelles et cosmiques, les fées prennent une dimension qui se réfère implicitement au pouvoir créateur de la femme*[58].

Plus d'un siècle après les massacres des sorcières, Sand remet en valeur le lien entre la femme et la magie, tout en suggérant que la véritable magie appartient aux merveilles du monde naturel. Les valeurs féminines sont des

> [...] *connaissances qui ne sont pas de l'ordre du rationnel, et qui par là même non seulement méritent d'être conservées, mais d'une certaine manière transposées dans le monde moderne, si tragiquement matérialiste*[59].

Au XXe siècle, la figure archétypale de la guérisseuse (nommée sorcière ou non) vivant proche de la nature et sur les marges du monde « des hommes », abonde chez les romancières : Adrienne dans *Chanson des mal-aimants*[60], Misty dans *Pagli*[61], Dona Felicia dans *So Far from God*[62]... Chassée, brûlée des siècles durant, presque éliminée en Europe, la sorcière guérisseuse est revalorisée par la littérature contemporaine, tout comme les mouvements de spiritualité féminine tentent de retrouver des traces de leurs croyances. Dans un âge si matérialiste, où les pouvoirs dominants sont tout aussi masculins que jadis, la magie féminine, mythe ou

---

57. G. Sand, *La Petite Fadette*, 1958 (1848).
58. Simone Vierne, « Fées traditionnelles et femmes modernes chez George Sand », 1993, p. 56.
59. *Ibid.*, p. 59.
60. Germain, *Chanson des mal-aimants*, 2002.
61. A. Devi, *op. cit.*
62. A. Castillo, *op. cit.*

réalité, s'impose. La technicité de la médecine déconcerte beaucoup de femmes, qui se retournent vers l'herboristerie, l'homéopathie, voire le massage et la méditation, en espérant retrouver une intégrité perdue. Si les mêmes ressources consacrées depuis des siècles à la médecine technologique avaient été employées à développer celle de la guérisseuse, une médecine saine, efficace et sophistiquée sans le côté déshumanisant et iatrogène de la médecine technologique aurait pu exister. Les inquisiteurs et leurs alliés ont gagné, brisant le fil d'autres connaissances, et nous subissons leur legs.

Participant à la contre-mythologie féministe, Monique Wittig célèbre un certain triomphe des sorcières, malgré les persécutions :

> [...] *aucune armée n'a paru trop disproportionnée en force pour s'attaquer à elles une par une et les détruire. Elles alors entonnent le chant célèbre qui commence par, malgré tous les maux dont ils veulent m'accabler/ je reste aussi ferme que le fourneau à trois pieds*[63].

Des féministes se réclament de la sorcière comme symbole des femmes qui refusent de se soumettre et utilisent tous leurs pouvoirs pour affronter le patriarcat et recréer une culture féminine perdue.

---

63. Monique Wittig, *Les Guérillères*, p. 128.

III- Celles qui aiment

Dans les romans du réalisme magique, en dehors des mères ou des sorcières, comment les femmes se situent-elles dans leur entourage ? Bien qu'un réseau d'amitié féminine existe parfois, allant jusqu'à des liaisons lesbiennes, les relations intimes avec les hommes sont tout aussi présentes. L'amitié entre femmes, d'une importance considérable dans l'œuvre de Condé, est moins significative chez Germain et chez NDiaye, les protagonistes étant souvent solitaires (par choix chez Germain, et chez NDiaye en tant qu'exclues). La sexualité, thème axial pour les trois auteurs, sert à commenter les mœurs insolites de la société contemporaine et à élaborer une quête personnelle de sens.

Esclaves

Abena, la mère de Tituba, se lie d'amitié avec sa maîtresse, Jennifer, dont le sort n'est pas plus enviable. Les similitudes entre ces deux femmes de seize ans sont frappantes :

> *Jennifer, l'épouse de Darnell Davis, n'était guère plus âgée que ma mère. On l'avait mariée à cet homme rude qu'elle haïssait, qui la laissait seule le soir pour aller boire et qui avait déjà une meute d'enfants bâtards. Jennifer et ma mère se lièrent d'amitié. Après tout, ce n'était que deux enfants effrayées par le rugissement des grands animaux nocturnes [...]* [1].

N'ayant connu que la brutalité de la part des hommes, elles cherchent, entre elles, la tendresse. Leur amitié est rompue par le maître, lorsqu'il s'aperçoit qu'Abena est enceinte. Ne

---

1. Condé, *Moi, Tituba*, p. 16.

voulant pas d'une femme déshonorée auprès de la sienne, il la donne à un autre esclave, Yao, avec qui elle trouve le vrai amour. En ceci, elle est, en effet, plus chanceuse que Jennifer. Ce thème se répète avec Tituba et Elizabeth qui dit : « *Bienheureuse si tu crois qu'un mari peut être un compagnon plaisant et si le contact de sa main ne te fait pas courir un frisson le long du dos !* »[2], et avec Hester, qui raconte : « *à seize ans, on m'a mariée à un Révérend, ami de ma famille qui avait enterré trois épouses et cinq enfants. L'odeur de sa bouche était telle que, pour mon bonheur, je m'évanouissais dès qu'il se penchait sur moi* »[3]. Mais quand le maître essaiera de la violer, Abena le poignardera et sera pendue. Est-ce la force de l'amour, ou plutôt sa situation plus désespérée qui l'a amenée à se défendre, alors que Jennifer reste passive ? Dans la génération de Tituba également, la maîtresse n'a pas le courage de l'esclave pour se rebeller. Est-elle conditionnée jusqu'à être convaincue que son sort est juste, ou sa vie est-elle véritablement meilleure que celle d'une esclave ? Lorsque Tituba songe encore à protéger John Indien, qui ne se soucie plus d'elle, Hester lui rappelle l'injustice qui fait qu'elles sont en prison tandis que leurs amants ne le sont pas : « *Blancs ou Noirs, la vie sert trop bien les hommes !* »[4]. Tituba a d'abord du mal a accepter ce constat, mais elle s'y rallie par la suite :

> *La couleur de la peau de John Indien ne lui avait pas causé la moitié des déboires que la mienne m'avait causée*[5].

Tituba s'étonne de l'histoire de Hester :

> *C'était, cette fois encore, une victime que l'on traitait en coupable ! Les femmes sont-elles condamnées à cela dans ce monde ?*[6]

À propos des amitiés entre maîtresse et esclave dans *Moi, Tituba*, Condé remarque :

---

2. *Ibid.*, p. 67.
3. *Ibid.*, p. 155.
4. *Ibid.*, p. 159.
5. *Ibid.*, p. 159.
6. *Ibid.*, p. 156.

> *Ici, ces rapports femme noire - femme blanche dénoncent les stéréotypes. La femme blanche pure, éthérée, faible, qui ne supporte pas le climat torride, qui est malade. La négresse forte et robuste. Je ne crois pas que le climat de l'esclavage permettait les amitiés entre femmes noires et femmes blanches, entre maîtresses et esclaves*[7].

La stratégie de Condé est de démonter les stéréotypes, dont la force réside dans le non-dit, en les mettant au jour comme farces hyperboliques. Les maladies d'Élizabeth, qui semblent d'abord procéder de sa nature de blanche frêle, sont liées à son insatisfaction conjugale. La force de Tituba, qui paraît être une qualité innée, est surtout une nécessité pour sa survie. Elle la puise dans ses contacts avec l'autre monde autant que dans sa relation avec John Indien. En outre, sa fragilité se révèle dans une crise de dépression qui entraîne son hospitalisation. Elle est sensible à l'amour et à la joie comme à la tristesse et à la colère ; elle est affligée par l'éventuelle trahison de la femme blanche censée être son amie.

D'où viennent les stéréotypes des blanches frêles et des noires robustes ? Alors qu'avant le XIXe siècle, les Puritains considèrent toutes les femmes comme tentatrices et pécheresses, les blanches sont ensuite dépeintes comme pures, vertueuses, dépourvues de désir sexuel. Elles-mêmes s'adaptent à cette image, croyant en l'anormalité de tels désirs. L'association stéréotypée entre la noire et la sensualité débridée, liée à l'exotisme en général, confirmée dans le contexte de l'esclavage, se répercute sur toutes les femmes[8]. À cette époque, les agressions sexuelles contre les noires augmentent. Ainsi, le discours dominant établit une dichotomie entre blanches (pures) et noires (putes), qui rend la solidarité féminine encore moins probable. Sur les navires, leurs vêtements sont ôtés. Tandis que les hommes sont attachés, les femmes cir-

---

7. F. Pfaff, *op. cit.*, p. 95.
8. Elsa Dorlin, « Les Blanchisseuses », 2005 et « "Performe ton genre : Performe ta race !", Repenser l'articulation entre sexisme et racisme à l'ère de la postcolonie », 2007.

culent librement et font l'objet d'agressions sexuelles[9]. Le viol, plus qu'un acte de perversion individuelle, est une technique utilisée pour terroriser et assujettir les noires, pour qu'elles soient prêtes à assumer leur rôle d'esclave. Les esclaves dociles sont plus prisées sur le marché, et le voyage sert à inculquer les qualités nécessaires. Il fallait qu'elles abandonnent la notion d'elles-mêmes comme individus libres.

Sur les plantations antillaises, l'esclave est la proie des désirs du maître, pour qui le viol est l'affirmation de sa domination absolue sur elle. Bien qu'il essaie parfois de la séduire par des cadeaux (lui assignant le rôle d'une prostituée et s'absolvant ainsi de toute responsabilité), il n'hésite pas à utiliser la force en cas de refus[10]. Certaines noires risquent leurs vies pour se défendre contre ces attaques. Cet acte de désobéissance, brutalement puni, n'est pas seulement dirigé contre un homme, mais contre tout un système qui désigne le corps asservi comme propriété exclusive d'un autre. Les abolitionnistes, trop pudibonds pour affronter directement la question du viol, utilisent l'euphémisme « prostitution » pour décrire les relations sexuelles entre maître et esclave, entraînant le stéréotype de la noire licencieuse[11]. Si les féministes américaines du XIXe siècle sont souvent des abolitionnistes, le principe de l'abolition n'entraîne pas le concept d'égalité. Ces féministes sont outragées par le fait que le vote soit accordé aux hommes noirs et non pas aux femmes blanches. De nos jours, certaines noires hésitent à s'identifier avec un mouvement féministe dont elles étaient exclues à l'origine. Elles créent d'autres mots pour nommer leur lutte, tels que « *womanist* », néologisme inventé par l'écrivain Alice Walker pour décrire le mouvement des noires aux États-Unis[12].

Moi, Tituba inverse, satiriquement, le schéma raciste qui associe le noir avec le mal. Il n'y a aucun homme blanc bienfaisant, à moins que l'on n'inclue le marchand juif, lui aussi

---

9. B. Hooks, *op. cit.*, p. 18.
10. *Ibid.*, p. 25-26.
11. *Ibid.*, p. 34.
12. Aoi Mori, *Toni Morrison and Womanist Discourse*, 1999, p. 1.

victime du racisme[13]. Dans ce livre satiriquement « noir et blanc », seules les victimes d'oppression ont des qualités humaines. Tituba, enfant de sept ans dont la mère est assassinée pour s'être défendue contre les agressions sexuelles de son maître, est élevée par Man Yaya. Cette vieille femme d'Afrique « *avait à peine les pieds sur notre terre [...] ayant cultivé à l'extrême le don de communiquer avec les invisibles* »[14]. Les autres esclaves, dépendants de ses pouvoirs de guérisseuse et de sage-femme, éprouvent pour elle une crainte déférente. Son art repose autant sur les plantes que sur la communication avec les esprits. Elle soigne des corps cassés par le fouet et aide les femmes à gérer leur fécondité. Elle apprend à la jeune Tituba l'écoute de la nature, car selon sa vision panthéiste du monde :

> [...] *tout a une âme, un souffle. Que tout doit être respecté. Que l'homme n'est pas un maître parcourant à cheval son royaume*[15].

Après la mort de Man Yaya, Tituba, qui n'a que quatorze ans, bâtit sa case dans un marais. L'esprit de Man Yaya est toujours présent pour la guider, ainsi que ceux de sa mère Abena et de son père adoptif, Yao. Sa vie est assez heureuse en compagnie de ces invisibles, jusqu'au jour où elle rencontre l'esclave John Indien. Amoureuse, elle sacrifie sa liberté pour vivre avec lui. Condé joue avec l'idée, élaborée par des philosophes allant de J.S. Mill à Simone de Beauvoir, que le mariage représente pour les femmes une forme d'esclavage. Les désirs de Tituba, qui « *ne peut pas se passer des hommes* »[16], la rendent littéralement esclave. Condé manie avec ironie le

---

13. Les seuls autres hommes blancs qui n'abusent pas de leur pouvoir sont les gardiens de la prison. Bien qu'ils ne montrent pas un excès de compassion (ils laissent Tituba, expulsée de sa cellule par les autres détenues, attachée dans le froid du couloir), ils ne sont pas sadiques (ils la laissent entrer dans la cellule d'Hester, suite à l'invitation de cette dernière). Ils accordent à Tituba un travail de cuisinière, afin qu'elle puisse payer une partie des frais que la loi exige d'elle pour son emprisonnement. Ce sont les seuls gestes humains de la part des hommes blancs. Est-ce parce qu'ils appartiennent à la classe populaire ?
14. Condé, *Moi, Tituba*, p. 22.
15. *Ibid.*, p. 23.
16. *Ibid.* Ce constat est récurrent : p. 47, 155, 157, 208, 217, 234, 260.

stéréotype de la sensualité de la femme noire[17]. Au lieu de le rejeter, elle crée un personnage qui l'incarne pleinement, puis précise, raffine et redéfinit en quoi consistent ses désirs. L'épanouissement érotique de Tituba est valorisé, car il représente un monde de plaisir, non pas de terreur et de culpabilité caractéristiques de la pensée puritaine (selon laquelle la sexualité, vile et satanique, doit servir uniquement à la procréation). Cependant, le dilemme entre solitude et esclavage, qui se pose symboliquement à beaucoup de femmes qui veulent vivre des relations amoureuses sans être emprisonnées dans des rôles sexistes, tracasse Tituba, qui n'a guère une mentalité d'esclave soumise. Mais même après une dure décennie d'esclavage, Tituba souhaite de nouveau se sacrifier au nom de l'amour. Lorsque son nouveau maître et amant lui propose la liberté qu'elle avait tant désirée, elle lui répond qu'elle préfère rester son esclave[18]. Elle est emplie de pitié pour ce marchand juif qui a perdu toute sa famille dans un incendie allumé par les villageois antisémites. Curieusement, elle n'envisage pas la possibilité de rester avec lui sans être son esclave. Est-ce qu'elle craint de retrouver le poids de la liberté ? Le choc de l'incendie passé, elle accepte tout de même le certificat d'affranchissement et le billet de bateau pour son retour à la Barbade.

Condé ne réserve pas sa satire pour les maîtres, mais y inclut les opprimés dans leur complexe du martyre ironiquement judéo-chrétien. Ainsi la souffrance de Tituba est ennoblie, puisqu'elle la subit « par amour » et qu'elle possède une supériorité morale. N'est-ce pas un syndrome de martyre ? Tituba refuse, pourtant, de se féliciter de sa souffrance, et récuse la notion d'une récompense par Dieu. Le dialogue entre Tituba et Metahebel, la fille de son maître et amant juif, montre ce refus :

---

17. « *Maryse Condé privilégie une mise en évidence du stéréotype, qu'il soit du Nord ou du Sud, et une mise à distance permanente de celui-ci grâce à l'ironie* », Nathalie Schon, *op. cit.*, p. 29. Les stéréotypes sont d'un intérêt particulier pour Condé, dont la thèse doctorale est intitulée : *Stéréotype du noir dans la littérature antillaise* (Sorbonne, 1976).
18. Condé, *Moi, Tituba*, p. 208, 217.

– [...] *Est-ce que tu ne sais pas que Dieu bénit les souffrances et que c'est ainsi qu'il reconnaît les siens ?*
Mais moi, cette profession de foi ne me satisfaisait pas et je secouais la tête :
– *Metahebel, n'est-il pas temps que les victimes changent de camp ?*[19]

Si les victimes veulent se libérer, il ne faut pas qu'elles pratiquent des religions qui glorifient la souffrance.

Selon Beauvoir, l'opprimé est complice de son oppression tant qu'il n'envisage pas de possibilité d'évasion. Les femmes manifestent leur complicité au patriarcat par terreur, peur de privation, nécessité ou conditionnement. Comme le constate Nicole-Claude Mathieu dans *Anatomie politique*, « céder n'est pas consentir ». Il s'agit de leur survie, car le système est encore plus défavorable à celles qui s'y opposent. En-dehors des valeurs patriarcales et des rôles qu'elles assignent, l'individu n'est pas reconnu dans son humanité. Comme Tituba dans le marais, il est isolé ; dans ce contexte, il n'est pas surprenant que Tituba choisisse plutôt l'esclavage que l'isolement perpétuel, incarnation du « choix » millénaire des femmes d'assumer leur rôle dans la famille patriarcale en se résignant au mariage :

> *On se dévoue parce qu'on le veut bien ; on le veut parce que c'est de cette manière qu'on espère récupérer son être* [...][20].

Les femmes sont particulièrement susceptibles d'accepter la servitude comme expression de l'amour. Si l'esclavage est inévitable, autant s'en réjouir que s'engager dans une lutte interminable, tortueuse et futile :

> *Puisqu'elle est de toute façon condamnée à la dépendance, plutôt que d'obéir à des tyrans – parents, mari, protecteur – elle préfère servir un dieu ; elle choisit de vouloir si ardemment son esclavage qu'il lui apparaîtra comme l'expression de sa liberté*[21].

---

19. *Ibid.*, p. 195.
20. S. de Beauvoir, « Pyrrhus et Cinéas », p. 266.
21. S. de Beauvoir, *Le Deuxième Sexe*, tome II, p. 547.

La foi dans le maître est absolue : comme la foi en Dieu, elle permet d'éviter d'affronter les ambiguïtés de l'existence. Tituba doit trouver sa place dans le monde, et la seule possibilité de ne pas être marginale (sorcière crainte des autres noirs) est de devenir esclave. Beauvoir reconnaît l'importance du regard d'autrui. Tituba ressemble à Pyrrhus, qui décide de partir même si ce n'est que pour revenir au point de départ[22]. (Tituba retourne à la Barbade et habite jusqu'à la mort sa cabane dans le marais.) *Moi, Tituba* est un roman qui aborde les grands thèmes de l'existentialisme, y compris le rejet d'une morale absolue.

Toute situation d'oppression exige que l'opprimé croie à sa propre infériorité, étant « *domestiqué par autodépréciation, infériorisé par auto-infériorisation* »[23]. Comme l'affirme Marcuse :

> *Le mouvement de la pensée est arrêté par des barrières qui apparaissent comme les limites de la Raison elle-même*[24].

Ce que Chamoiseau appelle « *l'Électro-monde* » véhicule les valeurs dominantes (l'opinion populaire) qui nous éloignent tous du vrai contact humain et d'une véritable pluralité.

> *Le pays s'était modernisé en abondances à consommer. Nos coutumes avaient muté au rythme de délicieuses importations tandis que nos poèmes dénonçaient des violences coloniales devenues obsolètes*[25].

Enfermés dans la rhétorique du passé, les dominés sont aveugles aux manifestations changeantes de l'oppression. Ceci est le cas lorsqu'on réduit le féminisme à un combat gagné dans les années 1970, en ignorant les disparités actuelles. Certaines villes ont fêté « 60 années d'égalité » pour

---

22. S. de Beauvoir, « Pyrrhus et Cinéas », p. 201. Plutarque donne raison à Cinéas, qui demande à Pyrrhus pourquoi il part à la conquête du monde, si ce n'est pour revenir se reposer (ce qu'il pourrait faire tout de suite). Beauvoir revendique la décision de Pyrrhus, d'agir même si l'action est futile.
23. P. Chamoiseau, *Écrire en pays dominé*, p. 148.
24. H. Marcuse, *L'Homme unidimensionnel*, p. 35.
25. P. Chamoiseau, *Écrire en pays dominé*, p. 216-217.

commémorer l'accès des femmes au suffrage « universel ». Réduisant l'égalité à quelques changements juridiques, les hommes politiques effacent à la fois les combats féministes des années 1970 et le chemin qui reste à faire. Mais plus souvent, l'acquisition du droit à la contraception et l'avortement est citée comme preuve d'égalité acquise. Ainsi est masqué le fait que le patriarcat a su s'adapter aux nouvelles circonstances, invoquant par exemple la « liberté sexuelle » des femmes, pour qu'elles soient toujours disponibles pour leur partenaire (en prenant sur elles le responsabilité d'une contraception qui a des effets secondaires, des inconvénients et des coûts). Bien qu'il soit primordial de se souvenir des luttes de jadis, elles ne décrivent pas la réalité du moment. L'acquisition des droits, si essentielle, doit se conjuguer avec une évolution de fond, pour libérer les pensées de l'emprise patriarcale. Il s'agit, par exemple, d'enseigner dans les disciplines scolaires autant d'autorités féminines que masculines, dans la littérature comme dans toutes les matières, en se débarrassant du mythe que les femmes ont rarement agi, écrit ou publié.

Exilées

La perte de sa place dans la vie sociale, familiale et professionnelle ; le manque d'ancêtres, de religion ou de pays ; l'exclusion sexiste ; l'acte d'écrire l'exil réel et symbolique est un thème récurrent dans le réalisme magique, y compris chez les trois auteurs du corpus. Qui suis-je ? Qui est l'Autre ? La quête de sens mène souvent à un sentiment d'exil, qui maintient un abîme entre soi-même et les autres.

Dans *En attendant le bonheur (Heremakhonon),* Véronica est déçue de sa rencontre avec ses racines africaines et décide de retourner à Paris. Retrouver la terre de ses ancêtres n'est pas une solution viable pour trouver sa place dans le monde. Véronica décide d'accepter l'absence d'aïeux, au lieu de poursuivre des chimères. Dans *Ségou,* Awa, abandonnée à cause de son animisme par un mari devenu un musulman zélé, rêve d'un pays dans lequel les femmes ne seraient pas soumises aux hommes :

> *Existe-t-il des pays où, sous l'excès de la souffrance, de l'humiliation et de la révolte, les femmes donnent la mort aux hommes ? ! Ah ! Rejoindre ce troupeau hirsute de meurtrières !* [26]

Le même thème est abordé dans *Histoire de la femme cannibale*. Lorsqu'on demande à Rosélie après la mort de son mari pourquoi elle reste en Afrique du Sud, pays peu accueillant pour une femme seule, elle répond :

> *Quel lieu de la terre est bienfaisant aux femmes seules ? Dites-le-moi afin que j'y prenne refuge avec mes sœurs, abandonnées comme moi-même. Nous formerons la confrérie des Amazones, sans arcs ni flèches. Ainsi, nous préserverons nos seins droits*[27].

Dans *Moi, Tituba*, Hester rêve, elle aussi, d'une terre des femmes :

> *– Oui, je voudrais écrire un livre où j'exposerais le modèle d'une société gouvernée, administrée par les femmes ! Nous donnerions notre nom à nos enfants, nous les élèverions seules...*[28]

Perpétuelles exilées dans le monde des hommes, les femmes (si elles ont « une chambre à soi ») n'ont toujours pas de pays à elles[29]. Dans *Desirada*, la patronne de Nina comprend la souffrance de sa servante :

> *Nous sommes blanches et nous souffrons le martyre comme toi. Pour nous toutes les femmes, c'est deuil et servitude quand nous n'avons pas l'instruction pour nous libérer*[30].

Dans *Traversée de la Mangrove*, Dinah, négligée par son mari, se plaint à son amant qui lui répond :

---

26. Condé, *Ségou*, tome III, p. 149.
27. Condé, *Histoire de la femme cannibale*, p. 84.
28. Condé, *Moi, Tituba*, p. 160.
29. Ce sens de l'exil se traduit par une désaffiliation avec son pays natal, impliquant une identification plus universelle : « [...] *en tant que femme, je n'ai pas de pays. En tant que femme je ne désire aucun pays. Mon pays à moi, femme, c'est le monde entier* ». Virginia Woolf, *op. cit.*, p. 205.
30. Condé, *Desirada*, p. 196.

[...] *c'est ainsi que nous sommes, nous autres hommes ! Ni la peau, ni les cheveux n'y font quoi que ce soit. Les Blanches en métropole souffrent pareillement. C'est le lot des femmes tout simplement. Nous sommes nés bourreaux. Mais tu es encore jeune et belle. Pourquoi restes-tu à l'attache ? Pourquoi ne t'en vas-tu pas ?*[31]

Elle répond : « *M'en aller ? Où donc ?* ». Où serait-on à l'abri de l'oppression sexiste ? Est-ce dans une transcendance intellectuelle ? Dans *Les Baigneurs du lac Rose*[32], Lénie choisit de consacrer plus d'attention à l'ancien mythe d'un guerrier africain appelé « le Conquérant » qu'à la vie autour d'elle. Même la naissance de sa fille n'est que brièvement mentionnée ; elle part aussitôt à l'étranger à la recherche d'informations sur le Conquérant. La quête visionnaire de l'exilée est axiale dans *Chanson des mal-aimants* de Germain. Juive, Laudes est laissée par ses parents chez des non-juifs pendant la Deuxième Guerre mondiale ; après la guerre, ses parents ne reviennent pas et elle vit grâce à la charité des autres. Une fois adulte, elle erre perpétuellement, se contentant des histoires d'autrui. L'exil est imposé aux protagonistes de NDiaye, soudainement exclues sans savoir pourquoi ; est-ce représentatif du « plafond en verre » qui empêche les femmes d'avancer professionnellement, alors que l'égalité est censée être déjà acquise ?

Un écrivain est-il condamné à un « exil » créatif qui l'empêche de mettre en lumière la totalité de ses pensées les plus profondes ? Est-il toujours étranger dans le pays fictif qu'il invente et habite ? Est-ce encore plus vrai pour une romancière qui, contrainte de se conformer à une « identité féminine » subordonnée par le masculin, est exilée d'elle-même ? Isabelle Eberhardt, exploratrice du Sahara, voulait

Vivre libre, sans attaches, comme le vagabond mais aussi comme l'écrivain libre d'inventer un monde[33].

---

31. Condé, *Traversée de la Mangrove*, p. 106.
32. T. Boni, *op. cit.*
33. I. Eberhardt, *Écrits sur le sable*.

Sa vie de nomade et son identité d'écrivain se complètent, l'évocation des personnages la rapprochant d'elle-même. Elle se construit un personnage d'homme du désert pour accéder à la liberté mais aussi, en allant bien au-delà du simple déguisement, à trouver des aspects d'elles-mêmes que « l'identité féminine » ne permet pas de connaître. Aller à la rencontre des mystères lui ouvre des horizons aussi métaphysiques que physiques. En se souvenant d'une autre façon de vivre, l'exilée prend conscience de sa solitude et de son altérité. Chez Condé, dont les personnages rêvent d'un pays libre des violences et des schismes patriarcaux, l'exil est la condition de toutes les femmes. Chez NDiaye, l'obsession de trouver sa place vient d'un idéal (jamais atteint) du bonheur au sein de la communauté, et de l'incompréhension devant son exclusion. Chez Germain, l'exil est inextricable du sacré lorsque face à soi-même, se nourrissant de son âme, ne connaissant plus de frontières ni de pays, le monde s'ouvre pour laisser percer des lueurs d'unité divine. Il n'existe plus d'hommes et de femmes, mais seulement un émerveillement – évasion d'autant plus tentante pour les femmes qui rechignent à la fois à se battre dans le monde des hommes et à se plier au « rôle féminin ».

Chemin d'une nouvelle jouissance

> *Cette nuit-là, Hester vint s'étendre à côté de moi, comme elle le faisait parfois. J'appuyai ma tête sur le nénuphar tranquille de sa joue et me serrai contre elle. Doucement le plaisir m'envahit, ce qui m'étonna. Peut-on éprouver du plaisir à se serrer contre un corps semblable au sien ? Le plaisir avait toujours eu pour moi la forme d'un autre corps dont les creux épousaient mes bosses et dont les bosses se nichaient dans les tendres plaines de ma chair. Hester m'indiquait-elle le chemin d'une autre jouissance ?* [34]

Ainsi Tituba devient consciente de ses possibilités bisexuelles. Son amante fantôme est aussi réelle que l'était Hester de son vivant ; la mort ne détruit pas un lien d'amour.

---

34. Condé, *Moi, Tituba*, p. 188.

Cette « *autre jouissance* » se présente également dans *Célanire cou-coupé*, *La Colonie du nouveau monde* et *La Migration des cœurs*, où la servante raconte :

> *Elle écartait les cuisses et ma main se fourrait jusqu'à la place la plus secrète de son corps. Cathy, c'était ma maîtresse, mais c'était aussi mon amante, mais c'était aussi mon enfant*[35].

Il s'agit d'illustrer l'intimité entre deux femmes « de couleur » dans une maison « blanche ». Dans *Hilda* de NDiaye, l'homosexualité féminine n'exprime pas de solidarité mais, au contraire, des jeux de pouvoir. Mme Lemarchand réclame sa servante Hilda comme sa femme (jouant sur le double sens du mot), en exigeant non seulement qu'elle ne fasse plus l'amour avec son mari, mais aussi en la déshabillant et en la lavant, prétextant une plus grande connaissance de son corps et de ses désirs. Tandis que les hommes chez NDiaye sont plutôt absents, passifs ou opportunistes, Mme Lemarchand est sincèrement passionnée par Hilda, ou plutôt par l'image d'Hilda qu'elle construit. Cette dynamique rappelle néanmoins un mariage traditionnel, où Hilda remplit le rôle féminin de ménagère et de mère.

Dans *La Femme changée en bûche*, NDiaye dépeint un désir entre femmes qui est à la fois charnel et affectif, et comme dans *Hilda*, axé sur la possession. Les secrétaires du Diable rivalisent pour l'amour de la protagoniste. Les autres secrétaires font semblant de désapprouver les avances de Pesta, mais pas de façon homophobe. En effet, elles réagissent comme si Pesta était un homme, y compris en rejetant la faute sur celle qui subit les avances (la femme tentatrice) :

> *Pesta a retroussé légèrement ma robe et s'est mise à me caresser la cuisse. Nisa, qui levait les yeux juste à ce moment, a claqué la langue d'un air désapprobateur. Et elle me regardait tout en faisant : Tss, tss, comme si j'avais été responsable de l'attitude de Pesta*[36].

---

35. Condé, *La Migration des cœurs*, p. 76.
36. NDiaye, *La Femme changée en bûche*, p. 52.

La narratrice se voit dans la position humiliante d'être tout de même séduite par les caresses de Pesta, qui « *n'est qu'une secrétaire* » (se répète-t-elle pour calmer son ardeur). Dans l'univers opportuniste de NDiaye, la sexualité doit être liée au pouvoir. Il s'agit d'une des rares occurrences chez la romancière où un personnage éprouve du plaisir sexuel. La protagoniste a peur de céder aux désirs de Pesta et d'oublier l'objectif de sa visite.

> [...] *je pouvais m'éterniser des années caressée et dorlotée, et mourant de honte, sous les yeux de Nisa, oubliant le Diable et peut-être à la fin ne croyant même plus tout à fait à son existence, ou lui déniant toute puissance*[37].

Le désir, surtout entre femmes, risque-t-il d'éloigner une conception hiérarchique du monde ? À la fois attirée et révulsée par les gestes de plus en plus insistants de Pesta, la protagoniste finit par convaincre le chat Mécistée (plus haut dans la hiérarchie que les secrétaires) de commander à Pesta de la laisser tranquille. L'amour physique entre femmes est une source de plaisir tourmenté, inséparable d'une dynamique de possession. Comme les hommes qui changent de compagne pour se heurter aux mêmes dilemmes, les femmes peuvent chercher des liaisons avec d'autres femmes, sans s'extraire d'une dynamique de domination. Est-ce un commentaire sur une jeune génération de lesbiennes apolitiques, qui banalisent leurs relations conformément à la norme hétérosexuelle ? Dans un âge d'assimilation, une véritable contestation est de moins en moins possible ; toute nouveauté est traduite dans le langage du discours dominant et, en dehors de ses définitions, réduite au silence. Est-ce que Condé dépeint l'amour lesbien comme force subversive parce qu'elle est d'une génération antérieure ? Perd-il sa subversion dans la revendication contemporaine de « l'égalité » homo-hétéro (schéma dichotomique réducteur) ? Quant à Germain, qui présente la sexualité comme faite de pulsions erratiques, confondant amour et violence, consentement et viol, aucune place n'est laissée au désir entre femmes ; l'occasionnel acte de tendresse entre

---

37. *Ibid.*, p. 53.

amies ne résiste pas aux passions hétérosexuelles toutes-puissantes. La sexualité est une impasse à laquelle aucun personnage de Germain n'échappe, et où les femmes perdent prématurément la vie, éblouies par une force sur laquelle elles n'ont aucune prise. La mort par éblouissement au moment de l'accouchement (chez les épouses successives dans *Le Livre des nuits*, qui bascule dans le surnaturel) symbolise-t-elle le manque de contrôle sur leur corps chez les femmes à la fois privées de contraception et contraintes aux « devoirs conjugaux » ?

Voyeurisme et violence

L'acte sexuel hyperbolique et grotesque, central chez Germain, contribue au caractère réaliste magique de son œuvre. Les copulations excessives et sauvages aboutissent à des naissances terrifiantes et merveilleuses. Bien que ce réalisme magique soit géographiquement éloigné de la nature bourgeonnante de son équivalent sud-américain, la jungle est reproduite dans les relations humaines. L'appétit sexuel de Nuit-d'Or se traduit par la mort de ses épouses, après leurs accouchements, dans un éblouissement extatique. Elles accouchent toujours de jumeaux, à l'exception des triplés d'Hortense (la sauvagerie de leur conception provoquant cet excès). L'acte de l'amour peut être une façon de se perdre, de renouer avec ses origines animales, d'échapper à des situations angoissantes. Extatiques ou douloureuses, parfois les deux à la fois, ces unions ne sont jamais sans conséquences. Les grossesses fréquentes prennent une allure mythique, comme s'il s'agissait du début d'un monde à peupler, pour remplir le vide dans soi. Ephraïm dans *Jours de colère* se perd dans la chair féconde et volumineuse de Reine, comme Septembre et Octobre (*Nuit-d'Ambre*) s'oublient dans l'union avec Douce. Il s'agit d'un retour à la nature primitive et voluptueuse.

Le Livre des nuits commence par une explication des origines nomades de la famille Péniel au XIXe siècle, et la suit jusqu'à nos jours. Venant par la rivière, d'un ailleurs inconnu, Nuit-d'Or s'installe dans une ferme qu'il trouve en suivant un loup. Cette description ressemble à un mythe fondateur, avec même un animal totémique. La famille Péniel et leurs voisins constituent un monde, dans lequel l'extérieur ne pénètre que d'une façon fragmentaire. Comme tout nouveau monde, il se peuple (largement par inceste) d'êtres qui retiennent encore la marque des origines divines : tous les enfants de Nuit-d'Or, qui arrivent par deux (ou trois), ont une tache dorée dans les yeux et sont dépourvus d'ombre.

Chez Condé, l'acte sexuel prend une allure sacrée. Le désir, avant tout, détermine les choix de Tituba. Après les extases de l'amour qui la lie à John Indien et à Benjamin Cohen d'Azevedo, elle retourne à la Barbade et prend pour amant le Marron Christopher, puis le révolutionnaire Iphigene. La sexualité est une entité à part qui, balayant les identités individuelles, n'est aucunement une preuve de la compatibilité des partenaires. Cependant, même dans des structures atypiques, telles que le ménage à quatre des Haïtiens dans *La Colonie du nouveau monde*[38], faire l'amour est un acte sain et revitalisant. Ce ménage comprend deux hommes (l'un est « *Frère Amour* », ancien prêtre catholique) et deux femmes, tous bisexuels. Leur vie solidaire et respectueuse, sans jalousie, contraste avec celle de la communauté d'Aton, où une fillette est fréquemment violée, sans que les adultes s'en aperçoivent. Dans l'œuvre de Condé, les relations peuvent être éphémères ou durables, jusqu'à transcender la mort d'un partenaire, comme c'est le cas avec Hester dans *Moi, Tituba*, et pour la grand-mère de Dorisca dans *La Belle Créole* :

> *En Haïti, c'est une chose qui est courante, fit calmement Dorisca. Toutes les femmes dont les Tontons macoutes ont tué les maris les retrouvent pendant la nuit. La seule chose, elles ne peuvent plus faire d'enfants avec eux*[39].

Dorisca, elle-même, n'hésite pas à faire l'amour avec Dieudonné, qu'elle connaît à peine. Dans *Pension Les Ali-*

---

38. Condé, *La Colonie du nouveau monde*.
39. Condé, *La Belle Créole*, p. 141.

zés⁴⁰, le fait d'être plus ou moins une prostituée n'empêche pas que la protagoniste ait un sens de l'honneur et de la dignité. Elle avoue n'avoir jamais fait l'amour avec un homme dont elle n'est pas amoureuse ; elle se donne juste plus facilement à l'amour. Danseuse nue qui se fait entretenir par des hommes riches, elle refuse de porter une ceinture de bananes ou de prendre un surnom exotique.

Contrairement aux dogmes patriarcaux, l'acte sexuel consenti est pur et innocent. Enfants, Cathy et Razyé font l'amour, sans vraiment savoir ce qu'ils font. À propos de ces expériences, Cathy conclut : « *Qu'on appelle cela vice, si l'on veut. Moi, je sais que c'était innocence* »⁴¹. C'est « *la religion des Blancs* » qui est responsable de la perversion d'un acte naturel :

– *La religion qu'on nous enseigne dans les églises interdit tout ce qui donne du sel à l'existence. À cause d'elle, les besoins de notre corps se transforment en malédictions*⁴².

Ces malédictions peuvent prendre la forme de viols, perpétrés souvent par des Blancs contre des Noires, notamment dans *Moi, Tituba*, *La Colonie du nouveau monde* et *Célanire cou-coupé*.

Chez Germain, la sexualité est explorée comme un mystère susceptible de confondre brutalité et extase. *Chanson des mal-aimants* explore des questions sur la place de l'acte sexuel dans la psyché humaine. La première expérience sexuelle de Laudes est frappante, autant pour la naïveté de la protagoniste que pour l'ambiguïté des événements. Le lecteur peut y voir une scène de viol, mais cela ne vient pas à l'esprit de Laudes. Elle vit sa défloration dans une passivité médusée. Cette réaction contraste avec l'attirance qui la poussa vers l'inconnu qui « *somnolait avec délectation* » près d'une maison désertée dans les montagnes. Elle voit en lui « *quelque*

---

40. Condé, *Pension Les Alizés*, 1988.
41. Condé, *La Migration des cœurs*, p. 99.
42. *Ibid.*, p. 86. Le rejet du christianisme se manifeste aussi dans les contre-prières de Cathy et de Razyé pendant leur enfance. Ils promettent de ne jamais appeler Dieu leur père, parce qu'il ne l'est pas. *Ibid.*, p. 121.

chose de lascif», et le trouve « *beau* » et « *désirable* » ; quelqu'un qui « *savourait l'instant avec sensualité* »⁴³. L'aspect cinématographique de l'œuvre de Germain est apparent lorsque Laudes s'avance vers cette figure endormie, comme dans un film muet, avec quelques bruitages (« *doucement fêlé par la voix des brebis* »). Germain constate que l'image d'un homme couché dans un jardin lui a inspiré *L'Enfant Méduse*. Ici apparaît une image semblable, bien qu'il ne s'agisse plus de l'Ogre violeur d'enfants, mais d'un fainéant, héritier de cette propriété qu'il fait semblant de retaper, afin de se libérer de sa femme et de ses enfants au village. Il est le filleul d'Adrienne, vieille bergère que rencontre Laudes au premier jour de ses règles. Laudes revient pour la voir, mais elle est déjà morte. Ce retour marque une transition à la façon des contes de fées. Lieu du passage de la fillette à l'adolescente, il sert aussi à inaugurer la prochaine étape de sa vie : l'initiation sexuelle.

Laudes est plus intriguée que physiquement attirée ; lorsqu'il défait sa braguette, elle pense à fuir, mais la curiosité la retient : « *Je voulais voir, je suis restée* »⁴⁴. Ignorante de la sexualité en général, et du corps masculin en particulier, Laudes utilise des métaphores de la nature et de la vie rurale, qui correspondent au cadre :

> *Sa verge s'est dressée, un peu à l'oblique, projetant un mince trait d'ombre sur son ventre, comme le style d'un cadran solaire. J'ai souri, amusée*⁴⁵.

Son enthousiasme naïf devant le pénis n'anticipe pas la suite brutale :

> *Soudain l'homme a soulevé son torse tout en arrachant sa veste, il s'est courbé vers moi et m'a saisie par les épaules. [...] Il s'est abattu sur moi en soufflant. Deux sensations aussi nouvelles que violentes m'ont traversée tel un séisme – le poids écrasant de l'homme qui me recouvrait et un déchirement fulgurant au milieu du corps. Je n'ai pas crié, j'avais le souffle coupé. [...] il m'a dit*

---

43. Germain, *Chanson des mal-aimants*, p. 112-113.
44. *Ibid.*, p. 113.
45. *Ibid.*, p. 113.

*avec une intonation de reproche que j'aurais pu le prévenir que j'étais vierge*⁴⁶.

Quelle différence cela aurait-il fait, qu'elle soit vierge ou non ? Dans une société qui classe les femmes comme vierges, putains ou mères, est-il dégoûté de s'être trompé de catégorie ? Son souci de la virginité n'a aucun sens pour Laudes, à qui l'idée n'est pas venue de le mettre au courant. Ceci aurait été d'ailleurs impossible, puisqu'il accomplit cet acte « *en un éclair* ». Est-ce un viol ? Cette interprétation est complexifiée par le fait que la protagoniste finit par jouir et par garder un sens positif de cette expérience, de sorte qu'elle passe un mois dans cette maison et fait souvent l'amour avec lui. Est-ce un commentaire sur la banalité de la brutalité sexuelle, que les femmes sont amenées, faute d'autres modèles, à accepter et même à « aimer » ?

Laudes travaille par la suite comme serveuse dans le Relais des Baladins, élégant bordel tenu par les sœurs Brune et Dora Bellezéheux. Tandis que le consentement est très peu sollicité ailleurs chez Germain, les sœurs Bellezéheux insistent sur ce point, en expliquant aux serveuses que leur rôle « *se limiterait à servir les acteurs improvisant la comédie* ». Laudes assure que

> *ces garanties se sont révélées fiables, je n'ai jamais été importunée au cours des soirées auxquelles j'ai assisté en qualité de domestique*⁴⁷.

En effet, la protagoniste semble plus protégée ici qu'ailleurs. Mais le consentement des participantes, ne fait-il pas partie d'une institutionnalisation futuriste des mêmes brutalités dans leur version politiquement correcte ? Cette question est soulevée notamment dans la scène où une femme se donne, effrayée et passive, à tous les hommes, sous le regard de son mari.

---

46. *Ibid.*, p. 114.
47. *Ibid.*, p. 132.

Bien que les murs et le plafond soient faits de miroirs, les participantes, dans leur proximité obscène et leurs pénétrations illimitées, sont paradoxalement loin de vrais contacts :

> [...] *ils ne se rencontraient pas. Se voyaient-ils seulement ? J'en doute ; ils étaient aveuglés par la fascination, en proie à un délire de fascination qui plombait leurs regards et leurs pensées, les pétrifiait*[48].

Ces morceaux de chair gluante sont comparés aux organismes primitifs des océans, rappelant l'origine de la vie, puis aux machines d'aspect apocalyptique, symboles de la déshumanisation, antithèses de la chaleur humaine. La brutalité moderne s'allie aux pulsions primitives :

> *Les corps n'étaient plus que des machines aux mécanismes affolés, soufflant, grognant, râlant, gloussant et ahanant dans une cacophonie monotone*[49].

Selon Laudes, leur « *quête d'un mystère* », une recherche du « *secret de leur origine* » est vouée à l'échec, puisqu'ils sont « *figés au seuil du mystère qu'ils brûlaient de percer* »[50]. S'enfonçant avec zèle dans les profondeurs physiques des autres, ils ne voient pas les autres profondeurs (l'âme, selon la conception chrétienne de Germain), qui se dérobent à ce contact frénétique.

> *Ces gens-là aussi migraient vers leur source, mais en zigzaguant à travers divers courants, sans boussole ni horloge interne ; c'est pourquoi ils stagnaient, et, faute d'atteindre leur but, tournaient en rond en frétillant dans des eaux glauques*[51].

La quête du spirituel transcende le vocabulaire religieux, et se traduit par métaphore, en l'occurrence sexuelle. Comme chez NDiaye, la quête est d'autant plus illusoire à cause de l'ambiguïté de l'objectif. Germain propose comme réponse le christianisme, tandis que NDiaye laisse la question ouverte.

---

48. *Ibid.*, p. 134-135. La pétrification est de nouveau évoquée, comme dans l'image récurrente chez Germain de la femme de Lot et de la Méduse.
49. *Ibid.*, p. 134.
50. *Ibid.*, p. 135.
51. *Ibid.*, p. 136.

Chez Condé, la paix est trouvée dans l'adaptation des croyances culturelles, comparable au syncrétisme dans *Tobie des marais* et *Jours de colère* de Germain.

Laudes décide de quitter définitivement le Relais des Baladins. Lorsqu'elle fait part de sa décision à Brune, la patronne lui montre l'arrière-scène. De là, les miroirs sont des vitres ; elle et sa sœur surveillent les orgies et règlent la lumière. Tandis que Laudes compare ces orgies à une course au trésor où tout le monde est dupe et heureux dans sa duperie, Brune constate que « *la liberté ici règne dans la paix et la joie* »[52]. Cette phrase rappelle la réflexion d'Herbert Marcuse : la subversion (dans l'érotisme, dans l'art, dans la raison) n'est plus possible dans une société technocratique. Toute tentative subversive est incorporée dans la « machine » de cette société. Toutes sortes de contradictions existent paisiblement dans une joie fabriquée, toujours encadrée. Toute tentative d'agir en dehors de ce cadre est immédiatement assimilée aux structures qu'elle essaie de contester :

> *Ce ne sont plus les images d'une autre manière de vivre mais plutôt des variantes ou des formes de la même vie ; elle ne servent plus à nier l'ordre établi, elles servent à l'affirmer*[53].

Au premier regard, le « *vivarium* » de Germain semble symboliser la façon dans laquelle notre société évolue (ou stagne) dans ses mœurs sexuelles. Cette scène illustre aussi la déshumanisation de l'acte sexuel, dans notre âge de machines et d'interchangeabilité, dans lequel rien n'est sacré et la sexualité affichée partout, réaction violente contre les tabous de jadis. Or, Germain est critiquée pour sa mise en scène des pulsions sexuelles qui priment sur d'autres rencontres possibles entre les sexes :

> *Presque chaque fois que deux personnes de sexe différent se trouvent en présence l'une de l'autre, elles s'accouplent sans plus tarder*[54].

---

52. *Ibid.*, p. 149.
53. H. Marcuse, *op. cit.*, p. 84.
54. J.L. Picoche, « Sylvie Germain et la littérature hispanique », p. 93.

Cependant, l'hypersexualisation sert surtout à illustrer un mécanisme du paradigme de domination. Du mirage de libération sexuelle résultent des insatisfactions assez semblables à celles qu'occasionne la répression, car la sexualité ne peut pas se libérer à l'intérieur d'une société patriarcale, où les relations sexuelles sont soumises aux rôles masculins et féminins conditionnés (initiation sexuelle des garçons par la pornographie, glorifiant la dégradation des femmes...). Les orgies sont non seulement une description hyperbolique des relations sexuelles mais aussi un résumé de la déshumanisation actuelle. Il s'agit du même paradigme que décrit Marcuse, en affirmant que la concentration de l'énergie érotique dans des pulsions génitales empêche une véritable transcendance qui peut aboutir aux changements profonds des structures sociales, encore ancrées dans la famille nucléaire. La sexualité, jadis propice au renversement d'un paradigme, sert à l'affirmer ; comme l'art, elle est désormais au service de l'ordre dominant.

> *La société avec sa faculté d'absorption, épuise les contenus antagoniques de l'art en les assimilant [...] les œuvres et les vérités les plus contradictoires coexistent paisiblement, dans l'indifférence*[55].

Cette indifférence est la même que ressentent les participants aux orgies :

> [...] *les partouzeurs se montraient d'une grande tolérance, car d'une totale indifférence en général les uns à l'égard des autres*[56].

Ceux qui restent à l'écart sont ignorés jusqu'à ce qu'ils s'assimilent, eux aussi, à cette grande machine de bruit cacophonique mais de fonctionnement harmonieux :

> *Ils n'appréciaient que les fruits mûrs, laissant aux verts et aux blets le temps de se mettre à l'unisson*[57].

L'unisson est primordial dans l'uniformité heureuse de la machine. Selon Marcuse, la tolérance apparente

---

55. Marcuse, *op. cit.*, p. 86.
56. Germain, *Chanson des mal-aimants*, p. 149.
57. *Loc. cit.*

est une tolérance forcée – forcée non par quelque agent terroriste, mais par le pouvoir et l'efficacité écrasante, anonyme de la société technologique[58].

Sachant que tromper le vide n'est pas la même chose que le remplir, Laudes démissionne, ne pouvant pas résoudre l'énigme des rituels orgiastiques – cette complicité des partouzeurs dans leur duperie. Dans le Relais des Baladins, le voyeurisme existe sur plusieurs plans : les propriétaires surveillent les partouzeurs, le mari regarde de près, la narratrice de plus loin, et le lecteur avec la narratrice. Est-ce un commentaire postmoderne sur le lecteur comme voyeur ? N'importe quelle scène d'amour dans la littérature possède un côté voyeuriste, puisque le lecteur dévoile l'intimité des autres. Il s'agit d'un voyeurisme plus déshumanisant que celui de *Jours de colère*, qui se situe à une époque pré-technologique. Huguet Cordebugle, vieux garçon, s'étonne devant le spectacle de deux jeunes amants dans un champ. Il voit

> *Comment ce corps savait étreindre, se refermer, brutal, et retenir sa proie entre ses membres avec une avide et terrible douceur*[59].

Pour un instant, c'est l'homme qui est la proie. Cependant, lui aussi mélange brutalité et passion :

> [...] *il empoignait l'autre, et la tenait, et la heurtait à coups de reins de plus en plus précipités*[60].

Huguet Cordebugle vit à travers Camille et Simon une expérience érotique ; il est également capable de les protéger lorsqu'ils fuient Ambroise Mauperthuis. Il les cache dans une pièce qu'il a décorée avec des sous-vêtements féminins volés. (Alors que les villageois supposent qu'il les utilise de « façon honteuse », il les coud laborieusement, fabriquant des dentelles extravagantes pour décorer une chambre dans laquelle il se permet une fois par mois, pour rompre avec une existence bien rude, de dormir entouré de la beauté et de la douceur féminines.) Bien qu'il donne un sens vulgaire à un acte sexuel

---

58. Marcuse, *op. cit.*, p.250.
59. Germain, *Jours de colère*, p. 167.
60. *Loc. cit.*

autrement décrit comme sacré (il appelle Camille « *la belle putain* »), il est discret et obligeant.

Chez NDiaye, la sexualité se conjugue également au voyeurisme. Max, manager d'hôtel, manipule son employée naïve, Rosie Carpe, afin qu'elle s'accouple avec lui devant une caméra pour faire un film pornographique. Alors qu'elle croit d'abord à une histoire d'amour, Rosie s'aperçoit finalement que Max est payé pour cela, et qu'il n'a aucune intention de partager les bénéfices. Max, ainsi que la dame qui les filme, prétendent que tout est fait pour le seul plaisir de Rosie. La pornographie transpose sur les femmes le mythe d'une insatiabilité sexuelle qui autorise tout à leur égard, même le viol[61]. Rosie déteste ces séances, mais se trouve dans l'incapacité de protester. Sa réaction se rapproche de celle de Lucie dans *L'Enfant Méduse* de Germain, jusqu'au fait qu'elles emploient toutes les deux le terme « ogre » pour leurs agresseurs, et qu'elles ne possèdent pas les mots pour les arrêter. Rosie

> [...] *écoutait, tassée au fond de son lit, et se disait dans un frisson de tout son grand corps hérissé et recroquevillé qu'elle allait voir entrer silencieusement les deux ogres et que, dès lors qu'ils surgiraient de la pénombre, il serait trop tard pour les repousser, qu'elle n'avait pas de voix pour le faire, pas de mots pour dire qu'elle ne les voulait plus chez elle, en elle* [...][62].

Quant à Lucie, elle « *attend comme attendent les proies qui ne peuvent s'enfuir* »[63]. Les deux victimes sont médusées par le pouvoir social et familial que détient l'agresseur. Rosie croit au « vrai amour » scellé par l'acte sexuel, tandis que Lucie sait que leur estime pour son frère empêcherait les adultes de croire qu'il est un « ogre ». Comme le demi-frère violeur, Max et la cinéaste bénéficient d'une position d'autorité vis-à-vis de Rosie, qu'ils parviennent à mystifier, l'enfermant dans un silence qui l'éloigne de ses propres sentiments. Son malheur même est tourné en dérision lorsque la cinéaste fait

---

61. Andrea Dworkin, *Pornography*, 1981 ; Laurent Guyenot, *Le Livre noir de l'industrie rose*, 2000.
62. NDiaye, *Rosie Carpe*, p. 78.

pleurer Rosie, en lui parlant de son frère disparu, puis lui demande de verser quelques larmes, afin de les rattraper avec sa langue[64]. Lorsqu'elle est enceinte, ce n'est pas la maternité qui effraie Rosie, mais le fait d'accoucher d'un enfant conçu dans d'aussi horribles circonstances. Elle accepte, cependant, d'élever son fils, en espérant toujours que Max quittera sa femme pour l'épouser. Au mariage de Max avec une autre femme, elle boit jusqu'à l'inconscience. Ce n'est qu'en découvrant qu'elle est de nouveau enceinte qu'elle comprend qu'un rapport sexuel a eu lieu pendant cette soirée effacée de sa mémoire. Rosie Carpe est dupe ; ce rôle chez NDiaye n'est pas toujours attribué aux femmes (bien qu'elles en subissent les plus lourdes conséquences). Dans *La Femme changée en bûche*[65], Esmée oblige son fiancé Stéphane Ventru à la regarder faire l'amour avec d'autres hommes. Elle commence par avouer à son fiancé :

> *Je t'ai trompé dans la cuisine du café avec le serveur au cou épais. Il m'a donné plus de plaisir en vingt minutes que toi depuis que nous nous connaissons. Aussi je ne le regrette pas. Mais il m'a fait savoir que c'est à toi que je tiens. Alors dis-moi ce que tu veux que je fasse et je le ferai. Or Stéphane Ventru fut très abattu*[66].

La cruauté d'Esmée est acceptée par Stéphane, qui se rend complice de sa propre torture. Esmée fait l'amour avec un autre pendant que Stéphane est dans la chambre et n'essaie ni de les arrêter, ni de partir[67]. Il se résigne au rôle de voyeur et au fantasme d'être lui-même cet homme.

Chez Germain, l'orgie représente la version profane et consumériste du désir d'unité exprimé traditionnellement par la religion. Chez Condé seule, la sexualité continue à représenter une véritable potentialité subversive, notamment à l'égard des valeurs chrétiennes et coloniales. Dans l'univers fictif de NDiaye, l'individu a besoin d'être accepté par son

---

63. Germain, *L'Enfant Méduse*, p. 99.
64. NDiaye, *Rosie Carpe*, p. 79.
65. NDiaye, *La Femme changée en bûche*.
66. *Ibid.*, p. 101.
67. *Ibid.*, p. 103. Voir aussi p. 112, où Stéphane Ventru agit enfin.

entourage et de s'assurer une place dans la famille et dans la communauté. Tel est le cas de Fanny, qui accepte les avances de son oncle Georges. L'attirance réelle se manifeste rarement, tout étant une question d'intérêts. Esmée est une exception : elle semble rencontrer le serveur pour le plaisir seul ; Maman aussi, qui semble aimer Papa malgré les avanies qu'il continue à lui infliger. La priorité est la cohésion sociale, lorsque les héroïnes acceptent tout sacrifice dans l'espoir d'être plus que des fantômes. De ce fait, le couple n'est jamais isolé de son entourage, même dans l'acte sexuel ; le résultat en est le voyeurisme. La banalisation de l'acte sexuel à notre époque, dans la fiction comme dans la vie, ne fait-elle pas de nous tous des voyeurs plus ou moins consentants ?

Troisième partie

Résistance et recréation

I- Croyances : puissance ou pouvoir

> *Je n'ai pas été assez palestinien en Israël. Pas assez juif en Allemagne [...] Pas assez gay à San Francisco. Pas assez paysan face au béton désertifiant des villes. Pas assez chômeur dans cette merde libérale. Pas assez femme un peu partout...* [1].
>
> *Et nous voilà penchés sur le berceau. Et de demander : c'est une fille ? Surtout pas d'erreur ! Rose ou bleu ? Vite, les signes. Avez-vous bien mis votre sexe ce matin ?* [2]

Du panthéisme au puritanisme

Moi, Tituba met en scène la lutte entre le puritanisme américain et la magie afro-antillaise. Satirique, hyperbolique, burlesque, il compare la vision harmonieuse et humaniste de celle-ci à la cruauté et à l'hypocrisie de l'autre. Tandis que les Puritains sont obsédés par le Mal et par le refoulement de la (et de leur) nature, les croyances de Tituba, esclave « sorcière » sont axées sur la guérison et la jouissance. Alors que Tituba croit en la sensualité, la compassion et la continuité de la vie après la mort, le puritanisme prêche la chasteté, la domination et la damnation. Condé retourne contre les Puritains les accusations qu'ils ont portées contre Tituba (personnage historique recréé). Tandis que les Puritains tentent maladroitement d'employer la magie pour se venger les uns des autres, Tituba est ironiquement une des rares innocentes. *Moi, Tituba* commente le présent, tout en mettant en

---

1. P. Chamoiseau, *Biblique des derniers gestes*, p. 733-734.
2. H. Cixous, p. 36.

scène le plus célèbre procès nord-américain de sorcellerie, jugé à Salem (Nouvelle-Angleterre) en 1692 ; l'esclave Tituba figurait parmi les accusées. Dans le roman de Condé, Tituba est torturée par trois pasteurs qui veulent qu'elle avoue avoir provoqué les crises d'hystérie chez des jeunes filles du village. Les enjeux ne sont pas spirituels mais politiques : ces crises embarrassent les pasteurs puisqu'elles stigmatisent la communauté placée sous leur responsabilité. Contrairement à ce qui se passait en Europe, où une sorcière qui avoue était exécutée, Tituba obtient sa liberté en racontant ce que ses accusateurs veulent entendre. Ainsi la communauté est absoute ; elle est rassurée puisque le mal vient de l'extérieur, incarné dans le personnage d'une esclave noire et étrangère.

Dans l'optique de l'affrontement entre deux religions, un nouveau regard est porté sur l'histoire (la vie de Tituba étant typiquement résumée par ces quelques mots : « *Tituba, une esclave originaire de la Barbade et pratiquant vraisemblablement le hodoo* »[3]). *Moi, Tituba* est une critique non seulement du passé, mais surtout du racisme, du sexisme et de l'hypocrisie qui persistent dans les États-Unis de nos jours. À cet égard, Condé constate qu'« *en terme d'étroitesse d'esprit, d'hypocrisie, et de racisme, peu de choses avaient changé depuis l'époque des Puritains* »[4]. Les oppressions raciste et sexiste prennent simplement des formes plus subreptices. Résidant aux États-Unis pour la première fois lorsqu'elle écrit *Moi, Tituba*, Condé exprime son ressentiment à travers ce roman, exorcisant de façon ludique sa frustration[5]. Le mépris qu'elle montre pour son pays de résidence se manifeste dans les réflexions anachroniques de Tituba (dont le fait d'être morte semble accroître les capacités à prévoir l'avenir). Elle s'interroge sur le destin de son compagnon, John Indien :

---

3. Condé, *Moi, Tituba*, p. 231.
4. Interview de Condé par A. Scarboro, p. 107.
5. « *Toujours est-il que l'Amérique tire d'elle en 1986 – donc au début de ses séjours – l'une de ses rares déclarations péremptoires et sans nuances ; "je détestais tellement la société américaine que cela s'est traduit dans (Tituba)"* » Ibid., p. 166 (citation de Condé dans *Jeune Afrique*, 15 oct. 1986).

> *Que devenait-il dans cette froide et funeste Amérique ?*
> *Je savais que, de plus en plus nombreux, les négriers venaient accoucher sur ses côtes et qu'elle se préparait à dominer le monde, grâce au produit de notre sueur. Je savais que les Indiens étaient effacés de sa carte, réduits à errer sur ces terres qui avaient été les leurs.*
> *Que faisait John Indien dans ce pays si dur aux nôtres ? Si dur aux faibles ? Aux rêveurs ? À ceux qui ne mesurent pas l'homme à son bien ?* [6]

Elle condamne le matérialisme et le conservatisme de l'actuelle hyper-puissance américaine, bâtie sur l'esclavage et le génocide. En même temps, Condé réhabilite la figure de sorcière : guérisseuse et sage-femme, gardienne des croyances panthéistes de l'Afrique. Le mot « sorcière » est souvent employé, alors que des termes spécifiques tels que « vaudoo » ne le sont jamais. Ceci permet d'évoquer plutôt une problématique globalement féminine qu'un contexte spécifiquement afro-antillais.

Tituba considère la religion chrétienne comme la plus rude oppression de sa vie d'esclave. Elle ne trouve pas d'allié dans John Indien, son mari. Convaincu que la seule obligation de l'esclave est de survivre, il se fait la marionnette des maîtres. Rétrospectivement, Tituba constate que ce n'est pas le statut d'esclave de John Indien qui aurait dû la faire fuir, mais plutôt son attitude envers ce statut. Loin de se révolter, John Indien professe tellement son adhésion aux idées des maîtres qu'il semble croire sincèrement à leurs valeurs et notamment à leur religion. Lorsqu'il dit : « *nous irons à l'église ensemble, je t'apprendrai les prières...* », Tituba s'adresse ainsi au lecteur :

> *J'aurais dû fuir n'est-ce pas ? Au lieu de cela, je restais là, passive et adorante*[7].

Tituba ne sait pas encore ce que sont l'église et les prières, mais sollicite rétrospectivement l'adhésion du lecteur (« *n'est-ce pas ?* »), qu'elle suppose partager ses idées sur le christianisme et l'oppression des femmes. Certaines des ré-

---

6. Condé, *Moi, Tituba*, p. 261.
7. *Ibid.*, p. 36.

flexions de Tituba sont anachroniques, de sorte qu'il s'agit non seulement d'une révision de l'histoire, mais aussi de ses implications sur le présent[8]. La réaction de Tituba lorsque John Indien lui expose les bases du christianisme est toute de perplexité. John Indien lui demande si elle sait :

> *comment notre père Adam a été précipité du paradis terrestre par la faute de notre mère Ève...*[9]

Cette révélation de l'attitude biblique envers les femmes, notamment que tout est de leur faute, est plus ou moins internalisée par cet esclave favori des maîtres. Contrairement à Tituba, influencée par les contes africains et les initiations à la magie, John Indien fut élevé par sa maîtresse Susanna Endicott, loin de son continent d'origine. Ainsi a-t-il intériorisé les structures de domination. Enfermé dans l'égoïsme puéril attendu des esclaves, John Indien ne saura jamais comprendre la révolte intérieure de Tituba, avec ses désirs de justice. Tituba le soupçonne même de la trahir lorsqu'elle est en prison.

Le résumé de la *Genèse* que lui fait John Indien, tellement différent des enseignements de Man Yaya, n'a aucune résonance pour Tituba, qui se demande : « *Quelle étrange histoire me chantait-il là ?* »[10]. Inconsciente du pouvoir que cette religion exerce depuis deux mille ans, Tituba considère

---

[8]. La valeur de ces anachronismes intentionnels n'est pas toujours prise en compte. À propos du désir de libération chez les femmes dans *Ségou*, l'épopée africaine de Condé, Anne-Marie Jeay remarque : « *Cette idée m'apparaît comme excessivement moderne pour le contexte du roman, c'est le discours des féministes africaines ou européennes sur la femme africaine opprimée par le mâle et non pas le discours plausible d'esclaves bambara du XIXe siècle* ». A.M. Jeay, « *Ségou, les murailles de terre* : Lecture anthropologique d'un roman d'aventure », 1985, p. 134. Cependant, la valeur de *Ségou* ne réside pas uniquement dans son intérêt historique ou ethnographique, car, comme le démontre A.M. Jeay elle-même, les documents sont déjà abondants ; elle réside dans le fait de les avoir rendus accessibles, de faire résonner le Ségou des siècles derniers pour le lecteur contemporain. Mais aussi, à travers le roman historique, Condé porte son regard sur notre temps, voire sur les problèmes existentiels des hommes et des femmes de toute époque. Cette stratégie est plus explicite dans *Moi, Tituba*.
[9]. Condé, *Moi, Tituba*, p. 36.
[10]. *Ibid.*, p. 37.

d'abord le christianisme comme une simple anomalie. Pour elle, le monde est loin d'être le profane résultat d'une faute qui a séparé Terre et Paradis. Dans son expérience, les royaumes des vivants et des morts s'entremêlent librement, et les malheurs du monde sont le résultat de l'esclavage, non de la volonté divine. Les femmes, ayant moins de pouvoir que les hommes, semblent moins responsables de telles injustices. Ainsi, que la faute vienne de la femme est d'autant moins logique. Pour Tituba, le christianisme est bientôt plus qu'une « *étrange histoire* » ; il lui apparaît comme profondément répugnant et oppressif. Lorsque John Indien essaie de lui faire réciter :

> — *Je crois en Dieu, le Père Tout-puissant, Créateur du ciel et de la terre et en Jésus-Christ, son Fils unique, Notre Seigneur...,*

la réaction de Tituba est de révolte :

> *Je secouai frénétiquement la tête :*
> — *John Indien, je ne peux répéter cela !* [11]

La toute puissance d'un créateur masculin et de son fils est un sacrilège pour Tituba, habituée à une religion panthéiste représentée par Man Yaya. John Indien avoue ne pas y croire non plus, mais il estime que la vie de l'esclave est plus facile s'il joue le rôle que le maître lui assigne. Tituba, en revanche, décèle dans cette religion non seulement de l'absurdité, mais aussi du danger dans la mesure où elle renferme des prétextes à l'esclavage et à l'oppression des femmes. Cette critique du christianisme, comme celle d'autres croyances de masse, est récurrente dans l'œuvre de Condé : par exemple, dans *La Migration des cœurs*, adaptation antillaise des *Hauts de Hurlevent*, la protagoniste Cathy s'adresse ainsi à sa servante :

> *Tu vois, depuis petite, je me demande si la religion chrétienne n'est pas une religion de Blancs faite pour les Blancs ; si elle est bonne pour nous autres, qui avons du sang d'Africain dans les veines. [...] La religion qu'on nous enseigne dans les églises in-*

---

11. *Ibid.*, p. 47.

terdit tout ce qui donne du sel à l'existence. À cause d'elle, les besoins de notre corps se transforment en malédictions[12].

Bien que *Moi, Tituba* semble hyperbolique dans sa façon de décrire les Puritains, leur mode de vie lui-même est réellement axé sur la damnation. Leur théocratie est telle que nul aspect de la vie n'échappe à l'emprise absolue de Dieu sur l'humanité. La doctrine puritaine mélange aux croyances moyenâgeuses une variante du calvinisme. Les « Cinq Points de Synode » de 1619 sont le fondement de cette doctrine. Ces points sont représentés par les initiales « TULIP » en anglais, pour que tout Puritain puisse les apprendre par cœur :
- le péché est l'essence même de la condition humaine ;
- le libre arbitre n'existe pas ; tout être humain est esclave de la volonté de Dieu, qui choisit au hasard ses élus ;
- la rédemption par le Christ n'est possible que pour les élus ;
- rien ne peut influencer la volonté de Dieu (quant au choix des élus) ;
- l'élu reste élu quoi qu'il fasse, et le non élu reste non élu[13].

La tautologie de ces cinq points met en avant son fatalisme : aucune action humaine ne peut influencer Dieu, qui est le seul et absolu responsable de toute destinée humaine. La plupart des êtres humains sont damnés quoi qu'ils fassent. Quant aux élus, ils peuvent se comporter sans aucune contrainte morale, puisque Dieu continuera de les soutenir, les actions des élus étant toujours saintes. Ainsi, cette doctrine entraîne « *le rejet total de toute éthique* »[14]. (Le sentiment d'être damné d'avance n'est pas propice aux bonnes actions.) En propageant l'idée que l'être humain est essentiellement et irrévocablement maudit, le puritanisme entraîne non seulement le désespoir, mais aussi la haine et la vengeance. Ainsi le génocide commis par les Puritains sur des tribus indiennes

---

12. Condé, *La Migration des cœurs*, p. 86. Emily Brontë, *Les Hauts de Hurlevent*, 2000 (1847).
13. Jean-Pierre Martin, *Le Puritanisme américain en Nouvelle-Angleterre (1620-1693)*, 1989, p. 77-78.
14. *Ibid.*, p. 78.

s'inscrit dans la volonté divine, puisqu'il résulte de la volonté des élus. Tous les Puritains ne sont certainement pas des élus ; cependant, les non puritains n'ont absolument aucune chance de l'être. L'intolérance de Dieu envers les non élus (doctrine théologique) est reproduite par les Puritains (codes juridiques) ; cette religion encourage la persécution de tous ceux qui manifestent d'autres croyances. Ceux qui sont soupçonnés d'avoir des croyances non orthodoxes sont souvent les Puritains eux-mêmes, qui s'accusent les uns les autres.

Puisque Dieu condamne les non élus, les éliminer équivaut à aider Dieu à accomplir sa mission. Ainsi en 1637, le capitaine Mason, soutenu par des révérends locaux, encercle avec son armée le campement des indiens Péquots et y met le feu. La tribu est brûlée vive et ceux qui tentent de s'échapper sont poignardés. Les Péquots sont « *effacés de la terre* » comme s'en vante le capitaine. Selon lui, Dieu serait heureux de ce bannissement du peuple de Satan. La même année qu'est perpétrée cette atrocité génocidaire, la sage-femme Anne Hutchinson est bannie pour avoir organisé un groupe de discussions théologiques entre femmes ; elle est accusée d'avoir interprété fautivement la parole divine. Le fait qu'elle accouche d'un bébé mort (et dit difforme) pendant la période de son procès est considéré comme une preuve de sa culpabilité[15]. Son cas est interprété comme illustration de l'hérésie innée des femmes ; sa mauvaise interprétation de la parole divine est liée à sa sexualité (on prédit qu'elle deviendrait adultère si elle n'était pas bannie)[16].

Se fier aux idées toutes faites, que ce soit dans le christianisme, le féminisme ou la Négritude, est toujours considéré comme destructeur dans l'œuvre de Condé, puisque l'individu perd ainsi son autonomie. La dualité dans *Moi, Tituba* ne dresse pas le puritanisme contre une religion afro-antillaise, mais contre les convictions personnelles de Tituba, certes influencée par ses origines. Héroïne existentialiste, Tituba

---

15. A. Rich, *op. cit.*, p. 131-134.
16. Ann Kibbey, *The Interpretation of Material Shapes in Puritanism*, 1986, p. 1.

assume toute la responsabilité de ses décisions morales et de ses actes.

Dans *La Colonie du nouveau monde*[17], un culte inspiré de l'Égypte antique accorde à son prêtre, Aton, le statut du dieu soleil. Ce culte sert de prétexte pour fuir des réalités auxquelles Aton et ses adeptes ne veulent pas se confronter, telles que le racisme. Mais les croyances afro-centrées ne sont guère préférables au christianisme, surtout pour les femmes. Tiyi, « épouse du soleil », perd sa foi dans les pouvoirs de son mari et, accablée par la misère, se renferme sur elle-même. Ainsi elle n'est pas plus consciente que lui d'un grave danger : sa fille de onze ans est violée par Rudolf, jeune Allemand venu pour participer au culte (mais surtout pour recommencer sa vie, ayant déjà provoqué la mort d'une autre fillette noire, en Allemagne). Les croyances qui remettent en valeur l'Afrique et la nature ne sont pas plus libératrices que les dogmes dominants ; autant imprégné d'hypocrisie, leur culte est simplement moins puissant. Non seulement un homme blanc y est responsable de la mort d'une fillette noire, mais ce crime reste impuni, un homme noir en étant accusé à tort. Le culte du soleil maintient la domination masculine, dans un schisme entre les besoins matériels (responsabilité de la femme) et l'âme (domaine de l'homme). Aton renonce aux responsabilités matérielles, avec de graves conséquences sur la petite communauté qu'il est censé gérer. Bien qu'Aton soit sincère dans sa foi (qualité absente chez les chrétiens dans l'œuvre de Condé), son culte n'aboutit qu'au malheur.

La désillusion de Condé, qui chercha en Afrique la terre-mère noire, pour conclure qu'aucune terre n'appartient aux femmes, est apparente dans ses œuvres et suggéré par son parcours personnel entre trois continents. Dans *Les Derniers Rois mages* [18], les croyances de Debbie portent également sur une recherche de spiritualité en dehors des religions dominantes. Cette Afro-américaine, caricature d'une universitaire politiquement correcte, souhaite renouer avec ses origines en perpétuant le culte de l'ancêtre de son mari, Spéro. Autour de

---

17. Condé, *La Colonie du nouveau monde*.
18. Condé, *Les Derniers Rois mages*, 1992.

cet ancêtre, un roi africain, s'établissent des mythes rapportant des unions entre femmes et panthères. Pour le petit Spéro, ces histoires ne sont pas moins crédibles ni plus déconcertantes que celles de la Genèse biblique qu'il apprend en même temps.

Dans *Ségou* [19], les religions traditionnelles sont également présentées avec ambivalence. Bien qu'elles soient généralement préférables à l'islam ou au christianisme, toute religion officielle véhicule la domination masculine. En revanche, certaines croyances, pouvoirs et pratiques indépendants des autorités religieuses peuvent être bénéfiques pour les deux sexes. Condé n'a pas échappé à la critique des spécialistes qui l'ont accusée de présenter la religion bambara avec un exotisme relevant du sensationnel et de :

> [...] *tronque[r] la pensée bambara en la privant du symbole, n'en montrant que la grossièreté matérielle. Même l'abbé Henry n'était pas allé aussi loin dans le "fétichisme" bambara !* [20]

Mais *Ségou* s'intéresse moins à l'exposition des faits culturels qu'à l'interrogation du présent. L'œuvre de Condé refuse volontiers le dogme de la véracité historique, et remet intentionnellement à la surface les stéréotypes.

Comme Condé, des auteurs contemporains tels que Rushdie et Atwood ont recours à la satire pour relever les contradictions intrinsèques aux religions dominantes. Atwood décrit les déambulations théologiques d'une enfance catholique, suggérant l'absurdité de cette foi :

> *Si le paradis est un bon endroit et s'il est préférable à la terre, pourquoi est-ce mal de tuer les bonnes gens ? N'est-ce pas plutôt un service à leur rendre ? Ce ne devrait être mauvais que de tuer les mauvais gens. Par contre, s'ils étaient suffisamment mauvais, ils méritaient certainement d'être tués. Ainsi, le meurtre de bonnes ou de mauvaises personnes était au fond un bien [...]* [21]

---

19. Condé, *Ségou*.
20. A.M. Jeay, *op. cit.*, p. 124.
21. Margaret Atwood, *La petite poule rouge vide son cœur*, p. 99-100.

Comme Tituba, l'enfant confronté pour la première fois aux dogmes chrétiens découvre d'étranges histoires remplies de contradictions. Mais la plus acerbe des critiques du christianisme par Atwood se trouve dans *La Servante écarlate*[22]. Dystopie sur la prise du pouvoir par les intégristes chrétiens aux États-Unis, ce roman décrit surtout la perte totale d'autonomie chez les femmes. Du jour au lendemain, un retour aux lois de l'Ancien Testament est imposé, grâce à un piratage informatique. Les intégristes réussissent d'abord à bloquer les comptes bancaires de toutes les femmes. Ensuite, ils les enferment dans des camps de rééducation, ou leur assignent directement une des fonctions féminines prescrites par le nouvel ordre. La narratrice, après une tentative d'évasion vers le Canada avec son compagnon et leur fille, se retrouve dans un camp de rééducation pour de futures servantes qui ne valent plus que par leur utérus[23]. Ce roman, qui pousse le réalisme jusqu'aux descriptions détaillées de lieux connus (la tête de l'opération est à l'Université de Harvard), alerte contre les dangers de l'intégrisme aux États-Unis et ailleurs. Cette admonition implicite semble prophétique, car une prise de pouvoir semblable a eu lieu en Afghanistan. En 1996, les femmes, qui jouissaient d'une indépendance comparable à celle des Occidentales, furent subitement renvoyées de la sphère publique. Une d'entre elles se souvient de l'apparition, un matin, du drapeau blanc des Talibans sur les écoles et les mosquées, signifiant la fin de la liberté[24].

Les incohérences dans les religions monothéistes se justifient par des concepts tels que mystère, foi et volonté de Dieu, qui masquent des intérêts politiques. Dans *Les Versets sataniques*, Rushdie montre comment ces concepts ont servi, dès le début, à manipuler les masses. Une partie du roman raconte les rêves de Gibreel Farishta, dans lesquels il joue le

---

22. Atwood, *La Servante écarlate*.
23. Atwood s'inspire du récit biblique de Saraï, femme stérile qui « donne » à son mari sa servante : « et Saraï dit à Abram : *Vois, je te prie : Yahvé n'a pas permis que j'enfante. Va donc vers ma servante. Peut-être obtiendrai-je par elle des enfants* ». Genèse, XVI, 2. *La Bible de Jérusalem*, 2000, p. 54.
24. Latifa, avec la collaboration de C. Hachemi, *Visage volé*, 2001.

rôle d'un archange, voix du prophète Mahound. Ce dernier est un homme d'affaires qui utilise le prétexte des prophéties et de la volonté divine pour s'assurer de la richesse et du pouvoir, tout en étant l'instigateur d'un nouvel ordre sociopolitique. Des thèmes actuels (postcolonialisme, immigration et racisme), se juxtaposent à la dénonciation des récits coraniques. Après la *fatwa* lancée par l'ayatollah Khomeiny en 1989, qui a contraint Rushdie à une décennie de clandestinité, ce dernier a regretté que son roman ne puisse pas toucher davantage la population musulmane immigrée à laquelle il est largement destiné. Les intentions de Rushdie étaient de :

[...] *créer un langage et des formes littéraires dans lesquels l'expérience des peuples autrefois colonisés et toujours défavorisés pourrait trouver une pleine expression*[25].

Il décrit son roman comme « la vision du monde d'un émigré », bafoué par le racisme et la xénophobie, ainsi que par son conditionnement culturel et des traditions répressives, que son déracinement l'oblige à affronter. La religion oppressive d'un côté, la désacralisation de la vie en Occident de l'autre, il n'est pas surprenant que l'immigré devienne schizophrène.

Devenir femme ?

Dans *La Sorcière* de NDiaye, Lucie, ménagère de banlieue dévouée à une famille indifférente, possède des pouvoirs de voyance qui lui permettent de prévoir uniquement des faits insignifiants. Ainsi, elle éprouve un sentiment ambivalent vis-à-vis de « *l'indispensable mais imparfaite puissance dont étaient dotées depuis toujours les femmes de [sa] lignée* »[26]. Elle est passionnément attachée à la transmission de ce don, qu'elle considère comme « *une obligation sacrée* » (p. 10). Chez ses filles jumelles Maud et Lise, les dons occultes prennent de l'ampleur. Ayant appris de Lucie à voir dans l'avenir,

---

25. S. Rushdie, *Patries Imaginaires*, p. 419.

elles acquièrent bientôt la capacité de se transformer en corneille. Cette métamorphose semble signifier un refus de « devenir femme », afin d'éviter le destin peu glorieux de Lucie, caractérisé par les corvées, l'ennui et l'enfermement dans un monde étriqué. Ceci ne convient pas aux jumelles vives et hardies, qui expriment d'abord le même dégoût pour les leçons de magie que pour toute tâche domestique (p. 9).

Lucie a fait les mêmes études de commerce que Pierrot et a travaillé, comme lui, dans une banque (p. 36). Malgré cela, les possibilités d'assumer à la fois famille et carrière ne se présentent pas. Quand Lucie et Isabelle arrivent enfin à travailler en dehors de la maison, leurs enfants sont ailleurs. Faute de modèles, les jumelles ne peuvent exprimer leur refus de la servitude quotidienne qu'en refusant de devenir femme. Elles ont d'abord voulu imiter leur père, mais sa carrière de lèche-bottes ne leur semble plus aussi prestigieuse. Pierrot passe ses journées à convaincre des couples aisés d'acheter « *pour l'éternité* » une semaine de vacances par an dans une destination toujours différente. Il doit démontrer :

> [...] *les inconcevables privilèges que donnait l'achat pour la vie entière d'une semaine de prélassement annuelle à Bora Bora, à Miami, à Trouville, presque partout où la fantaisie la plus retorse pouvait dicter d'aller*[27].

Ces vacances sont censées ajouter un peu de couleur dans des vies autrement monotones. Cependant, la passivité hautaine et oisive (« *prélassement* », où l'on entend aussi « lasse ») des vacanciers assure qu'ils n'auront pas de véritables aventures. Ils sont entièrement entre les griffes de cette entreprise « *retorse* » qui leur « *dicte* » où aller, en leur trouvant partout le même confort, les mêmes incursions dans un exotisme bien cadré. Les syllabes répétés « *Bora Bora* » et « *Miami* » confirment cette monotonie, pendant que « *Trouville* » suggère ce même vide : le trou qu'ils essaiaient de remplir en partant ailleurs. Le seul client du Garden-Club qui apparaît dans le roman est monsieur Matin. Celui-ci quitte sa

---

26. NDiaye, *La Sorcière*, p. 10.
27. *Ibid.*, p. 33.

famille périodiquement, comme un enfant fugueur, pour que sa femme vienne le chercher. Censé être un bouleversement du quotidien, cet événement prévisible ne fait que se frayer une place dans la routine. Le personnage minable de monsieur Matin est néanmoins perçu par Pierrot, qui en rentrant à la maison semble débarquer « *dans un hôtel un peu minable dont il n'arrivait pas à s'échapper pour d'incompréhensibles et d'irritantes raisons* »[28], comme une sorte de héros de la résistance masculine à l'ennui domestique. Comme l'écrit Beauvoir :

> [...] *c'est la société élaborée par les mâles et dans leur intérêt, qui a défini la condition féminine sous une forme qui est à présent pour les deux sexes une source de tourments*[29].

Pierrot parvient enfin à quitter sa famille, mais en fonde aussitôt une autre. Maud et Lise ne sont pas déconcertées par le départ de leur père, qui ne semble pas avoir joué un rôle important dans leur vie. Bien qu'elles connaissent mieux leur mère, les pratiques de Lucie sont étrangères à l'identité asexuée qu'elles veulent conserver à tout prix. Elles refusent d'emblée la possibilité de devenir épouse et mère. Ainsi, quand Lucie essaie de leur faire promettre qu'elles transmettront à leur tour les pouvoirs occultes,

> [...] *elles se contentèrent de ricaner, haussant leurs petites épaules pointues, puis marmonnant d'un air fermé qu'il ne fallait pas compter sur elles pour se marier un jour*[30].

Réalistes, elles ne succombent pas aux histoires romantiques. Elles semblent reconnaître dans la condition de femme mariée une iniquité profonde, que Beauvoir résume ainsi :

> *Le mariage s'est toujours présenté de manière radicalement différente pour l'homme et pour la femme. Les deux sexes sont nécessaires l'un à l'autre, mais cette nécessité n'a jamais engendré entre eux de réciprocité [...] Socialement l'homme est un individu autonome et complet [...] le rôle reproducteur et domestique dans*

---

28. *Ibid.*, p. 37.
29. S. de Beauvoir, *Le Deuxième Sexe*, tome II, p. 328.
30. NDiaye, *La Sorcière*, p. 14.

lequel est cantonnée la femme ne lui a pas garanti une égale dignité[31].

Lucie semble admirer chez ses filles leur rejet obstiné de la vie qu'elle accepte si docilement pour elle-même. Dans une société qui dévalorise le féminin, les adolescentes ne constatent dans l'inéluctable puberté que des inconvénients. L'indifférence et la condescendance envers leur mère ne sont pas éloignées de l'attitude de leur père. Leur mépris de la condition féminine se traduit par un égal dégoût pour le corps féminin.

Maud et Lise représentent la nouvelle génération, qui recherche dans l'androgynie la liberté absolue. Lucie représente la génération précédente, prisonnière d'une féminité construite par le patriarcat. Comment se sortir de cette alternative indésirable ou intenable ? Dans *La Sorcière*, la seule possibilité se trouve dans la métamorphose. Confiantes dans leurs pouvoirs, Maud et Lise protègent non seulement leur propre liberté, mais aussi celle de leur cousine, l'aidant à se débarrasser d'une grossesse non désirée (p. 134) et remplissant ainsi un rôle traditionnel de la sorcière.

La dévotion de Lucie envers ses filles se rapproche de celle d'Edmée pour Reine[32]. Fascinée par leurs traits et leur caractère, elle s'exclame : « *La perfection de mes filles m'émerveillait* »[33]. Cette adoration, n'est-ce pas une réaction (consciente ou inconsciente) face à la religion chrétienne qui ne valorise que le Fils ? Ces romans rétablissent un certain équilibre, en traitant le thème rarement abordé de l'émerveillement et de l'amour presque divin des mères pour les êtres féminins créés par leur propre corps. Au lieu d'être vexée à la pensée que ses filles refuseront d'exploiter leurs pouvoirs, Lucie y voit l'évidence d'une intelligence supérieure.

---

31. S. de Beauvoir, *Le Deuxième Sexe*, tome II, p. 222.
32. Germain, *Jours de colère*.
33. NDiaye, *La Sorcière*, p. 31.

> [...] *il était hors de question qu'elles soumettent jamais encore leur esprit pratique, curieux de connaissances tangibles et fructueuses, à d'aussi stupides exercices*[34].

En approuvant le refus de ses filles de « devenir femme », Lucie les encourage à prendre leur envol. Elle les excuse quand elles se moquent du patriarche Robert, présenté lors de leur visite à la mère de Lucie comme leur « nouveau grand-père ». Il essaie d'amadouer Maud et Lise, jusqu'à ce qu'elles interrompent son mièvre discours :

> – *C'est trop long, Robert, le coupa Maud.*
> – *Si on l'appelait Bob ? suggéra Lise. Qu'est-ce que vous en dites, Bob ?*
> – *Je suis Robert, fit-il avec sérieux.*
> – *Oui, mais c'est affreux, expliquèrent mes filles. Vous vous rendez tout de même bien compte que c'est affreux, Robert, tandis que Bob...*
> – *Je suis Robert, répéta-t-il.*
> *Et il s'assit auprès d'elles d'un air offensé, le bermuda remontant haut sur ses cuisses pâles et glabres*[35].

Cet incident illustre le caractère de Maud et Lise et l'approbation tacite de Lucie qui, malgré sa propre politesse, adhère à la désinvolture de ses filles, suggéré par le verbe « *expliquer* », et par la description de leur première rencontre avec Robert :

> *Maud et Lise avaient filé vers le salon, peu désireuses de se faire mouiller le visage par ce Robert inattendu, et se moquant de ce qu'il en penserait*[36].

Lors de cette rencontre avec le patriarche Robert, administrateur à l'Inspection académique, Maud et Lise, petites sorcières, affichent leur répugnance pour la fierté condescendante d'un homme habitué à maintenir l'ordre et à nommer le monde alentour et les autres à son gré. Maud et Lise affirment leur propre pouvoir de nommer. Lucie elle-même finit

---

34. *Ibid.*, p. 13.
35. *Ibid.*, p. 87.
36. *Ibid.*, p. 84.

par avouer « *le peu de cas* » qu'elle fait de Robert (p. 94), bien qu'elle s'efforce de témoigner d'une certaine politesse. Tandis que leur mère accepte un rôle passif, les filles insistent sur leur capacité d'agir dans le monde.

Le lecteur ne rencontre Maud et Lise qu'à travers le regard maternel admiratif. Est-ce pour éviter de rester figées sous ce regard qu'elles affirment leur liberté et leur autonomie, en se transformant en corneilles ? En s'envolant dans le ciel, où la mère ne peut pas les suivre, elles affirment une identité qui leur est propre. Dans cette métaphore pour une transition vers la vie adulte, Lucie éprouve les sentiments mélancoliques des parents lorsque leurs enfants s'en vont pour frayer leur propre chemin :

> *Je scrutai la campagne grisâtre, le ciel plombé, chaque toit sur lequel auraient pu se percher mes oiseaux à l'aspect funeste, décharné. Et je sentais tout mon corps vidé par une impression de solitude mortelle. Elles sont donc parties, me répétais-je, les voilà parties à jamais*[37].

Lors de leurs premières transformations en corneilles, Maud et Lise sont « *rouges d'excitation* » (p. 101). L'écoulement du sang (de leurs yeux), l'initiation à l'âge pubère et la légère répugnance chez les hommes suggèrent que l'apprentissage des pouvoirs occultes est une allégorie pour la menstruation.

> *Mais elles me regardaient sans ciller, pénétrées de l'idée qu'elles ne faisaient rien que de fort naturel, contentes et fières. Un peu de sang tachait leurs genoux, coulé de leurs yeux à quelque moment de la journée*[38].

Maud et Lise ne comprennent rien à l'aspect sacré et sentimental que Lucie essaie d'insuffler aux événements :

> *Ce n'est pas pour dire, Maman, mais, vraiment, toutes ces conneries...*, fit alors Maud, *et ce fut leur seule façon de saluer leur en-*

---

37. *Ibid.*, p. 112.
38. *Ibid.*, p. 102.

trée commune dans l'immémoriale procession des femmes aux pouvoirs occultes[39].

Tandis que Lucie se sent fière de cette transition chez ses filles, le monde extérieur n'honore pas de tels rites de passage. Les cours de magie se passent dans le sous-sol. La ménarche en Europe n'est accueillie avec aucune cérémonie ; l'entrée dans « *l'immémoriale procession des femmes* » est passée sous silence. Le sang menstruel est tellement tabou en Occident que les publicités télévisées pour les serviettes hygiéniques le représentent par un liquide bleu[40]. Pour les hommes, le sexe saignant de la femme peut connoter la castration ; en revanche, certaines tribus (de l'Australie, des Îles Fidji et chez les Sambaru en Afrique) subincisent le pénis lors d'un rite de passage, pour que les hommes puissent mimer la menstruation, la plaie étant ouverte périodiquement[41]. Selon Monica Sjöö et Barbara Mor, les rituels ou les symbolismes concernant le sang dans les religions monothéistes trouvent leurs origines dans une vénération antérieure des processus spécifiques au corps féminin, tels que la menstruation et l'accouchement[42]. Au moment où les rituels masculins comme la circoncision étaient mis en valeur, leurs origines féminines étaient dénigrées ; dans la Bible la menstruation est profane[43], alors que la circoncision est sacrée. En Occident, la répugnance des hommes pour la menstruation est souvent partagée par les jeunes filles au moment de leurs premières règles, pendant lesquelles elles éprouvent « *un sentiment de pudeur et de honte* »[44]. De même, Lucie s'oblige, par pudeur,

---

39. *Ibid.*, p. 13.
40. Hélène J. Le Vern, *Le Sang des femmes*, 2002, p. 47. Le Vern s'interroge également sur le message transmis aux jeunes filles, qui voient le sang représenté si librement à la télévision, alors que celui de leurs règles est interdit.
41. *Ibid.*, p. 59.
42. Sjöö et Mor, *op. cit.*, p. 184. La place de la menstruation dans la société occidentale et dans la psychologie des femmes est explorée aussi dans Paula Weideger, *Female Cycles*, 1975 ; et dans Penelope Shuttle et Peter Redgrove, *The Wise Wound*, 1978.
43. Voir *Le Lévitique*, 15, 19-30, *La Bible de Jérusalem*, p. 221-222.
44. H.J. Le Vern, *op. cit.*, p. 71.

à ne pas demander à ses filles de précisions sur l'utilisation de leurs pouvoirs :

> *L'envie me brûlait la langue de leur demander si elles s'étaient servies de leur pouvoir tout neuf depuis tout à l'heure, et quel degré de qualité, de précision, il avait selon elles, mais la pudeur interdisait que je questionne mes filles à ce sujet*[45].

Les douleurs menstruelles chez beaucoup de femmes sont accrues par l'absence de rite initiatique lors des premières règles, et par le fait qu'à la menstruation ne soit attribuée « *aucune valeur ou fonction positive* »[46]. La Bible considère les règles comme une malédiction envoyée par Dieu en châtiment pour la faute originelle commise par une femme, et le judaïsme orthodoxe prescrit que la femme, après ses règles, prenne un bain rituel de purification. Presque toutes les religions dominantes interdisent les rapports sexuels pendant les règles, sous prétexte que la femme est particulièrement impure. Loin des huttes menstruelles des cultures indigènes, où les femmes se retrouvaient entre elles[47], la femme occidentale souffre en privé de sa « malédiction ».

> [...] *la femme traverse chaque mois un état de semi-aliénation* [qui fait] *du corps un écran qui s'interpose entre la femme et le monde* [...] *Oppressée, submergée, elle devient étrangère à elle-même du fait qu'elle est étrangère au reste du monde*[48].

Lorsque Lucie voit pour la première fois du sang couler des yeux de ses filles, elle a peur que Pierrot éprouve le même sentiment peu valorisant qu'il affiche à son égard :

> *Il observerait à ce propos la discrétion, légèrement teintée de répugnance et d'antipathie, qu'il montrait toujours à l'égard de mes pouvoirs, dans les rares occasions où je ne pouvais faire autrement que de les utiliser devant lui*[49].

---

45. NDiaye, *La Sorcière*, p. 30.
46. Sjöö et Mor, *op. cit.*, p. 186.
47. *Ibid.*, p. 195.
48. S. de Beauvoir, *Le Deuxième Sexe*, tome II, p. 91.
49. NDiaye, *La Sorcière*, p. 16.

Mais les filles parviennent à transformer les pouvoirs qui leur répugnaient en véhicules de leur libération. Elles subvertissent le devenir-femme en employant les pouvoirs féminins pour se forger un autre destin.

Comme Condé, NDiaye conçoit la magie comme force féminine méprisée par les hommes. Robert, par exemple, habituellement docile, est mis hors de lui en pensant à la sorcellerie féminine que pratique sa nouvelle compagne :

> *Furieux soudain, il s'écria :*
> *– Que je déteste toutes ces sornettes ! Ma première femme, Josiane, allait consulter une voyante tous les mois. Je ne lis même pas mon horoscope, je hais ces bêtises. Josiane y était pourtant bien accrochée. Et voilà que ta mère...*
> *– Maman est une grande sorcière, dis-je, légèrement fâchée*[50].

Robert s'enfuit aussitôt, révolté par l'ambiance de « *l'université féminine de santé spirituelle* ». Lorsque Pierrot quitte Lucie, elle le retrouve grâce à ses pouvoirs occultes. La deuxième femme de Pierrot représente l'anti-sorcière : croyante et niaise, elle végète dans un appartement crasseux qui grouille d'enfants, portant tous des croix. Lorsque Lucie (venue réclamer l'argent qu'il lui a volé) lui rappelle l'existence de ses filles, il les renie :

> *– Ces saletés de petites sorcières ! siffla-t-il en me lançant un coup d'œil haineux*[51].

Il conseille à Lucie de se débrouiller avec ses « *sacrés petits moyens diaboliques* », et quand elle lui rappelle que ses pouvoirs sont médiocres, il dit qu'il ne veut pas le savoir. Cette conversation provoque la crainte chez l'autre femme, qui accompagne Lucie à la porte en masquant à peine son envie de se débarrasser de sa présence maléfique :

> *– Nous pénétrons tous dans Son royaume, n'ayez pas peur, dit-elle avec un sourire légèrement craintif. Mais elle referma le battant vivement, me laissant à peine le temps de franchir le seuil*[52].

---

50. *Ibid.*, p. 174.
51. *Ibid.*, p. 149.
52. *Ibid.*, p. 150.

La réaction du fils est plus directe :

Le grand garçon avait collé son nez à la vitre, il me fixait, l'œil exorbité, et soudain fit mine de m'envoyer un magnifique coup de poing. Puis il appuya ses ongles au carreau. Il grimaça et je compris qu'il faisait : Tss, tss, comme pour chasser un démon. Très ennuyée, je repris la route [...][53]

Lucie croise cette même famille à Châteauroux par une chaude journée d'été. La mère de Pierrot l'interpelle pour prendre de ses nouvelles, et tire par la manche la femme de Pierrot pour montrer à Lucie qu'elle est enceinte :

Suivant le regard de la maman, je vis alors qu'elle avait le ventre gonflé sous son tee-shirt crasseux. Elle me sourit avec abnégation, avec clémence, mais s'écarta légèrement et rassembla dans son dos les trois enfants suants et abattus. La fillette suçotait la petite croix pendue à son cou.
– Elle craint que je ne m'approche, pensai-je, blessée[54].

Ironiquement (comme Tituba) Lucie est seule à ne pas être possédée par des fadaises diaboliques. Mère et épouse dévouée, voire soumise, Lucie ne semble pas si redoutable, d'autant plus que ses pouvoirs sont décidément « médiocres ».

Un syncrétisme voluptueux

Sylvie Germain exprime une vision plutôt positive des religions dominantes, qui peuvent être des points de départ pour des recherches personnelles du sacré. S'inspirant souvent de la Bible, ses récits sont à la fois contemporains et intemporels. Docteur en philosophie, Germain s'interroge sur l'identité de Dieu et son influence sur le monde. Les croyances des personnages, inspirées par le christianisme et le judaïsme, s'écartent des dogmes. La quête de Dieu est surtout une quête de soi.

---

53. *Ibid.*, p. 150.
54. *Ibid.*, p. 186-187.

Comme *Moi, Tituba* et *La Sorcière*, le troisième roman de Germain, *Jours de colère*[55], met en scène l'opposition entre deux systèmes de croyances. Loin de l'influence « civilisatrice » du village et des églises, les protagonistes inventent leur propre culte. Reine incarne à la fois la Vierge Marie et la Déesse-mère. L'initiatrice de ce culte est sa mère Edmée, vieille guérisseuse qui (dans un détournement du Père et du Fils du christianisme) vénère sa propre fille. Elle croit qu'elle est la réponse aux prières adressées à la Mère de Dieu, qui lui a enfin accordé au seuil de sa vieillesse, une enfant si longtemps désirée. La fille, Reine, incarne à son tour une fertilité merveilleuse. Pauvre, rustre, cette famille souffre surtout à cause d'Ambroise Mauperthuis, patron des bois, qui a renié son fils à cause de son mariage avec Reine. Témoin du meurtre de l'intransigeante Catherine Corvol par son mari Vincent, ancien patron des bois, Ambroise tombe amoureux du souvenir du cadavre. Pour prix de son silence et de l'enterrement du cadavre, il exige que Vincent lui lègue les forêts. Médusé par la beauté de la morte, poussé par son désir insensé de Catherine, il veut surtout que son fils se marie avec la fille de celle-ci, afin de mélanger leur sang (et de voler ainsi le corps de la Corvol morte).

Ce roman ressemble aux grands classiques du réalisme magique (*Cent ans de solitude*, *La Maison aux esprits*...) puisqu'il s'agit d'une saga familiale sur fond de magie, qui s'étend sur plusieurs générations. Le matriarcat établi par mère et fille dénonce les lois patriarcales imposées par Ambroise. Tandis que ce dernier est obsédé par l'ambition de « jouer à Dieu » en imposant des structures familiales qui façonneront les êtres humains comme il le souhaite, il est impuissant contre l'amour, le désir et la fécondité de la femme-déesse.

Sur quel plan se situe la magie ? Bien que les personnages y croient, le narrateur est d'abord sceptique, considérant le « miracle de la Vierge » comme le simple délire d'une vieille femme :

---

55. Germain, *Jours de colère*.

> *Dans sa passion mariale* [Edmée] *avait graduellement confondu sa vie et celle des siens avec un perpétuel miracle consenti par la Vierge*[56].

En revanche, le passage suivant présente la Vierge comme réelle, quoi qu'Edmée soit encore désignée comme folle :

> *Une folie qui lui avait poussé au cœur aussi, à cause d'une femme. De par la grâce d'une femme, – Celle bénie entre toutes les femmes*[57].

L'incrédulité se transforme progressivement en conviction, lorsque le narrateur en vient à partager le point de vue des protagonistes. La croyance du lecteur suit celle du narrateur, un biais subtil pour l'engager progressivement dans le monde magique. Cette technique est utilisée aussi dans *Tobie des marais*[58]. L'ange Raphaël y est d'abord présenté comme un auto-stoppeur curieusement androgyne (rappelons que les anges n'ont pas de sexe, sauf dans *Virgile, non* de Monique Wittig[59]). Le scepticisme est transmis par l'automobiliste, qui ne voit rien de divin chez son passager. La magie s'instaure à petits pas ; au moment où elle devient apparente, et que le lecteur doit abandonner ses doutes, il est déjà investi dans l'histoire.

Le narrateur de *Jours de colère* suggère d'abord que l'obésité de Reine est un « *délire de la nature* », écartant l'explication d'Edmée :

> *Edmée ne voyait en cette surabondance des chairs de Reine nullement un délire de la nature mais la perpétuation du don de la Sainte Mère de Dieu*[60].

Le lecteur est d'abord plein de doutes, mais adopte par la suite les croyances d'Edmée. Pour constater que l'amour maternel rend Edmée aveugle aux graves problèmes d'obésité chez sa fille, il faudrait sortir du cadre mythique du roman.

---

56. *Ibid.*, p. 16.
57. *Ibid.*, p. 16.
58. Germain, *Tobie des marais*.
59. Monique Wittig, *Virgile, non*, 1985.
60. Germain, *Jours de colère*, p. 20.

Reine reste à l'écart du monde réel, habitant plus à l'intérieur de son corps que dans le monde environnant :

> *Son corps était trop ample, trop lourd, pour se déplacer avec aise dans l'espace ; mais il était si vaste qu'il était à lui seul un espace*[61].

Un handicap est transformé par la magie du récit en qualité divine. Comme souvent avec les enfants obèses, la mère la baigne et l'habille, se rendant complice de sa condition. En dépit de sa divinité assignée, Reine est en proie aux tourments intérieurs qu'elle-même ne parvient pas à formuler. Elle ressent une faim qui ne peut être assouvie, liée à un désir aussi vague qu'exigeant ; toute tentative de l'exprimer se perd dans ses vastes entrailles. Cette faim de nourriture, traduction concrète de ce désir, la rend indifférente aux autres aspects de la vie. Il n'y a que Jousé, le père de Reine, qui s'inquiète parfois. Voyant en elle une monstruosité, il est contraint, face à l'ardeur têtue d'Edmée, de garder cette opinion pour lui. Il s'inquiète surtout pour l'avenir : quel homme acceptera de prendre comme épouse un tel phénomène et de s'engager à lui procurer les énormes quantités de nourriture qu'elle exige ? Aussi, grande est sa joie quand il apprend qu'Ephraïm la demande en mariage. Le mari de Reine, et bientôt ses neuf fils, s'assurent qu'il y a toujours des mets à foison. Jousé se sent alors libre de mourir, doucement, « *pour laisser la place aux autres* ». L'aspect mythique (Reine comme déesse) l'emporte sur l'aspect réaliste (Reine comme victime d'hyperphagie).

Edmée accorde à Reine neuf prénoms, et Reine, à son tour, accouche de neuf fils, qui porteront tous comme deuxième prénom « Marie ». D'abord, le narrateur se moque de cette double bénédiction de mère et fille :

> *Le fruit béni des entrailles de la vieille Edmée était devenu à lui tout seul un véritable verger, sinon même une jungle*[62].

---

61. *Ibid.*, p. 21.
62. *Ibid.*, p. 20.

Bien que les fils soient tous nés avec un an d'intervalle, le 15 août, ils apparaissent comme nés le même jour (p. 84). Les neuf fils reflètent leurs heures de naissance :

> *Ces aînés, c'étaient les fils du Matin, nés entre l'aube et midi au fil des 15 août. Ils étaient trapus, robustes, avaient des cheveux couleur de paille et des barbes blond-roux ; la rudesse de leurs traits et le hâle de leur teint rehaussaient cette blondeur et le bleu très clair de leurs yeux profondément enfoncés sous la saillie du front*[63].

Cheveux blonds et yeux bleus, censés représenter le ciel et le soleil, les fils du matin incarnent le jour, et donc le travail physique. Les fils du soir, en revanche, sont basanés, mélancoliques, excentriques et fantaisistes, avec des qualités plutôt mentales ou créatives que physiques. Ils ne sont pas bûcherons, mais artisans, travaillant merveilleusement le bois. Tous musiciens, les fils du matin privilégient le rythme, ceux du soir, la mélodie. Les neuf frères se complémentent parfaitement. Quant au fils de Midi, Simon-l'Emporté, il est bouvier. Le plus beau de tous, sujet aux sautes d'humeur, il oscille entre les deux groupes de frères.

Dans la philosophie chinoise, le Yin et le Yang suscitent une série de correspondances : féminin/ masculin, nuit/ jour, lune/ soleil. Ces concepts font le socle de la médecine chinoise. Chaque organe, maladie, nourriture est associé à l'un ou à l'autre. Les heures de la journée sont également classifiées en Yin et Yang, y compris pour la guérison (le réveil à une certaine heure correspond à un organe particulier) autant que pour l'astrologie (prédictions fondées sur l'heure de naissance). De minuit à midi sont les heures Yang, de midi à minuit, elles sont Yin. (Midi est l'apogée du Yang, minuit celle du Yin.) Les frères dans *Jours de colère* sont conformes à ces concepts, puisque ceux du matin manifestent des qualités Yang, alors que ceux du soir incarnent le Yin.

Le corps de Reine est pour Edmée « *un vrai corps de déesse de la fertilité* » (p. 23) ; pour Ephraïm, « *une éblouissante divinité de la chair et du désir* » (p. 31) ; et pour les

---

63. *Ibid.*, p. 74.

villageois le jour de son mariage, « *une colossale divinité de la neige venue annoncer l'arrivée de l'hiver* » (p. 53). Elle ressemble à la Vénus de Willendorf, la plus ancienne représentation d'une silhouette humaine (20 000 ou 30 000 avant J.-C.), avec son torse énorme et ses extrémités menues. Hilde Broch fait le lien entre la déesse nourricière du passé et l'hyperphagie d'aujourd'hui :

> [...] *ces mères généreuses seraient alors des symboles d'abondance et de fécondité* [...] *l'obésité serait une défense contre cette terreur ancestrale de la faim*[64].

Avec nos capacités inouïes de destruction, et face à l'épuisement des ressources vitales de la planète, nous subissons une crise à laquelle les religions patriarcales ne peuvent plus répondre. Aussi, des mouvements de spiritualité féministe constatent le besoin sans précédent d'une figure de déesse-mère. Après la prise du pouvoir par le christianisme, la déesse-mère fut assimilée à la Vierge Marie qui remplit deux aspects de l'ancienne trinité païenne, correspondant aux phases de la lune : Vierge, Mère, Vieille Dame (lunes croissante, pleine et nouvelle) ; mais soumise au patriarcat (« faites de moi selon votre volonté »), ses pouvoirs sont bien limités.

Comme son père Jousé, dont le rôle dans la conception même de son enfant a été « *presque nul* »[65], Ephraïm est éclipsé par la chair dévorante de sa femme, et disparaît de l'intrigue après son mariage. Ce sont les femmes qui détiennent la foi et accomplissent des miracles (la naissance des neuf frères divins) pour incarner leurs croyances personnelles. Le deuxième fils d'Ambroise Mauperthuis suit sa volonté et se marie avec la fille de Catherine Corvol. Cette épouse morose meurt après avoir mis au monde une fille, qu'Ambroise élève. Mais Camille, héritière de la joie de vivre et de la rébellion de sa grand-mère Catherine, s'extrait de l'univers morbide de son grand-père, pour embrasser les valeurs incarnées par les neuf frères.

---

64. H. Bruch, *Les Yeux et le Ventre*, 1994 (1973), p. 19.
65. Germain, *Jours de colère*, p. 19.

Leur passion pour certains récits bibliques ne les rapproche pas de la religion officielle ; même Blaise-le-Laid (le seul lettré) préfère célébrer les fêtes religieuses « parmi ses abeilles » qu'à l'église (p. 85). La plus grande manifestation de leur passion pour la Vierge (déesse-mère) a lieu lors de l'inauguration de la statue de Notre-Dame-des-Hêtres, dans une clairière. Une procession, orchestrée militairement par les prêtres, fait marcher les fidèles du même pas, alignés selon l'âge et le sexe, les filles sous leurs mantilles. Ainsi, ils sont « *comme un troupeau de somnambules meuglant d'un ton indolent* »[66]. Affirmant leur rang, les prêtres défilent en premier, avant la statue, alors que « *derrière le saint cortège cheminait la foule* »[67]. Les paroissiens se plient à l'autorité des prêtres, sans les écouter pour autant. Les sermons font plutôt dormir qu'éveiller à une conscience de Dieu. En revanche, leur douce somnolence les éveille à une autre conscience, également divine, celle de la nature alentour :

> *La foule écoutait, tout à la fois recueillie et somnolente dans la clairière enivrante de chaleur et d'odeurs et de bourdonnements de mouches et de guêpes. Beaucoup semblaient s'endormir debout, en douceur. Les têtes dodelinaient, les paupières s'alourdissaient*[68].

La clairière « enivrante » contraste avec les prédicateurs assommants ; le bourdonnement des insectes est plus captivant que les mots du prêtre. Les frères surgissent avec leur propre procession, déguisements, musique et récitations en guise d'offrande. Les prêtres, instruits et puissants, sont supposés être plus proches de Dieu, mais les frères expriment une foi, transmise par leur grand-mère, incarnée par leur mère, qui attire davantage.

Bien qu'Ambroise Mauperthuis leur ait interdit d'assister à la procession, Reine et Edmée transgressent son ordre sans aucune discrétion. Elles marchent ostensiblement dans la procession des femmes, alors que les fils déclament leur foi dans un chaos joyeux, triomphant, coloré. Ils dérogent aux

---

66. *Ibid.*, p. 97.
67. *Ibid.*, p. 92.
68. *Ibid.*, p. 96-97.

bonnes mœurs catholiques en plaçant le frère transsexuel à la tête de leur procession, et en la fermant par le frère chamanique :

> *Louison-la-Cloche les précédait, habillé en fille, ses longs cheveux retroussés en queue de cheval sur le sommet de la tête. Il agitait sa hampe à clochettes, égrenant de jolis sons aigrelets. Léon-le-Seul fermait la marche. Il était enveloppé dans une vaste cape couverte de plumes d'oiseaux*[69].

Ces déguisements rappellent des célébrations païennes, dont les échos resurgissent le mardi gras ou à Halloween. Il s'agit de transcender les limites entre homme et femme, humain et bête, dans une dissolution divine. Léon-le-Seul rappelle les plus anciennes des représentations de l'être humain, contemporaines des Vénus : l'homme-oiseau des grottes de Lascaux, que l'on suppose être une figure chamanique, voyageant entre ciel et terre. Son rapport aux oiseaux rappelle aussi le totémisme, selon lequel chaque famille ou chaque individu est lié à une espèce animale ou végétale qu'il lui est interdit de manger. Léon-le-Seul sait imiter tous les chants d'oiseaux, mais aussi les tuer à l'arc et les déplumer :

> *Il ne mangeait jamais la chair de tous ces oiseaux qu'il rapportait soir après soir à la ferme, mais il tenait à effectuer lui-même la plumaison ; c'était là pour lui un rituel aussi sacré que la chasse elle-même. Il rassemblait ensuite toutes ces plumes arrachées, les triait puis les rangeait dans un coffre au grenier dont il conservait toujours la clef sur lui*[70].

Plus païenne que chrétienne, axée autant sur la nature que sur le Livre, la cérémonie des frères transgresse la volonté du patron, tout en contredisant les dogmes religieux. Obéissant à d'autres maîtres (en l'occurrence féminins), ils ont un pouvoir et une dignité qui sont distincts des pouvoirs officiels et masculins. Leur noblesse est assurée non par l'argent, le rang ou l'éducation, mais par leur foi pure et leur dévotion totale à la Vierge :

---

69. *Ibid.*, p. 97.
70. *Ibid.*, p. 80.

Ils étaient les princes du royaume des arbres, princes danseurs et musiciens, princes sauvages et enjoués. Ils accueillaient leur reine[71].

Leur reine est la Vierge, mais aussi leur mère, car elles sont consubstantielles. Leur Vierge n'est pas la mère de Jésus (qu'ils ne mentionnent jamais), mais reine de la nature. La dévotion extatique des frères enflamme Camille, qui ne parvient plus à tenir son rôle assigné de jeune fille sage et croyante. La mantille est le symbole de l'emprise du grand-père et de tout le poids du pouvoir patriarcal, auxquels elle trouve la force de s'opposer :

> [...] *elle eut ce geste, – elle arracha sa mantille et secoua la tête avec brusquerie, décoiffant son chignon. Ce geste sec, rapide,* [Ambroise] *le reçut comme une gifle en plein visage. Camille lui échappait*[72].

Camille est prête à prendre les risques qu'entraîne la désobéissance. En enlevant sa mantille, la foulant aux pieds lorsqu'il lui ordonne de la remettre, elle rejette non seulement l'autorité de son grand-père, mais aussi la religion des prêtres. La mantille représente aussi la chasteté. Tout comme sa mère, Camille rejettera cet idéal chrétien infligé aux femmes. Elle deviendra l'amante de Simon-l'Emporté (le frère de midi). Les jeunes amoureux se délectent des plaisirs divins de la chair, au cours de la première nuit qu'ils passent ensemble, sur l'herbe, enroulés dans des draps mis à sécher :

> [...] *la terre cette nuit-là était folie de nudité, était louange de peau, éloge du désir*[73].

Leur amour proclame une dévotion à la nature (la terre répond à leur extase), ainsi qu'à l'exubérance sexuelle. Si Reine est une déesse de la fertilité, Simon est l'incarnation de l'amour et du désir :

---

71. *Ibid.*, p. 99.
72. *Ibid.*, p. 100. Déjà dans la procession, avant l'arrivée des frères, « *son pas docile sonnait faux, tout son corps tremblait de mouvement contenu, d'une imperceptible envie de bondir et de danser* » (p. 93).
73. *Ibid.*, p. 166.

> *Il semblait à Ephraïm que toute la puissance de son amour pour Reinette-la-Grasse avait trouvé en ces fils son corps, son mouvement, et en Simon-l'Emporté sa joie portée au jour, sa beauté visible, son éclat*[74].

Touchée par la procession des frères, Camille reçoit la visite merveilleuse d'une divinité (décrite dans l'*Apocalypse de saint Jean*) incarnée par la statue de Notre-Dame-des-Hêtres :

> *La statue prenait chair, sève et sang* [...] *la femme criait, en proie à une joie profonde comme le jour, plus ample que le monde. Ses cris s'envolaient vers la cime des arbres, se posaient sur leurs branches, – nuées d'oiseaux rouge feu*[75].

Camille en éprouve une joie profonde, et devient la prêtresse de cette force exubérante de la nature.

> *Camille se confondait avec cette Femme. Elle en était la fille, la sœur. Sœur de la lumière, de la vie. Elle portait le désir dans ses bras comme une brassée de fleurs* [...][76].

L'exaltation exige d'être partagée, surtout avec ceux qui l'ont déclenchée. Camille embrasse la foi instaurée par Edmée, dont la famille elle-même représente une nouvelle histoire de genèse en incarnant ses mythes et sa foi, inséparable du désir.

---

74. *Ibid.*, p. 79.
75. *Ibid.*, p. 109.
76. *Ibid.*, p. 110.

II- Révolte

Si un tel arbre pouvait exister, alors lui aussi le pouvait ; lui aussi pouvait être cohérent, enfoncer ses racines, survivre. Parmi les images télévisuelles de tragédies hybrides – l'inutilité des tritons, les échecs de la chirurgie esthétique, l'art moderne aussi vide que l'espéranto, la Coca-colonisation de la planète – on lui avait fait un cadeau. Cela suffisait. Il éteignit la télévision[1].

Oppression transversale

La domination masculine imprègne les autres formes de domination, voire leur sert même de modèle. La pièce de NDiaye, *Hilda*, illustre la transversalité de l'oppression des femmes. Cette pièce est autant une allégorie du mariage, contraire à l'autonomie et à l'épanouissement féminins, qu'elle est une critique de l'oppression de la classe ouvrière par la classe dirigeante. Ni la bourgeoise, ni la prolétaire n'y échappent, car la stratégie de diviser pour régner nécessite que l'une devienne l'oppresseur de l'autre. Mme Lemarchand manipule Hilda jusqu'à ce qu'elle lui ressemble, et essaie elle-même de ressembler à la Hilda d'avant. Mais elle devient aussi le mari de Hilda, ce qui joue sur les deux sens de « ma femme », à la fois épouse et bonne. Grâce à sa classe sociale, Mme Lemarchand jouit de certains privilèges que la société patriarcale réserve par ailleurs aux hommes. Ne pouvant pas supporter la vie d'une mère au foyer, Mme Lemarchand exploite le seul

---

1. Rushdie, *Les Versets sataniques*, p. 527.

pouvoir qui lui est accessible, en manipulant sa bonne. Hilda, dans le rôle qu'aurait eu Mme Lemarchand, devient folle. Ceci a souvent été le cas des femmes enfermées dans une sphère domestique censée les combler, et qui manifestent leurs frustrations dans des crises d'hystérie ou de dépression. Les causes sociologiques de ces crises sont de nos jours au moins partiellement reconnues, alors que dans les siècles précédents, les médecins les attribuaient à la nature féminine. C.P. Gilman subit à la fin du XIXe siècle la « cure de repos » qui a failli la rendre folle ; ce n'est qu'en quittant sa famille pour poursuivre sa carrière qu'elle guérit de sa dépression. Elle décrit son expérience dans la nouvelle « La Séquestrée »[2]. Des poètes tels que Sylvia Plath (1932-1963)[3] et Anne Sexton (1928-1974)[4] se suicident, incapables d'assumer leur rôle d'épouse et de mère des années 1950, sous la pression d'une société qui affirmait qu'elles devaient s'en contenter. Les sentiments conflictuels de ces femmes, qui aimaient leurs enfants sans pouvoir correspondre au modèle patriarcal de la mère altruiste, se traduisent dans leurs poèmes.

Bien qu'axés, eux aussi, sur l'ennui insupportable des rôles prescrits aux femmes, les romans de NDiaye ne ressemblent aucunement à l'autofiction au féminin, qui représente plus une commisération qu'une révolte. Bien qu'elle puisse avertir les femmes de l'existence de certains pièges, l'autofiction ne cherche pas à les désamorcer. L'univers fictif de NDiaye, loin des confessions intimes, se distingue par la satire, la distance ironique, le burlesque, le surnaturel et le fantastique. À la place des récits d'adolescence tourmentée, les filles choisissent de devenir corneilles plutôt que femmes (*La Sorcière*). Le réalisme magique sert à évoquer des vérités plus profondes, plus difficilement cooptées. Autrement dit, certains courants d'écriture féminine veulent améliorer les conditions des prisonnières ; les réalistes magiques comme NDiaye cassent les barreaux.

---

2. C.P. Gilman, *La Séquestrée*, 2002 (1892).
3. Sylvia Plath, *Collected Poems*, 1981.
4. Anne Sexton, *The Complete Poems*, 1999 (1981).

L'œuvre de NDiaye tourne autour des rapports de pouvoir, non seulement entre hommes et femmes, mais aussi entre les générations, les ethnicités et les classes sociales. Elle semble moins intéressée par la lutte d'une catégorie en particulier que par une compréhension globale des mécanismes du pouvoir. Qui domine et comment ? Chez NDiaye, la domination n'est jamais relative à une seule position ; le plus souvent, elle est liée à la fois au sexe et à la situation socioéconomique. L'âge peut jouer aussi, puisque les jeunes femmes sont plus dominées que leurs mères, qui retrouvent une nouvelle liberté une fois leurs enfants partis. L'opportunisme des hommes est complété par la naïveté des femmes. Ces dernières croient en l'amour, ce qui facilite leur exploitation. Même celles qui sont conscientes d'être manipulées par un homme sont capables d'accepter ce fait et de continuer à l'aimer.

En revanche, les femmes qui réussissent professionnellement ne sont plus dupes dans l'amour, mais deviennent des oppresseurs au même titre que les hommes. Elles oppriment des femmes, mais aussi des hommes, y compris leurs amants. Bien que les deux sexes soient également dupes dans l'amour, lorsque leurs partenaires sont d'une classe socioéconomique au-dessus de la leur, les conséquences pour les femmes, telles qu'une maternité non voulue, sont toujours plus graves. Or, les femmes qui réussissent sur le plan professionnel n'ont pas d'enfants ou les ont abandonnés.

Lorsque Fanny dans *En famille* devient caissière ; il lui est « *défendu de sourire sans montrer ses dents* »[5]. Dans *La Femme changée en bûche*, les personnages travaillent dans une agence de conversations téléphoniques, qui sert à former l'opinion publique.

> *Les résultats étaient publiés et ainsi la population savait à quoi s'en tenir sur ses propres opinions* [...] *Cependant, les employés étaient les premiers à reconnaître la forte incertitude de ces vérités* [...][6].

---

5. NDiaye, *En famille*, p. 141.
6. NDiaye, *La Femme changée en bûche*, p. 87.

Confiné dans un compartiment vitré, sans fenêtres, avec un téléphone et un tabouret, chaque employé connaît uniquement son chef, qui passe la journée à déambuler dans les corridors, faisant du bruit pour empêcher les employés de dormir, et produisant « *un grand agacement, propice au travail* »[7]. Une personne peut revenir l'après-midi pour trouver que quelqu'un d'autre l'a remplacée, les employés étant parfaitement interchangeables. Quant à la direction

> *Il leur importait seulement que chaque cabine fût tenue en permanence, par un employé ou par un autre [...]*[8].

En dépit de cet aspect déshumanisant, les employés chez NDiaye se contentent de leur situation. Les secrétaires du Diable avouent :

> *Nous travaillons dur sans nous demander si notre travail présente quelque utilité ou quelque mérite. Mais il nous importe qu'il soit fait. [...] nous n'en attendons rien d'autre que la satisfaction de le faire correctement et c'est assez*[9].

Ce sont de parfaits rouages de la machine. Même le Diable agit comme un chef d'entreprise, avec toute une hiérarchie d'employés et d'innombrables codes arbitraires pour maintenir l'ordre. Comme Stéphane Ventru, qui prétexte la présence de son « animal » pour ne rien faire[10], la protagoniste n'est pas convaincue des vertus du travail. Elle veut emprunter de l'argent à sa meilleure amie, Valérie, une chef dans l'agence de conversations téléphoniques. Cette dernière lui conseille de travailler, mais :

---

7. *Ibid.*, p. 84.
8. *Ibid.*, p. 86.
9. *Ibid.*, p. 50-51.
10. « *Il dut renoncer à chercher du travail, ce qui l'arrangea. Il écrivit à Tante que personne ne voulait de lui, à cause de cette bête. Si elle ne voulait pas s'en aller, qu'y pouvait-il ? [...] Il tirait prétexte de cette chose ridiculement collée à ses talons pour flâner tout le jour et dire avec emphase, quand on l'interrogeait sur ses projets d'avenir, que décidément tout l'ennuyait* ». *Ibid.*, p. 94.

> *j'ai dit que je voulais de l'argent, oui, mais beaucoup et tout d'un coup et que le travail ne me semblait pas le moyen le plus judicieux d'arriver à ce résultat*[11].

(Elle aussi, cependant, deviendra secrétaire du Diable.) Dans *Un temps de saison*, la bureaucratie est tellement omniprésente que même dans un petit village, les bureaux administratifs se prolongent dans la colline. Tout est une question de forme et de normes arbitraires. Herman est privilégié d'être assimilé aux villageois. Fanny dans *En famille*, en revanche, est exclue du statut de résidente. Ces romans suggèrent l'inefficacité et les discriminations d'un système qui prétend être efficace et égalitaire. Dans *La Femme changée en bûche*, les secrétaires ne font que molester la protagoniste. La bureaucratie ndiayenne, inspirée de Kafka, se distingue par la manipulation, les jeux de pouvoir, l'hypocrisie et l'absurdité. La vie d'entreprise aussi. Ces milieux insistent également sur une hiérarchie sexuée. Dans *La Sorcière*, bien que son université spiritiste soit « féminine », avec uniquement des étudiantes et des femmes professeurs (le seul homme employé étant le cuisinier), le succès d'Isabelle réside dans le fait qu'elle agit comme un homme, tout en se conformant extérieurement à l'apparence féminine telle que déterminée par les hommes.

> *Isabelle enfonçait ses pédales avec une tranquille et virile assurance, un peu entravée par sa jupe de dame mais supportant celle-ci, me semblait-il, comme le travestissement indispensable à sa réussite*[12].

Lucie la voit comme tellement virile que s'habiller en dame constitue un travestissement. Elle doit déguiser sa virilité, paradoxalement, pour accéder aux pouvoirs attribués aux hommes. Ils l'admettent parmi eux si elle joue le rôle qu'ils veulent ; elle le joue à la perfection. Beauvoir maintient que l'oppression des femmes est liée au fait qu'elles-mêmes préfèrent à la liberté les privilèges accordés aux soumises. La femme qui refuse de jouer le rôle prescrit risque d'être nettement défavorisée :

---

11. *Ibid.*, p. 12.
12. NDiaye, *La Sorcière*, p. 156.

> *Refuser d'être l'Autre, refuser la complicité avec l'homme, ce serait pour elles renoncer à tous les avantages que l'alliance avec la caste supérieure peut leur conférer.* [...] *avec le risque économique elle esquive le risque métaphysique d'une liberté qui doit inventer ses fins sans secours*[13].

Isabelle recueille les bénéfices qu'accorde le système patriarcal pour son conformisme, en l'occurrence le droit d'accumuler une fortune par des moyens malhonnêtes. Lorsque les « *conseillers municipaux, généraux et régionaux* » viennent avec les gendarmes, ils parlementent avec Isabelle, qui semble négocier l'arrestation de la seule Lucie, dans une mise en scène qui correspond à l'esprit charlatan de son « Université Féminine ».

> [...] *lorsque j'arrivai dans le réfectoire, elle me fit un regard plein de reproche, seulement destiné, compris-je aussitôt, à établir sa surprise et son innocence devant les messieurs. Car l'opinion de ces derniers lui était favorable. L'un d'eux alla jusqu'à lui sourire d'un air tranquillisant, protecteur, avant de tourner vers moi des yeux outrés*[14].

Les privilèges d'Isabelle, qui lui permettent de dominer exclusivement dans une sphère féminine, dépendent de sa soumission absolue à l'ordre masculin. Sa fidélité ne s'applique aucunement aux femmes qu'elle emploie, mais seulement aux hommes dirigeants. De la voiture de la police, Lucie remarque :

> [...] *je vis encore l'ombre jaune d'Isabelle se ployer, pateline, courtisane, vers les silhouettes obscures des conseillers, leur tendre un plateau, des verres remplis d'une boisson pourpre, puis se courber encore jusqu'à ce que sa tête dorée vînt effleurer les genoux des conseillers, pour ramasser je ne sais quoi, me dis-je, ou témoigner de sa victorieuse soumission. – On se tient tranquille, hein, grommela le gendarme à mon côté*[15].

---

13. S. de Beauvoir, *Le Deuxième Sexe*, tome I, p. 21.
14. NDiaye, *La Sorcière*, p. 177.
15. *Ibid.*, p. 179-180.

L'écart entre soumises et insoumises est évident (ou plus précisément, entre celles qui savent flatter et celles qui ne le savent pas). En revanche, dans leur vie précédente en banlieue, c'était Isabelle et non pas Lucie qui refusait de se soumettre à son mari. Elle désirait l'argent et le pouvoir, mais pas l'affranchissement de la domination masculine. Trahison de l'idéal d'un espace féminin subversif, ses étudiantes n'auront ni compétence, ni connaissance, car l'établissement ressemble à une école d'arts d'agrément. Dans une zone artisanale à la lisière des champs, à côté d'un concessionnaire, il englobe des absurdités telles que la « *Prairie de Méditation* » :

> *Isabelle avait le projet d'y faire installer quelques tipis ornés d'inscriptions symboliques, sous lesquels les étudiantes devraient venir se recueillir, et les pensées ainsi évoquées seraient l'objet d'un devoir de fin de semestre, à titre optionnel*[16].

Les professeurs sont recrutés par petites annonces, parmi des femmes en difficulté qui étaient si nombreuses que la queue traversait tout le champ, (provoquant une dispute avec les agriculteurs). Isabelle choisit celles dont personne ne se soucie :

> [...] *elles ont un mari et des enfants quelque part mais personne ne sait si elles sont encore en vie ou non, et tout le monde s'en moque. C'est ce qu'il me fallait pour la Santé Spirituelle*[17].

La fragilité affective des employées, ajoutée à leur précarité matérielle, favorisent la domination absolue d'Isabelle. Elle ne permet même pas de conversations téléphoniques sans sa surveillance, ni de visites entre professeurs dans leurs chambres. Cependant, elle s'occupe de ses employées dans un esprit qui se veut égalitaire :

> [...] *elles me sont toutes reconnaissantes de leur avoir offert une place ici. Et tu as vu comme je les habille ? Pas de différence avec moi, pour ainsi dire*[18].

---

16. *Ibid.*, p. 159.
17. *Ibid.*, p. 161.
18. *Ibid.*, p. 161.

Le fait qu'elle « les habille » (comme le fait Mme Lemarchand dans *Hilda*) rappelle son emprise. Elle récupère des femmes accablées par la vie et les transforme à son gré ; tel est le génie d'Isabelle. Quant à Lucie, elle la domine encore par la peur :

> [...] *je reconnus son rire ancien, lourd, guttural, un peu méchant, qui m'intimidait si fort encore que je souris automatiquement, craintivement*[19].

L'« Université Féminine » connaît beaucoup plus de succès que l'école de commerce qu'essaie de créer Pierrot. Tandis que pour la première, les notables de Châteauroux sont prêts à payer de grosses sommes pour assurer une place à leurs filles, Pierrot n'a eu qu'une seule inscription. Dans cet âge de charlatanisme, de frime et de flatterie, même une école de commerce ne se vend pas assez. La domination d'Isabelle dépend de sa soumission à une hiérarchie qui la met en dessous des hommes dirigeants du pays. Elle repose également sur le fait d'avoir des employées malléables, étant seules au monde. Leur unique possibilité de discuter du sujet interdit de leur vie d'avant est le repas de midi puisque Isabelle y est absente. Elles ont alors tellement besoin de parler qu'elles ne s'écoutent pas : de véritables échanges sont impossibles.

La Coca-colonisation de la planète

Notre époque se caractérise par les tendances, au premier regard contradictoires, d'homogénéisation et de revendications culturelles. Ces dernières sont largement provoquées par la première, ressentie comme une menace. La phrase « *Coca-colonisation de la planète* » rappelle l'image d'une femme en tchador avec une canette de coca à la main[20]. Mais il ne s'agit pas uniquement de l'opposition États-Unis / Islam. « L'Éter-

---

19. *Ibid.*, p. 161.
20. Cette image figure sur la couverture de la première édition en anglais de *Djihad versus McWorld* de Benjamin Barber, 1996, qui décrit comment l'homogénéisation provoque des revendications culturelles parfois violentes, qui réduisent encore plus la possibilité de diversité et de tolérance.

nité en prime »[21] raconte sur un ton journalistique, la revanche de la culture catalane. Certaines des pierres amenées du pays catalan se mettent à pleurer de nostalgie dans les musées ou sur des bâtiments américains. Le paysage, la langue, les habitudes gastronomiques et d'habillement deviennent catalans, alors que les Américains, totalement ignorants de cette culture, ne se rendent pas compte des raisons de cette mystérieuse épidémie. La CIA découvre seulement que l'air est plus pur que d'habitude. Mais enfin les États-Unis rendent les trésors d'art roman accaparés dans les pays catalans, et tout rentre dans l'ordre.

L'indépendance culturelle, dans quelle mesure est-elle possible ? À propos de la Guadeloupe en tant que D.O.M., Condé écrit :

> À la vérité, la métropole n'est qu'une marâtre et elle n'a rien fait pour ces terres. Au contraire. En leur imposant ses mœurs et sa langue, ses héros et ses lois au mépris de toute réalité historique et géographique, elle leur a ôté tout ce qui donne un sens à l'existence et les a condamnées au mutisme et à la stérilité[22].

Le rêve colonial survit dans le tourisme des blancs visitant la Guadeloupe[23]. Dans la croisière aux Antilles organisée par le Black Caucus, association d'enseignants noirs-américains, Debbie des *Derniers rois mages* remarque :

> Chaque jour, on visitait des îles, l'une pareille à l'autre avec son cache-misère de cocotiers et de plages paradisiaques[24].

Elle voit plus que ne devrait apercevoir une touriste, et se sent concernée par le passé et par ses effets sur le présent. Elle reste en Guadeloupe avec Spéro, attirée d'abord par les tableaux qu'il vend aux touristes. Dans un monde tellement hybride, peut on parler encore d'authenticité ? Les romans de Condé présentent une attitude désabusée à propos de la décolonisation de l'Afrique. Quant à l'indépendance des Antilles, *Moi, Tituba* suggère que les révoltes finissent toujours dans le

---

21. Maïté Pinero, *op. cit.*
22. Condé, *Cahier d'un retour au pays natal : Césaire*, p. 34.
23. *Ibid.*, p. 175.
24. Condé, *Les Derniers Rois mages*, p. 24.

sang. Dans le contexte contemporain, ce qui empêche une véritable lutte pour l'indépendance est l'hésitation à abandonner les structures familières et confortables.

Puis il s'aperçut que la perspective de lendépendans, loin d'exalter ses interlocuteurs, les faisait trembler. Lendépendans ? Plus de D.O.M ? Partant plus de S.S. Ni de R.M.I. Ni de C.N.A.F. Ni de C.N.A.V [...] Comment allaient se couler les jours sans yaourt Danone, camembert Président, huile Lesieur [...] ?[25]

De même, si la France est envahie : « *Plus d'huile, de sucre, de farine, de riz et de Ya bon Banania* »[26]. La dépendance envers la France est perçue comme alimentaire ; si elle est une marâtre, au moins elle nourrit ses enfants. Le néocolonialisme s'exerce par le marché mondial, y compris par le fait d'imposer des produits occidentaux sur le marché africain, ce qui déstabilise la production locale. Ainsi Tanella Boni critique l'attitude paternaliste de l'Occident, qui justifie ces importations, mais aussi l'apathie des Africains :

Les gens attendent qu'une main généreuse, la même qui pratique l'échange inégal, se manifeste au bon moment pour les sortir du chaos, eux qui n'aiment pas le riz incollable, extra-blanc, couleur coton parfois[27].

Dans *Haïti chérie*[28], un roman pour la jeunesse, Rose-Aimée, fille de treize ans, travaille pour Kentucky Fried Chicken, une chaîne américaine de fast-food dont la description est loin d'être appétissante :

[Les poulets] arrivaient congelés des USA dans des emballages de plastique au travers desquels ils apparaissaient, effrayants comme d'incolores fœtus. Rose-Aimée regardait avec terreur leurs becs jaunâtres, leurs yeux clos et cernés de rouge[29].

---

25. Condé, *La Belle Créole*, p. 172.
26. Condé, *La Vie scélérate*, p. 116.
27. T. Boni, *Les Baigneurs du lac Rose*, p. 47.
28. Condé, *Haïti chérie*, 1998.
29. *Ibid.*, p. 55.

Ces poulets sont bien différents de ceux que la mère de Rose-Aimée ramenait du marché :

> *Autrefois, manger du poulet était pour Rose-Aimée une fête, une grâce qui, hélas ! ne se produisait pas souvent*[30].

Les parents de Rose-Aimée, qui habitent la campagne et qui ne peuvent plus la nourrir, lui trouvent un travail de domestique en ville. Sa patronne est tellement dure que Rose-Aimée s'enfuit. Son patron à Kentucky Fried Chicken est pire encore : les humiliations et les insultes racistes qu'il fait subir à ses employées rappellent l'esclavage. Il embauche Rose-Aimée précisément à cause de son statut vulnérable de mineure, plus facilement exploitable. Le seul espoir de Rose-Aimée est d'immigrer clandestinement aux États-Unis. S'approchant de la côte de la Floride, le capitaine, à la vue des gardes côtes américains, force les clandestins à se jeter à l'eau où ils périssent.

Dans *Papa doit manger*, Papa, Africain immigré, exprime sa colère envers la France :

> – *C'est pour me venger de la France que je suis venu, ma fille, en France* [...]
> *Je suis venu dans la colère, la frustration, le sentiment de faiblesse et de servitude, en me disant : De toute cette fureur contenue, de cette amertume et de cette sorte de honte indéfinissable, je vais me faire payer. La France entière va payer – je lui ferai rendre gorge*[31].

Papa ne sait pas vers qui diriger sa haine. L'exprimant d'abord contre les Français, dès qu'il tombe amoureux de Maman, française, il en est temporairement incapable[32]. Il finit tout de même par l'abandonner, puis des années après, il réapparaît afin de l'escroquer. Il prétexte le racisme, qui l'empêche de trouver un travail valorisant :

---

30. *Ibid.*, p. 56.
31. NDiaye, *Papa doit manger*, p. 62-63.
32. « *Mais je suis arrivé et j'ai oublié la nécessité et la raison de ma vengeance. Il y avait cette pauvre petite femme adorable, éperdue – Maman. Me venger sur elle ? Je ne savais plus, je ne savais plus. Mon ressentiment est devenu confus, sans objet* ». *Ibid.*, p. 63.

> *La couleur radicale de ma peau implique que je ne sois bon que pour les courbettes.* [...]
> *Aussi, pourquoi ne veux-tu pas que ma femme nous aide ?* [33]

Comme chez Condé, le sexisme est plus manifeste que le racisme, lorsque les femmes, noires et blanches, deviennent les boucs émissaires des hommes. La vengeance d'un noir contre la société blanche se manifeste notamment chez Condé dans *La Migration des cœurs*, où Razyé se marie avec Irmine, dont le corps blanc devient l'objet de sa haine. Elle s'est échappée d'une famille raciste justement à cause de ses convictions égalitaires, sans se rendre compte de la misogynie des hommes de toutes les couleurs (ni du racisme noir envers les blancs). En quittant ses parents, elle leur écrit une lettre méprisante :

> *Je vous hais, vous et votre société, qui n'avez jamais su inventer que l'asservissement, asservissement des nègres, asservissement des femmes...* [34]

Son identification avec les hommes noirs, qu'elle considère comme aussi opprimés que les femmes blanches, n'est pas réciproque, car Razyé ne se soucie nullement de sa libération. Condé s'élève contre la tendance à confondre les oppressions, contre les idéologies toutes faites, et contre la tendance négritudiste à rejeter en bloc la société blanche. La lettre d'Irmine fait allusion au « Cahier du retour au pays natal » d'Aimé Césaire, où l'on peut lire : « *Parce que nous vous haïssons, vous et votre raison* »[35], et : « *Ceux qui n'ont inventé ni la poudre ni la boussole* »[36]. En voulant se mettre du côté des noirs, Irmine ne fait que se sacrifier. Contrairement à l'image des hommes noirs et des femmes noires et blanches comme alliés face à la domination de l'homme blanc, le racisme ambiant ne fait qu'augmenter le sexisme.

---

33. *Ibid.*, p. 45.
34. Condé, *La Migration des cœurs*, p. 81.
35. A. Césaire, *op. cit.*, p. 59.
36. *Ibid.*, p. 42.

Le beau nègre vous emmerde, Madame

Dans *Moi, Tituba*, la protagoniste est d'abord l'esclave d'une femme qui insiste sur sa laideur, puis d'une autre qui s'exclame sur sa beauté. Selon Frantz Fanon, de telles préoccupations chez les blancs de l'apparence des noirs caractérisent une société raciste qui ne voit qu'un corps noir, et non un individu. Le « *nègre* », beau ou laid, est un objet construit dans l'imaginaire :

> – *Regarde le nègre !... Maman, un nègre !... Chut ! Il va se fâcher... Ne faites pas attention, monsieur, il ne sait pas que vous êtes aussi civilisé que nous...*
> *Mon corps me revenait étalé, disjoint, rétamé, tout endeuillé dans ce jour blanc d'hiver. Le nègre est une bête [...]*
> *– Regarde, il est beau, ce nègre...*
> *– Le beau nègre vous emmerde, madame !* [37]

La société dominante s'accapare du pouvoir de nommer, phénomène illustré dans la remarque de Tituba face aux femmes qu'elle sert :

> *Tituba, Tituba n'avait plus de réalité que celle que voulaient bien lui concéder ces femmes.*
> *C'était atroce.*
> *Tituba devenait laide, grossière, inférieure parce qu'elles en avaient décidé ainsi*[38].

Moi, Tituba est empreint des théories de Fanon, autour desquelles Condé construit des allusions satiriques. Ainsi, *Peau noire masques blancs* est évoqué lorsque John Indien, qui donne un bal, encourage Tituba à paraître plus joyeuse :

> *Ne fais pas cette tête-là, sinon mes amis diront que tu fais la fière. Ils diront que ta peau est noire, mais que par-dessus tu portes masque blanc...*[39]

Tituba s'inquiète des possibles punitions à survenir à cause de ce bal non autorisé. La réponse de John Indien prouve qu'il

---

37. F. Fanon, *Peau noire masques blancs*, 1952, p. 92.
38. Condé, *Moi, Tituba*, p. 46.
39. *Ibid.*, p. 57.

se conforme à l'image du noir fabriquée par les blancs ; elle implique aussi une ressemblance entre des idéologies censées être libératrices, et des stéréotypes oppressifs.

> *On s'attend à ce que les nègres se soûlent et dansent et fassent ripaille dès que leurs maîtres ont tourné le dos. Jouons à la perfection notre rôle de nègres*[40].

En tant que poète, Aimé Césaire évoque une conscience noire liée autant à la nature et à la transcendance qu'au refus de la rationalité « blanche »[41]. Ses idées sont ensuite appliquées à la politique notamment par Léopold Sédar Senghor, qui revendique une spécificité pan-africaine :

> *Face au monde de la technique et du progrès, l'Afrique se dresse libre, belle, fière et toujours parfumée avec ses forêts, ses fleuves, ses vastes espaces qui sont autant d'éléments d'une religion cosmique*[42].

ce qui se traduit sur le plan humain dans

> *[...] des civilisations qui ne sont pas tournées vers le profit, mais vers l'Art, la Paix, les Échanges harmonieux*[43].

Ceci ressemble au féminisme de la différence. De même, comme dans « l'écriture féminine », A. Césaire écrit d'une façon intime, corporelle, sexuelle. Dans « Cahier d'un retour au pays natal », il exalte le « *sperme insondable de l'homme* » (p. 41) ; la « *prière virile* » (p. 44 ; 46) ; « *les muscles de cette pirogue* » (p. 46) ; et (dans « Attentat aux mœurs ») « *la liberté de mes spermatozoïdes* » (p. 274). Pourrait-on parler d'« écriture masculine » ? Comme l'« écriture féminine », la poésie d'A. Césaire affirme la beauté et la puissance de son sexe, sans dévaloriser l'autre.

---

40. *Ibid.*, p. 58.
41. A. Césaire dénonce le mot « Négritude » en 1966, et surtout les théories qui se font autour de ce qu'il considérait comme un concept poétique et non politique. Condé, *Cahier d'un retour au pays natal : Césaire*, p. 43.
42. L.S. Senghor, *Liberté 3 : Négritude et civilisation de l'universel*, 1977, p. 51.
43. *Ibid.*, loc. cit.

Comme le féminisme de la différence, la Négritude revendique des idées essentialistes, qui reflètent curieusement les mêmes stéréotypes que sur les femmes : plutôt émotionnels que rationnels, plus collectifs qu'individualistes, etc. Or, Adrienne Rich discerne derrière des vénérations de l'Autre (intériorisées par l'Autre lui-même) un projet global de domination :

> *Tout peuple colonisé est qualifié par ses conquérants, de faible, féminin, incapable de se gouverner lui-même, ignorant, inculte, caduc, irrationnel, ayant besoin d'être civilisé. D'autre part, il peut être tenu pour mystique, "physique", en contact profond avec la terre ; tous les attributs de la Mère primordiale*[44].

Puisque les colonisés internalisent cette image d'eux-mêmes, Chamoiseau craint que « *nous forgions non une alternative mais un contre-modèle soumis à son modèle* »[45]. Il en va de même pour les femmes qui se liguent « *pour affirmer un "contre-univers", mais c'est encore du sein de l'univers masculin qu'elles le posent* »[46]. Bien que Tituba critique l'obséquiosité de son mari, elle-même incarne parfois des stéréotypes. Lors de son premier bal, elle avoue à John Indien qu'elle ne sait pas danser. Il lui répond : « *Une négresse qui ne sait pas danser ? A-t-on jamais vu cela ?* »[47]. En effet, Tituba se laisse aller, retrouvant un rythme ancestral, dans une expérience digne des exclamations négritudistes :

> *Mes hanches, ma taille étaient souples ! Un mystérieux serpent était entré en moi. Était-ce le serpent primordial dont Man Yaya m'avait parlé tant de fois, figure du dieu créateur de toutes choses à la surface de la terre ? Était-ce lui qui me faisait vibrer ?* [48]

Ce passage satirique ne représente pas une tendance générale chez Tituba, qui reprend bientôt sa réserve.

Condé insiste sur la déception de ceux qui se fiaient aux idéaux négritudistes. Dans *La Colonie du nouveau monde*, la

---

44. A. Rich, *op. cit.*, p. 61.
45. P. Chamoiseau, *Écrire en pays dominé*, p. 105.
46. S. de Beauvoir, *Le Deuxième Sexe*, tome II, p. 484.
47. Condé, *Moi, Tituba*, p. 34.
48. *Ibid.*, p. 34.

religion que représente Aton est conçue comme un antidote au racisme, bien que « *le monde imaginé par Aton retombe dans les mêmes hiérarchies et antagonismes qu'il avait voulu abolir...* »[49]. L'œuvre de Condé manifeste à l'égard de tout mouvement collectif, qu'il soit féministe, négritudiste, indépendantiste... une méfiance constante. En 1984, elle se dit féministe, mais en 1994 elle affirme ne plus savoir le sens de ce mot[50]. Elle se déclare marxiste et pour l'indépendance de la Guadeloupe, tout en reconnaissant qu'il s'agit d'idéaux utopistes.

Les idéologies toutes faites sont également objets de satire dans l'œuvre de NDiaye. Malgré son adhésion au Parti Radical, M. Lemarchand souhaite comme servante, afin de mieux l'exploiter, « *une toute jeune étrangère à la peau sombre et au français incertain qui aurait vécu à la maison* »[51]. Dans « Tous mes amis »[52], un professeur de collège essaie d'instruire sa domestique Séverine, quinze ans auparavant une élève en difficulté. Profitant de l'égalitarisme de son patron, elle travaille très peu, et se fâche quand il lui pose des questions personnelles, notamment de savoir si elle aime son mari. Il découvre que ce mari, Jamel, est lui aussi un ancien élève de la même classe, pas très doué. Le professeur regrette de lui avoir accordé plus d'attention à cause de son milieu défavorisé qu'à Werner, privilégié, mais réellement prometteur. Dans cette satire de la discrimination positive, le racisme est inversé, mais les potentialités individuelles sont toujours éclipsées par l'appartenance à une catégorie ou à un autre. C'est Jamel et non pas Werner qu'épouse Séverine, la petite amie de Werner au lycée. Werner, toujours amoureux de Séverine, a l'intention de tuer Jamel. Le professeur va chez la mère de Jamel pour l'avertir, mais elle sourit béatement, ne comprenant pas le français.

Dans *Papa doit manger*, les stéréotypes noir-blanc sont employés de façon satirique. Papa, noir, est conforme au

---

49. S. Moudileno, « La Qualité de l'amour chez Maryse Condé », p. 187.
50. *Ibid.*, p. 168.
51. NDiaye, *Hilda*, p. 37.
52. NDiaye, *Tous mes amis*.

cliché du père bon à rien qui fonde plusieurs familles avec différentes femmes qu'il quitte aussitôt. Zelner, blanc, représente son opposé, sec et cérébral, avec une fidélité canine et une moralité hypocrite. Papa raconte sa rencontre avec Zelner :

> *Oh, je déteste ces vertueux !*
> *Il est négligé et d'une tolérance infecte. Car il nous a conduits au restaurant et, pour m'amadouer et plaire à ma femme, il voulait mon avis, l'imbécile, sur l'Afrique et l'Afrique et l'Afrique. Patati et patata. Il a même tenté des plaisanteries, de tristes petites blagues de salle des professeurs*[53].

Zelner, pour qui Papa est en réalité un rival malpoli dont le comportement ne mérite pas de respect, s'oblige à être aimable et flatteur avec Papa. Ce n'est qu'en apprenant progressivement à haïr Papa que Zelner devient moins raciste.

> *La couleur de sa peau m'a abusé. Je croyais n'avoir pas le droit de le haïr. Toute haine à son encontre, me disais-je, est politiquement condamnable [...] Il s'est mal comporté, soit. Mais un Noir, me disais-je, n'est pas responsable de ses actes car un Noir est avant tout, et essentiellement, une victime.*
> *[...] Ce Noir n'est qu'un symbole, me disais-je.*
> *Ce Noir est notre esclave, il est juste et bon qu'il nous échappe. Qu'il nous piétine, qu'il nous assassine, me disais-je. Ce sera encore juste et bon*[54].

En voulant condamner le racisme, Zelner s'embrouille de plus en plus, dans sa vision déshumanisante du Noir, réaction contre le racisme traditionnel représenté par la grand-mère de Maman :

> *– Mais ton mari, ma petite fille, nous a toujours révoltés. Il n'existe rien au monde qui soit aussi noir que sa peau. De ce seul fait, nous n'avons jamais su comment nous adresser à lui. [...]*
> *Il était comme une bête pour nous, mais une bête d'une espèce inconnue et répugnante*[55].

---

53. NDiaye, *Papa doit manger*, p. 41-42.
54. *Ibid.*, p. 65-66.
55. *Ibid.*, p. 53.

Zelner se débarrasse du racisme justement lorsqu'il décide non pas de lui pardonner à cause de sa peau, mais de le haïr en tant qu'individu :

> *Je dois lui dire qu'il est à présent pour moi un personnage véritable et accompli, je dois lui dire que je le hais et le méprise au plus haut point*[56].

Comme partout chez NDiaye, ainsi que chez Condé, le politiquement correct de Zelner n'inclut pas une sensibilisation envers la condition féminine (qu'il exploite, en contrôlant Maman par des récompenses financières dont elle a besoin en tant que mère célibataire). Il la tient pour responsable des malheurs que lui inflige Papa :

> *Tout est de notre faute, pensais-je.*
> *Et c'est bien sans doute aussi, me disais-je, de sa faute à elle s'il l'a abandonnée*[57].

Le patriarcat transcende la couleur, de sorte que le politiquement correct antiraciste n'améliore pas la condition des femmes (noires ou blanches). Il est significatif que la satire du féminisme, si récurrente dans les médias, soit absente de ces romans. Condé et NDiaye illustrent le fait que les idéologies censées avancer la cause des Noirs ne libèrent pas forcément les Noires, tout aussi assujetties aux oppressions sexistes.

---

56. *Ibid.*, p. 66-67.
57. *Ibid.*, p. 66.

Rêver entre les lignes

À quoi sert le souvenir ? Est-il nécessaire pour survivre, ou susceptible de tuer ? Chez Condé, les noirs rêvent d'une gloire lointaine de l'Afrique, et oublient dangereusement les injustices du présent : « *Le passé doit être mis à mort. Sinon, c'est lui qui tue* »[58]. En revanche, si l'histoire est ignorée, elle revient sous des formes fantomatiques. Afin de dépasser l'histoire, faut-il d'abord la connaître ?

> *L'Histoire même est un fantôme à confronter, à exorciser, à utiliser, à dépasser*[59].

Le passé agit sur le présent, parfois d'une façon furtive. L'individu, ou même une ville entière, peut être hanté par le passé, qui resurgit à sa guise pour réclamer une place dans la mémoire individuelle ou collective.

> *Tu dis qu'il n'y a pas de mots pour décrire ce temps, tu dis qu'il n'existe pas. Mais souviens-toi. Fais un effort pour te souvenir. Ou, à défaut, invente*[60].

Dans *Opéra muet,* une femme entremêle son propre destin et celui de Shamhat, courtisane de *l'Épopée de Gilgamesh.* Le protagoniste, Gabriel, la rencontre dans un café, où elle lui parle de Shamhat comme à la fois Parisienne du XXe siècle et courtisane de la Babylone antique. Bien que Shamhat ait un rôle instrumental dans *L'Épopée de Gilgamesh,* sa propre volonté n'est jamais abordée. La Shamhat contemporaine s'interroge sur les sentiments de la Shamhat antique :

> *C'est grâce à elle qu'il est devenu un homme. Et elle, l'histoire ne dit pas si elle l'a aimé, lui. L'histoire se tait, pourquoi ?* [61]

Dans sa version contemporaine de la légende, elle part dans le désert, tombe amoureuse d'un homme et l'amène à

---

58. Condé, *Les Derniers rois mages,* p. 124.
59. L. Parkinson Zamora, « Magical Romance/ Magical Realism », p. 503.
60. Monique Wittig, *Les Guérillères,* p. 127.
61. Germain, *Opéra muet,* 1989, p. 105.

Paris. Il la quitte, et elle passe ses jours à chercher son nom dans les annuaires téléphoniques. Est-elle folle ? Schizophrène ? Le roman ne la juge pas. La seule explication de son comportement est qu'elle « *traque le passé* », en courant « *au-devant de sa propre douleur* » (p. 133). La nouvelle Shamhat connaît les sentiments de l'ancienne, malgré les silences de l'histoire, grâce à son propre vécu, et à une passion qui transcende les limites du savoir officiel et de l'histoire (au masculin).

> *Il lui fallait creuser, creuser sans fin dans sa mémoire, dans son amour et sa douleur – creuser des millénaires à rebours*[62].

Dans *La Pleurante des rues de Prague*, les non-dits de l'histoire et ce que les Pragois veulent oublier, se manifestent à travers la géante qui « boite sans fin » entre le passé et le présent :

> *Elle est la mémoire de la ville, – la mémoire côté ombre, celle des pauvres et des petits, de ceux et celles dont l'Histoire ne retient pas les noms et oublie les souffrances. Elle est la mémoire dénuée de toute gloire, celle qu'on n'écrit pas, qu'on n'illustre ni ne chante ni ne dore à l'or étincelant des mythes et des légendes*[63].

L'histoire est racontée par les conquérants. Ils imposent leur vision, leur « *hallucination délibérée* », pour justifier leurs conquêtes passées ainsi que la pérennité de leur domination sur la pensée. L'histoire refoulée est incarnée par une femme vieille, handicapée, fantomatique.

Le roman *Les Baigneurs du lac Rose* de l'Ivoirienne T. Boni illustre le fait que « *la grande histoire se déroule toujours comme un tapis rouge autour du pouvoir* »[64] de sorte que, pour découvrir d'autres vérités, il faudrait « *rêver entre les lignes de l'histoire officielle* »[65]. Dans sa recherche de la véritable histoire du conquérant africain, Lénie emploie des méthodes magiques. Son histoire révisée repose non seule-

---

62. *Ibid.*, p. 107.
63. Germain, *La Pleurante des rues de Prague*, 1994, p. 116.
64. T. Boni, *op. cit.*, p. 84.
65. *Ibid.*, p. 87.

ment sur des faits reconnus ou non, mais aussi sur l'intuition et sur l'invention :

> *Voir, écouter, goûter la chaleur du vent, qui, seul, indique le sens de l'histoire à inventer*[66].

Le concept d'histoire ressentie, élaboré par John Burt Foster, décrit la réaction, inscrite dans le corps, à un événement historique ou à venir, inaccessible par le conscient[67]. Histoire et imaginaire s'entremêlent selon les intuitions, les émotions, les besoins. Dans *Desirada*, Marie-Noëlle reconstruit par rêverie le passé de sa mère[68]. Dans *Les Derniers Rois mages*, Debbie transcrit l'histoire orale d'Agnès Jackson, mais, selon Spéro, ses visites ne servent qu'à « *lui permettre de refaire à sa fantaisie le temps passé de son existence* »[69].

La Vie scélérate[70] raconte la genèse d'une bourgeoisie noire, en suivant la même famille de 1904 (époque de la construction du Canal de Panama) jusqu'aux années 80. Ce roman est présenté comme un véritable ouvrage historique sur la famille du narrateur, avec des notes en bas de page ou entre parenthèses, qui suggèrent sa véracité. Condé invente même le titre d'un livre qu'elle cite, *La Guadeloupe inconnue*[71], tandis qu'une note moins académique affiche une incursion du postmoderne : « *Je me demande ce que sont devenues ces photos* »[72]. Ces notes suggèrent la validité de l'imagination comme moyen de connaître l'histoire. L'une d'elles constate :

> *(Je ne possède pas le texte de cette lettre, mais je peux aisément en imaginer le contenu)*[73].

La liberté d'imaginer au-delà des limites du réel favorise la récupération des portraits et des sentiments de personnes par

---

66. *Ibid.*, p. 104-105.
67. J.B. Foster Jr., « Classical Realism Transformed », p. 273.
68. Condé, *Desirada*, p. 91.
69. Condé, *Les Derniers Rois mages*, p. 96.
70. Condé, *La Vie scélérate*.
71. *Ibid.*, p. 133 ; 263.
72. *Ibid.*, p. 167.
73. *Ibid.*, p. 119.

ailleurs ignorées par l'histoire. Non seulement le réalisme magique aide à explorer une complexité existentielle, mais il contribue aussi à l'élaboration d'un courant de pensée situé en dehors des discours dominants :

> *L'écriture romanesque lutte contre l'amnésie provoquée par la parole officielle*[74].

Dès que les limites du possible sont levées, l'imagination chemine vers une vérité plus profonde.

Quel est le rôle de l'écrivain dans la construction d'un nouveau paradigme social ? L'écriture, constitue-t-elle en elle-même une action politique, ou plutôt une consolation pour des actions rêvées mais inaccomplies ? Condé ne s'étonne pas qu'A. Césaire soit à la fois poète et politicien. À ce propos, elle note :

> [...] *par un phénomène fréquent, il se venge dans l'écrit et l'imaginaire de ce qui ne se réalise pas par l'action. L'œuvre d'un écrivain est aussi refuge et compensation*[75].

Certains désirs de changements ne peuvent aboutir que dans la fiction. Mais ces fictions inspirent à leur tour des réalités, en décloisonnant l'imaginaire et en ouvrant le champ au possible. L'œuvre de Condé porte l'influence de la génération engagée qui la précède (l'existentialisme, la Négritude...)[76] ainsi que de la décolonisation et des luttes féministes de son temps. Cependant, elle affirme que le travail de l'écrivain est plutôt de « *poser des questions et non pas d'y répondre* »[77]. Tout en recréant des mythes et des histoires, Condé s'interroge sur ses propres pensées en « *repoussant insidieusement les idéologies rassurantes* »[78]. Elle constate la difficulté de distinguer entre l'héroïsme et l'ironie[79], ambiguïté qui prévient des interprétations trop doctrinaires. Elle ne cherche pas à véhiculer un point de vue mais à réfléchir en dehors des

---

74. J.P. Durix, « Le Réalisme magique », p. 14.
75. Condé, *Cahier d'un retour au pays natal : Césaire*, p. 30.
76. *Ibid.*, p. 162.
77. *Ibid.*, p. 139.
78. *Ibid.*, p. 107.
79. E. Wilson, « Sorcières, sorcières... », p. 106-107.

idées préconçues. Les opprimés se trouvent emprisonnés dans des modèles imposés soit par les oppresseurs, soit en réaction contre eux. Ainsi, l'œuvre de Condé revendique plutôt une liberté individuelle qu'une solidarité de groupe. Elle dénonce les stéréotypes, qu'ils soient conçus pour perpétuer l'oppression ou pour affirmer une identité collective.

Condé avoue l'influence de l'épopée burlesque sur *Moi, Tituba*. Elle fait la satire des épopées masculines, qu'elles soient européennes ou africaines. Dans une épopée traditionnelle, le héros fonde une nation par la guerre ou par l'expansion de son territoire, et les valeurs officielles sont renforcées. Tituba mène une révolution des colonisés, pour expulser précisément les conquérants[80]. *Ségou* ressemble à une véritable épopée africaine. Cependant, il renferme des moments de subversion, dans sa dénonciation non seulement du colonialisme, mais aussi de la domination masculine.

Certains réalistes magiques contournent le concept traditionnel d'autobiographie. Tel est le cas d'Oscar Acosta, *The Autobiography of a Brown Buffalo,* ainsi que de Maxine Hong Kingston, *The Woman Warrior : Memoirs of a Girlhood among Ghosts.* Américains, d'origines respectivement hispanique et chinoise, ces deux auteurs commentent indirectement le fait que les « minorités » ethniques sont toujours obligées de prouver la réalité de leurs expériences, dans la mesure où elles diffèrent de celles des dominants. En abordant volontairement l'irréel, ces deux auteurs subvertissent ce besoin. Ils utilisent le réalisme magique pour déstabiliser le genre autobiographique, tout en montrant que les occurrences réelles sont parfois aussi de la fiction[81]. De même, le sous-titre d'un livre de Condé, *Le Cœur à rire et à pleurer : contes vrais de mon enfance,* abolit les limites entre l'autobiographie et le conte. Le paradoxe « contes vrais » est conforme aux tendances de la protagoniste, qui aime inventer des histoires, voire les présenter comme des réalités. Rushdie se moque de lui-même dans *Les Versets sataniques,* à travers un

---

80. Carla L. Peterson, « Le Surnaturel dans *Moi, Tituba, sorcière noire de Salem* de Maryse Condé et *Beloved* de Toni Morrison », p. 99-100.
81. F.L. Aldama, *op. cit.*, p. 64.

personnage qui partage son prénom. Un des trois premiers disciples de Mahound est « *une sorte de clochard qui vient de Perse et qui porte le nom extravagant de Salman* »[82]. Tous trois sont appelés « *canailles* », « *crétins* » et « *foutus clowns* »[83]. Le réalisme magique est-il, en quelque sorte, une parodie du réalisme ? La révision littéraire du passé est à la fois une réinvention des aspects perdus et l'élaboration des projets pour l'avenir. Dans les mots de Chamoiseau, il s'agit d'élaborer des « *géographies sans cartes* », dans la création d'un paradigme véritablement nouveau, dépassant les oppressions du passé.

---

82. Rushdie, *Les Versets sataniques*, p. 136.
83. *Ibid.*, p. 136.

Conclusion

Se forgeant dans la confluence des cultures caractéristique du monde contemporain, à la fois interrogation critique et célébration carnavalesque de l'hybridité, le réalisme magique réunit le concret et l'onirique, le politique et le poétique. La remise en cause de la domination est au cœur du réalisme magique dès ses débuts : il dénonce en Amérique latine les dictatures et dans les pays décolonisés, le legs de la culture imposée. Le recul vis-à-vis du réel permet de mieux le commenter, en répondant aux paradoxes d'un monde à la fois chaotique et ordonné, étriqué et étendu, utopique et nihiliste. À l'heure de la mondialisation et de l'homogénéisation culturelle, contre lesquelles s'insurgent des tendances communautaristes, l'écart entre dominants et dominés, ainsi que l'internalisation chez les dominés des valeurs dominantes, sont plus grands que jamais. Or, la division hiérarchisée du monde en deux sexes, prétendument naturelle, constitue le paradigme de toute situation de domination.

Le réalisme magique capte la collision des idéologies antinomiques. Chez les romancières du corpus, les doctrines officielles (masculines) sont ébranlées par des contre-pouvoirs féminins. Le lien femme-magie, au cœur des quêtes identitaires, est remis en valeur, parfois d'une manière satirique. Diverses époques sont représentées qui, avec des anachronismes évidents, servent à commenter la nôtre. Peut-on parler d'une identité féminine dans notre époque individualiste qui se veut égalitaire, ou la femme est-elle simplement « un homme comme les autres » ? La magie, et particulièrement la figure de la sorcière, fonctionnent comme symboles d'une féminité qui ne peut et ne veut s'assimiler à la société patriarcale. Comme les pays décolonisés, les femmes affrontent de nouveaux dilemmes : comment revaloriser le féminin, sans tomber dans un essentialisme réducteur ? Les femmes dans les romans du corpus étudié se heurtent à des barrières rendues invisibles par la rhétorique d'une égalité supposée, mais qui n'est toujours pas réalisée.

Le lien femme-magie implique une certaine universalité, voire une solidarité. Toutefois, les protagonistes « sorcières » restent essentiellement à l'écart, exilées par nécessité ou par choix. Les femmes qui s'éloignent des rôles prescrits subissent l'exclusion de leur communauté et de leur famille. Elles cherchent la transcendance dans l'amour, qui est généralement décevant. Elles « *ne peuvent pas se passer des hommes* », ce qui met en danger leur identité, tout en inaugurant, paradoxalement, leur entrée dans la société. Seules, elles subviennent à leurs besoins, mais resteront à l'écart. La magie rend possible une autonomie féminine (trop solitaire), mais l'amour ramène à la collectivité et à la soumission. Les protagonistes oscillent entre ces deux possibilités imparfaites.

Malgré leurs différences formelles, les œuvres du corpus se caractérisent par des ressemblances thématiques : la maternité n'est heureuse et libre que dans le contexte des adoptions ; la sorcière représente un contre-pouvoir féminin et autonome qui ne se plie pas aux persécutions misogynes ; la protagoniste est réellement ou symboliquement exilée. Les rapports de domination sont explorés dans leurs dimensions imbriquées : raciale, socioéconomique, sexuelle, sans que la critique implicite ne retombe dans la rhétorique unidimensionnelle du « politiquement correct ». Fréquemment axés sur la mémoire et l'oubli, ces romans suggèrent la difficulté de construire une identité authentique et libre, à l'intérieur d'un système patriarcal rempli de contradictions et de codes obscurs. Les identités se transforment, le réalisme n'étant jamais suffisant pour représenter la complexité de l'individu dans ses relations familiales et sociales. De nouvelles approches littéraires et culturelles se créent. L'histoire, racontée jadis par les conquérants, doit être réinventée.

Les trois romancières sont concernées par le thème du passé. Chez NDiaye, les personnages se dévêtent facilement d'une identité, pour en concevoir une autre ; en revanche, l'angoisse des individus coupés de leur passé resurgit sous la forme de l'amnésie et sous l'apparence de fantômes. Germain et Condé incarnent à travers les personnages des souvenirs refoulés dans les ombres de l'histoire. La vérité historique étant souvent indiscernable, elle est moins importante que la création de mythes alternatifs.

L'étendue des réalités psychologiques ne peut être représentée par une stricte mimesis. Libre des contraintes positivistes, le réalisme magique comble les lacunes en véhiculant des réalités affectives. Nos vies se construisent non seulement dans le vécu mais aussi dans l'imaginaire. La magie fonctionne comme langage pour véhiculer l'indicible, à travers des faits surnaturels, des images et le silence. Le silence invite le lecteur à se rapprocher davantage de la protagoniste, à travers la communication non verbale, augmentant ainsi son engagement avec le texte. Il signifie le refus d'un langage toujours partiel, inaccompli, fragmentaire, rempli d'imprécisions, de distorsions, de manipulations conscientes ou inconscientes. Le langage n'est jamais neutre, mais s'entoure de connotations historiques inscrites dans un système de valeurs. Puisque la domination s'instaure, se justifie, se maintient et se propage par la parole, la remise en cause de la domination implique de nouvelles stratégies linguistiques.

Le réalisme magique représente un grand potentiel pour explorer la place du masculin et du féminin dans le monde actuel. Depuis la publication du *Deuxième Sexe* en 1949, les rôles des sexes ont basculé avec une rapidité et une ampleur sans précédent. Cependant, les comportements sexuellement conditionnés et les disparités résultantes sont encore ubiquitaires. La véritable libération exigera d'abord l'exorcisme d'un conditionnement millénaire qui place le masculin au-dessus du féminin. Tandis que les femmes ont avancé dans les sphères jadis masculines, les hommes mettent plus de temps à « *investir* » les sphères domestique et familiale. Si les féministes ont créé de nouvelles identités, peu d'hommes s'interrogent sur un concept de la virilité qui ne repose pas sur la domination[1]. Les changements dans le comportement masculin sont-ils moindres parce que les hommes ne les ont pas initiés eux-mêmes, s'accrochant à leurs privilèges ?

La « décolonisation » des femmes ressemble aux luttes pour l'autonomie culturelle. La reconnaissance de l'oppression des femmes (au même titre que celle des autres oppressions, voir comme leur modèle suprême) permettra enfin au féminisme d'émerger du « ghetto » sur les marges du patriarcat, pour devenir une priorité globale. Les hommes doivent reconnaître que leur véritable libération coïncidera avec celles des femmes. Le monde n'est pas encore prêt à abolir la classification des êtres selon leur sexe. En attendant, une profonde remise en cause des images traditionnelles ouvre la voie à plus d'opportunités à l'intérieur du système actuel, tandis que le réalisme magique invite à explorer des structures inédites. En introduisant dans le quotidien des réalités subjectives, intuitives et oniriques, le réalisme magique encourage à déraciner les valeurs patriarcales pour créer une société qui favorise non pas une trop faible et ambigüe égalité des droits, mais une redéfinition du féminin pour que les femmes accèdent réellement au statut d'humain. Cette étape me semble nécessaire pour aboutir à une société qui ne sera plus basée sur deux classes sexuelles, l'une dominante et l'autre dominée ; seulement par la suite pourrions nous déterminer, au-delà des millénaires de conditionnement, qui nous sommes.

---

1. John Rowan, *The Horned God* et Robert Bly, *L'Homme sauvage et l'enfant*, figurent parmi les quelques exemples de ce genre d'efforts. Le premier utilise des images des dieux néopaïens et le deuxième explore comment l'identité masculine imposée contraint et opprime les hommes.

Résumé du corpus

Maryse Condé

Célanire cou-coupé

Célanire, originaire de la Guadeloupe, est envoyée en Guinée pour gérer un orphelinat pour enfants métis. Célanire elle-même fut une enfant abandonnée, sacrifiée pour assurer le succès d'un homme politique, puis sauvée par le docteur Pinceau, admirateur de *Frankenstein*, qui devient son père adoptif. Cette jeune femme exerce de mystérieux pouvoirs sur son entourage, de sorte que son orphelinat devient un lieu idyllique, y compris pour les femmes cherchant refuge face aux atrocités misogynes. Mais le malheur suit les personnages rejetés par Célanire, qui souhaite se venger des assassins, voire du monde entier. Sous-titré « roman fantastique », il laisse le lecteur dans le doute : est-elle une sainte ou un diable, une bonne dirigeante humanitaire ou une sorcière égoïste ?

La Colonie du nouveau monde

Afin d'échapper au racisme contemporain, Aton fonde un culte axé sur la vénération des dieux égyptiens, se déclarant l'incarnation du dieu du soleil. Mais son retrait du monde laisse sa famille dans l'extrême précarité, et la protagoniste Tiyi, « épouse du soleil » perd foi dans les capacités mystiques de l'homme qu'elle a suivi. Personne ne protège leur fillette aînée, Néfertiti, des viols commis par Rudolph, un jeune Allemand venu se joindre à leur communauté, la poussant au suicide. Un pratiquant noir, ironiquement relégué au rôle de serviteur, est accusé de l'avoir assassinée, lorsqu'ayant perdu la foi lui aussi, il vole l'argent de Rudolph et prend la fuite. Le délire mystique n'est aucunement une solution pour combattre le racisme, et le patriarcat noir ou blanc est tout aussi néfaste à l'égard des femmes.

Histoire de la femme cannibale

Rosélie, peintre et magnétiseuse noire, vit en Afrique du Sud avec son mari, un universitaire blanc. Ennuyée par la vie, elle semble être dans une impasse lorsque son attention est attirée par une controverse médiatique : Fiéla est accusée d'avoir tué et congelé son mari. Rappelant la chasse aux sorcières, le public est convaincu de sa culpabilité, tandis que l'accusée garde un silence ambigu. Que Fiéla soit coupable ou non, Rosélie s'inspire d'elle comme symbole de résistance aux structures masculines, précisément ce qu'il lui faut pour reprendre sa propre autonomie.

La Migration des cœurs

À travers cette réécriture des *Hauts de Hurlevent* d'Emily Brontë, des dynamiques raciales sont explorées. L'action se déroule en Guadeloupe, entre Cathy, métisse, et Razyé, noir. La protagoniste rejette cet ami d'enfance, accordant la préférence à son héritage blanc en épousant le bourgeois Aymeric de Linsseuil. Accablé de tristesse et de ressentiment, Razyé part pour faire fortune. De retour, il épouse la belle-sœur de Cathy, et, sur son corps de femme, exerce sa vengeance contre la race blanche. Cathy ne sort pas indemne, elle non plus, d'une société où le racisme entre noirs et blancs détruit surtout la vie des femmes.

Moi, Tituba, sorcière noire de Salem

Inspiré du célèbre procès de sorcellerie en Nouvelle-Angleterre du XVIe siècle, ce roman comble les lacunes du passé, tout en présentant des anachronismes pour commenter le racisme et le sexisme des États-Unis de nos jours. Pour l'amour de John Indien, marionnette des maîtres, Tituba quitte sa vie de recluse pour devenir esclave. Cette guérisseuse et médium avoue que son défaut est « d'aimer trop l'amour », dans une société qui « sert trop bien les hommes », qu'ils soient noirs ou blancs. Sa solidarité avec sa maîtresse, mariée à un révérend méprisable, est rompue par la faiblesse de cette femme (conforme au stéréotype de la blanche). En prison, Tituba rencontre Hester Prynne (la protagoniste de *La Lettre écarlate*) elle aussi réinventée comme héroïne féministe. Après la prison, Tituba est achetée par un marchand juif qui devient son amant. Lorsqu'il la libère, Tituba retourne à sa Barbade natale où elle fomente une révolte, mais elle est assassinée juste avant l'événement, trahie encore une fois par un amant.

Ségou

Cette épopée africaine en trois tomes retrace l'histoire d'une famille de nobles (les Traoré) habitant la ville de Ségou (dans l'actuel Mali). Elle commence avec l'apparition du premier homme blanc, et s'achève à l'époque coloniale. Le premier tome raconte la vie animiste, le deuxième la conquête par l'Islam, et le troisième l'implantation du christianisme. La déchirure de la société traditionnelle entraîne de plus en plus de malheurs, y compris une dégradation de la condition féminine. Les protections traditionnelles disparaissent, sans être remplacées. L'islam divise la population, tandis que le christianisme enlève tout repère. Dans cette œuvre aux multiples personnages et histoires, qui suit l'éparpillement des Traoré, le monde des esprits n'est jamais loin, mais perd de sa puissance face au colonialisme. Les détails historiques et ethnographiques sont complétés par des constats pertinents sur les libérations raciale, culturelle et féminine de nos jours.

Marie NDiaye

En famille

Une jeune femme retourne à son domicile natal après un an d'absence, mais personne ne la reconnaît (pas même les chiens). Cette amnésie mystérieuse, volontaire ou non, accable la protagoniste, qui essaie désespérément de se réinsérer dans le contexte familial et villageois. Sa famille l'appelle « Fanny », mais son véritable prénom, jamais dévoilé au lecteur, est occasionnellement employé par les anciens. Fanny cherche sa tante Léda, elle aussi mystérieusement exclue de la famille. Elle poursuit également son cousin Eugène, en espérant se marier avec lui, mais accepte les avances sexuelles de son oncle Georges pour gagner l'approbation de sa femme « Tante Colette », figure importante dans la hiérarchie familiale. Fanny devient serveuse, puis caissière, mais elle est si remplaçable que même sa mère fait semblant de ne pas la voir, lorsque leurs chemins se croisent. Dans un monde cruellement indifférent, Fanny cherche en vain quelque vérité ancienne, éternelle et mythique.

La Femme changée en bûche

La protagoniste découvre l'infidélité de son mari et se venge en faisant disparaître, avec l'aide du Diable, leur bébé. Mais lorsqu'elle se rend chez son complice, elle est confrontée à un labyrinthe bureaucratique. La vie ne lui offrant aucune opportunité, elle met toute sa foi en ce personnage puissant. Sa meilleure amie, chef dans une agence de conversations téléphoniques, n'accepte plus de lui prêter de l'argent pour satisfaire ses caprices. Abandonnée à ses propres ressources limitées, elle accepte de devenir une bûche de bois flottant sur une rivière – répit provisoire dans un monde déshumanisant. Ensuite, elle se plie à un rôle qu'elle méprisait auparavant : secrétaire du Diable. Raconté parfois comme un conte, ce roman aborde la déshumanisation, allant de l'infidélité d'Esmée, à une bureaucratie omniprésente et omnipotente. L'ambiguïté de la métamorphose en bûche suggère l'incapacité d'exprimer son intégrité dans le cadre des structures admises.

Hilda (théâtre)

Bourgeoise ménagère insatisfaite, Madame Lemarchand cherche une femme de peine. Intriguée par son prénom, elle choisit Hilda. La patronne s'accapare progressivement la vie de sa servante, l'obligeant à quitter son mari et ses propres enfants, tout en essayant en vain de séduire son mari, Franck. À cette fin, elle essaie d'échanger d'apparence avec Hilda. Mais elle ne réussit pas à conquérir Franck, qui est en même temps son rival dans l'affection d'Hilda. La pièce transcrit leurs dialogues, tandis qu'Hilda elle-même est absente. Franck remplace Hilda par sa sœur Corine, mais aucune remplaçante ne convient à Madame Lemarchand, quelque peu mélancolique d'avoir réduit l'objet de sa fascination à une créature semi-catatonique, qui arrive à peine à accomplir quelques tâches simples. Cette pièce satirique suggère plusieurs interprétations allégoriques, telles que celle du mariage traditionnel comme ennemi de la libération des femmes.

Papa doit manger (théâtre)

Papa revient après quelques années chez Maman et leurs deux filles. Il escroque Maman afin de nourrir sa nouvelle famille. Il se sert de son bébé, mais aussi du racisme, comme prétextes pour ne rien accomplir dans sa vie. Maman, entre temps, a pris pour compagnon un professeur de français, blanc et bien-pensant, qui pardonne tout à Papa à cause de sa couleur de peau. Le complexe de victime est dénoncé à la fois comme absurdement contre-productif (chez le Noir) et raciste (chez le Blanc). L'insatisfaction de Maman avec Zelner, avec qui la vie sexuelle tourne autour des exercices de grammaire, la pousse malgré elle vers la chaleur capricieuse et trompeuse de Papa. Mina, la fille aînée, s'échappe de ces modèles malsains et entame une vie bien rangée. Mais elle non plus ne parvient pas à condamner Papa, et accepte même qu'il s'installe chez elle dès que son indépendance est acquise.

Rosie Carpe

Rosie travaille dans un hôtel où elle devient l'amante du manager, Max. Celui-ci l'entraîne à réaliser avec lui des films pornographiques et lors d'une tournée elle tombe enceinte. Max promet de quitter sa femme pour se marier avec elle et, en attendant, l'installe dans un appartement non loin de chez lui. Un jour, elle reçoit une invitation au mariage de Max, qui a quitté sa femme pour une autre. À la fête du mariage, Rosie boit jusqu'à l'inconscience, et n'aura donc pas de souvenir des circonstances de sa deuxième grossesse. Elle part pour la Guadeloupe où ses parents et son frère se sont installés pour ouvrir un sex-shop. Elle trouve ses parents vivant au dépens de l'amant de sa mère, enceinte elle aussi. Tout comme sa mère ne s'intéresse plus à elle, Rosie abandonne son fils, puis des années plus tard, s'installe chez lui.

La Sorcière

Lucie, ménagère de banlieue, possède de faibles pouvoirs magiques. Hérités d'une longue lignée de femmes plus ou moins sorcières, ils ne lui permettent que de prévoir des faits insignifiants. Ceci n'est pas le cas de ses filles jumelles, initiées elles aussi lors de l'adolescence. Elles utilisent leur pouvoir pour se transformer en corneille. Entre temps, Isabelle, voisine importune, abandonne sa famille pour entamer une illustre carrière de directrice d'une université de spiritisme pour jeunes filles. Le mari de Lucie part pour refaire sa vie avec une autre, tandis que la mère de Lucie, grande sorcière, transforme son père en escargot pour lui éviter d'aller en prison. Ironiquement, il se trouve en prison avec Lucie, qui le garde dans une boîte d'allumettes. Ayant accepté un emploi de professeur dans l'université spiritiste, elle se retrouve accusée de charlatanisme, alors que le gardien de la prison la persécute comme une véritable sorcière.

Sylvie Germain

L'Encre du poulpe

Laure, qui vient de quitter son mari, erre de ville en ville. Ne sachant pas où aller pour se réchauffer, elle entre dans un aquarium et, après des tentatives de communiquer avec d'autres créatures marines, se trouve face à face avec un poulpe. Dans cette nouvelle écrite, curieusement, pour la jeunesse, Laure abandonne ses projets de suicide grâce à la compassion qui émane de ce poulpe. La communication corporelle avec cet émissaire de la mer éternelle encourage Laure à reprendre sa vie en main. La symbolique de l'encre est significative chez cet auteur qui conçoit le monde comme un ensemble de livres à déchiffrer.

L'Enfant Méduse

Lucie Daubigné habite à la campagne avec ses parents et son demi-frère adulte, Ferdinand, fils du premier mari mort dans les tranchées. L'enfance de ce dernier étant brutalement abrégée par la mort de son père et les obsessions de sa mère, il devient violeur et assassin. Personne n'explique à Lucie les étranges circonstances de la mort de ses deux camarades, de sorte qu'elle met du temps à comprendre, lorsqu'elle-même est violée, que son agresseur est ce même assassin. Il ne la tue pas, mais entre chaque soir par sa fenêtre. Les circonstances des atrocités indicibles se transforment dans son imaginaire selon les conventions des contes de fées. C'est par cette même logique qu'elle trouve les moyens de se venger, parvenant à méduser son agresseur.

Jours de colère

Cette saga familiale se déroule dans un paysage à la fois mythique et réaliste. Dans une forêt reculée, habitent les Corvol, riches patrons des bois, les Verselay et les Mauperthuis, bûcherons. Un soir Ambroise Mauperthuis surprend le patron en train d'assassiner sa femme. En échange de son silence et de l'enterrement du cadavre, Vincent Corvol lui lègue les forêts. Ambroise n'y trouve aucun bonheur, car il est hanté par la beauté du cadavre. Il exige que son fils se marie avec la fille de Corvol, mais celui-ci préfère l'obèse et dolente Reine Verselay. Persécuté par ce patron, qui a renié la famille, ils vivent dans la joie simple d'une foi syncrétique, qui attribue à Reine un statut de déesse-mère et d'assimilation à la Vierge Marie, et à ses neuf fils celui d'anges des bois.

Le Livre des nuits

Ce premier roman de Sylvie Germain raconte les fondations mythiques d'une famille, dont l'arbre familial, remontant au XIXe siècle, se prolonge jusqu'à l'époque contemporaine dans *Nuit-d'Ambre*. Fondateur de la « dynastie » Péniel, Victor-Flandrin (Nuit-d'Or-Gueule-de-Loup) est le fruit d'une union incestueuse, thème récurrent dans cette histoire de genèse constamment troublée par les guerres. Nuit-d'Or connaît quatre épouses, dont trois meurent en mettant au monde des jumeaux, éblouies par la même vision des étoiles que celle de la mère de Nuit-d'Or en le mettant au monde. Les enfants portent tous les traces de leur paternité : des étincelles d'or dans les yeux et l'absence d'ombre. Bien plus tard, une quatrième épouse résiste à l'éblouissement, mais n'échappe pas aux nazis.

Nuit-d'Ambre

Nuit-d'Ambre est le petit fils de Nuit-d'Or (protagoniste du *Livre des nuits*), dans ce roman axé sur les identités grotesques et attendrissantes des enfants privés d'attention dans un monde adulte aveuglé par ses propres malheurs. Adolescent, Nuit-d'Or quitte son royaume de « prince méchant » qui hante les ruines, pour s'installer à Paris où il arrive juste à temps pour les bouleversements de 1968. Sa vie d'étudiant se complète par des intrigues sordides, avec des gens aussi retors que lui. Ensuite il rencontre l'incarnation de l'innocence dans la personne d'un autre enfant négligé, Roselyn, lui aussi venant d'un ailleurs éloigné. Le protagoniste ne supporte pas l'invitation à se confronter à son propre passé, et met en scène l'assassinat carnavalesque de Roselyn, qui le hantera pour le reste de sa vie. Entre temps, dans le pays de Nuit-d'Ambre, Mahaut revient de l'Orient colonial et devient la cinquième épouse de Nuit-d'Or, presque centenaire. Elle accouche de jumeaux à qui elle est si indifférente qu'elle n'accorde pas de prénom à « Septembre » et « Octobre ». Adolescents, ils découvrent dans une serre une handicapée mentale avec qui ils ont des rapports sexuels produisant un autre enfant abandonné par sa mère ; ils l'élèveront clandestinement.

Opéra muet

Photographe professionnel, Gabriel habite le même bâtiment parisien depuis de nombreuses années. Le départ, des années auparavant, d'une femme qu'il aime encore le contraint à une vie plutôt retirée du monde. Mais au fur et à mesure qu'il observe la démolition du bâtiment situé en face de chez lui, il perd sa force intérieure. Un médecin lui conseille de partir en vacances. Il entre dans une agence de voyage, se munit de dépliants, puis s'installe dans un café. Intrigué par une photo d'oranges, il est abordé par Shamhat, une femme qui fait l'amalgame de sa vie et de celle de la courtisane de *L'Épopée de Gilgamesh*. Elle passe ses journées à chercher dans l'annuaire le numéro de son héros perdu, dans cette réécriture du point de vue féminin de la légende babylonienne. En rentrant chez lui, Gabriel achète une énorme quantité d'oranges et en remplit sa chambre, se guérissant grâce au changement qui s'effectue ainsi dans son paysage mental.

Bibliographie

Corpus

(*Les titres en gras signalent les romans les plus analysés, dont un résumé précède cette bibliographie*)

CONDE Maryse

- *Comme deux frères* (théâtre), Carnières (Belgique), Lansman, 2007.
- *À la courbe du Joliba*, Paris, Grasset-Jeunesse, 2006.
- *Victoire, les saveurs et les mots*, Paris, Mercure de France, 2006.
- **Histoire de la femme cannibale, Paris, Mercure de France, 2003.**
- *La Planète Orbis*, Pointe-à-Pitre, Jasor, 2002.
- *La Belle Créole*, Paris, Mercure de France, 2001.
- *Rêves amers*, Paris, Bayard jeunesse, 2001.
- **Célanire cou-coupé, Paris, R. Laffont, 2000.**
- *Le Cœur à rire et à pleurer : contes vrais de mon enfance*, Paris, R. Laffont, 1999.
- *Haïti chérie*, Paris, Bayard, 1998.
- *Desirada,* Paris, R. Laffont, 1997.
- *Pays mêlés* (nouvelles), Paris, R. Laffont, 1997.
- *Une Saison à Rihata*, Paris, R. Laffont, 1997.
- **La Migration des cœurs, Paris, R. Laffont, 1995.**
- **La Colonie du nouveau monde, Paris, R. Laffont, 1993.**
- *Les Derniers Rois mages*, Paris, Mercure de France, 1992.
- *Hugo le terrible*, Saint-Maur, Ed. Sépia, 1991.
- *An tan revolisyon* (théâtre), non publié, 1991.
- *Traversée de la Mangrove*, Paris, Mercure de France, 1989.
- *Pension Les Alizés* (théâtre), Paris, Mercure de France, 1988.
- *La Vie scélérate*, Paris, Seghers, 1987.
- *Les 7 voyages de Ti Noël* (théâtre), non publié, 1987.
- **Moi, Tituba, Sorcière noire de Salem, Paris, Mercure de France, 1986.**
- **Ségou, Paris, R. Laffont, 1984-1985.**
- *La Parole des femmes : essai sur les romancières des Antilles de langue française*, Paris, L'Harmattan, 1979.

- *"Cahier d'un retour au pays natal"*, Césaire : analyse critique, Paris, Hatier, 1978.
- *La Civilisation du bossale : réflexions sur la littérature orale de la Guadeloupe et de la Martinique*, Paris, L'Harmattan, 1978.
- *En attendant le bonheur*, Paris, Seghers, 1988 (1976).
- *Le Morne de Massabielle* (théâtre), non publié, 1974.
- *Mort d'Oluwémi d'Ajumako* (théâtre), Paris : P.J. Oswald, 1973.
- *Dieu nous l'a donné...* (théâtre), Paris, P.J. Oswald, 1972.

NDIAYE Marie

- *Puzzle* (théâtre), (avec Jean-Yves Cendrey), Paris, Gallimard, 2007.
- *Mon Cœur à l'étroit*, Paris, Gallimard, 2007.
- *Le Jour du président*, dans *3 nouvelles contemporaines*, Paris, Gallimard, 2006.
- *Autoportrait en vert*, Paris, Mercure de France, 2005.
- *Le Souhait*, Paris, L'École des loisirs, 2005.
- *Tous mes amis* (nouvelles), Paris, Minuit, 2004.
- *Rien d'humain* (théâtre), Besançon, Les Solitaires intempestifs, 2004.
- *Papa doit manger* (théâtre), Paris, Minuit, 2003.
- *Les Paradis de Prunelle*, Paris, A. Michel, 2003.
- *Les Serpents* (théâtre), Paris, Minuit, 2003.
- **Rosie Carpe, Paris, Minuit, 2001.**
- *Providence*, Chambéry, Éd. Comp'Act, 2001.
- *La Diablesse et son enfant*, Paris, L'École des loisirs, 2000.
- *Hilda* (théâtre), Paris, Minuit, 1999.
- *La Naufragée : J. M. W. Turner*, Charenton, Flohic, 1999.
- *Un Voyage* dans *Tombeau du cœur de François II*, Vendôme, CRL, 1997.
- **La Sorcière, Paris, Minuit, 1996.**
- *Un Temps de saison*, Paris, Minuit, 1994.
- **En famille, Paris, Minuit, 1991.**
- **La Femme changée en bûche, Paris, Minuit, 1989.**
- *Comédie classique*, Paris, POL, 1986.
- *Quant au riche avenir*, Paris, Minuit, 1985.

GERMAIN Sylvie

- *Magnus*, Paris, Albin Michel, 2005.
- *Les Personnages*, Paris, Gallimard, 2004.

- *Ateliers de lumière : Piero della Francesca, Johannes Vermeer, Georges de La Tour*, Paris, Desclée de Brouwer, 2004.
- *Songes du temps*, Paris, Desclée de Brouwer, 2003.
- *Stèles des 7 dormants*, Paris, R. Koraïchi, 2003.
- **Chanson des mal-aimants, Paris, Gallimard, 2002.**
- *Couleurs de l'invisible*, avec dessins de R. Koraichi, Paris, Al Manar, 2002.
- *Noms de Dieux* (interviews, avec E. BLATTCHEN), Bruxelles, Alice Éditions, 2002.
- *Célébration de la paternité*, Paris, Albin Michel, 2001 (avec E. GONDINET-WALLSTEIN).
- *Grande Nuit de Toussaint*, Paris, Le temps qu'il fait, 2000.
- *Cracovie à vol d'oiseaux*, Monaco, Éd. du Rocher, 2000.
- *Mourir un peu*, Paris, Desclée de Brouwer, 2000.
- *Etty Hillesum*, Paris, Pygmalion, 1999.
- **L'Encre du poulpe, Paris, Gallimard Jeunesse, 1998.**
- *Tobie des marais*, Paris, Gallimard, 1998.
- *Bohuslav Reynek à Petrkov : un nomade en sa demeure*, Saint-Cyr-sur-Loire, C. Pirot, 1998.
- *Céphalophores*, Paris, Gallimard, 1997.
- *Les Échos du silence*, Paris, D. de Brouwer, 1996.
- *Patience et Songe de lumière : Vermeer*, Charenton, Flohic, 1996.
- **Éclats de sel, Paris, Gallimard, 1996.**
- *Immensités*, Paris, Gallimard, 1993.
- *La Pleurante des rues de Prague*, Paris, Gallimard, 1992.
- **L'Enfant Méduse, Paris, Gallimard, 1991.**
- **Jours de colère, Paris, Gallimard, 1989.**
- *Opéra muet*, Paris, Maren Sell, 1989.
- **Nuit-d'Ambre, Paris, Gallimard, 1987.**
- **Le Livre des nuits, Paris, Gallimard, 1985.**

Littérature romanesque

ALLENDE Isabel, *La Maison aux esprits*, Paris, Fayard, 1992 (1984), traduit de l'espagnol par Cl. et Ca. Durand.
ATWOOD Margaret, *La petite poule rouge vide son cœur*, Paris, Le Serpent à Plumes, 1999 (1992), traduit par H. Filion.
- *La Servante écarlate*, Paris, Laffont, 2005 (1985), traduit par S. Rué.

BOMBAL Maria-Luisa, *La Maison du brouillard*, Paris, Gallimard, 1955, traduit de l'anglais par L. Savitzky.

BORGES Jorge Luis, *Fictions*, Paris, Gallimard, 1957 (1944), traduit de l'espagnol par P. Verdevoye, I. et R. Caillois.

– *Histoire universelle de l'infamie/ Histoire de l'éternité*, Paris, 10/18, 1994 (1936), traduit de l'espagnol par R. Caillois et L. Guille.

BONI Tanella, *Les Baigneurs du lac Rose*, Paris, Le Serpent à plumes, 2002.

BRONTË Emily, *Les Hauts de Hurlevent*, Paris, Fallois, 2000 (1847), traduit par F. Delebecque.

BUBER Martin, *Les Récits hassidiques*, Paris, Rocher, 1978, traduit de l'allemand par A. Guerne.

CARPENTIER Alejo, *Les Pas perdus*, Paris, Gallimard, 1953, traduit de l'espagnol par R. Durand.

– « Retour aux sources » dans A. Carpentier, *Guerre du temps*, Paris, Gallimard, 1967, traduit de l'espagnol par R. Durand.

CASTILLO Ana, *So Far from God*, New York, Plume, 1993.

CESAIRE Aimé, *La Poésie*, édition établie par D. MAXIMIN et G. CARPENTIER, Paris, Seuil, 1994.

CHAMOISEAU Patrick, *Biblique des derniers gestes*, Paris, Gallimard, 2002.

CHANG Lan Samantha, *Hunger*, New York, Penguin, 2000.

CHRISTINE de Pizan, *Le Livre de la Cité des Dames*, Paris, Stock, 2000.

– *Le Ditié de Jehanne d'Arc*, dans *Voix de femmes au Moyen Âge*, D. Régnier-Bohler (dir.), Paris, Laffont, 2006.

DAISNE Johan, *Un Soir, un train*, Bruxelles, Complexe, 2003 (1945), traduit du néerlandais par M. Buysse.

DEVI Ananda, *Pagli*, Paris, Gallimard, 2001.

EBERHARDT Isabelle, *Écrits sur le sable : Œuvres complètes*, édition de M.O. DELACOUR et J.R. HULEU, Paris, Grasset, 1988.

– *Notes de route : Maroc-Algérie-Tunisie*, Paris, Actes Sud, 1998.

ESQUIVEL Laura, *Chocolat amer : roman-feuilleton où l'on trouvera des recettes, des histoires d'amour et des remèdes de bonne femme*, Paris, R. Laffont, 1991 (1989), traduit de l'espagnol par E.O. Jiménez et J. Rémy-Zéphir.

GARCIA MARQUEZ Gabriel, *Cent ans de solitude*, Paris, Seuil, 1968 (1967), traduit de l'espagnol par Cl. et Ca. Durand.

L'Épopée de Gilgamesh : Le grand homme qui ne voulait pas mourir, Paris, Gallimard, 1992, traduit de l'akkadien par J. Bottéro.

GILMAN Charlotte Perkins, *Herland*, Londres, The Women's Press, 1979 (1916).
- *La Séquestrée*, Paris, Phébus, 2002 (1892), traduit par D. de Margerie.
- *With Her in Ourland*, Connecticut (États-Unis), Praeger, 1997.
HARRIS Joanne, *Chocolat*, Paris, Quai Voltaire, 2000, traduit par A. Neuhoff.
HAWTHORNE Nathaniel, *La Lettre écarlate*, Paris, Flammarion, 1990 (1951), traduit par M. Canavaggia.
HONG KINGSTON Maxine, *The Woman Warrior : Memoirs of a Girlhood among Ghosts*, Londres, Picador, 1981 (1975).
KAFKA Franz, *La Métamorphose et autres récits*, Paris, Gallimard, traduit de l'allemand par C. David, 1989 (1916).
KROETSCH Robert, *What the Crow Said*, University of Alberta Press (Canada), 1998 (1979).
LIKING Werewere, *Orphée-Dafric*, Paris, L'Harmattan, 1981.
MARMON SILKO Leslie, *Cérémonie*, Paris, A. Michel, 1992 (1977), traduit par M. Valmary.
MATTO DE TURNER Clorinda, *Aves sin nido*, Buenos Aires, Solar y Hachette, 1968 (1889).
MORRISON Toni, *L'Œil le plus bleu*, Paris, C. Bourgois, 1994 (1970), traduit par J. Guiloineau.
- *Sula*, Paris, C. Bourgois, 1992, traduit par P. Alien.
- *Beloved*, Paris, C. Bourgois, 1989 (1987), traduit par H. Chabrier et S. Rué.
OCAMPO Silvina, *Faits divers de la terre et du ciel* (nouvelles), Paris, Gallimard, 1974 (1948), traduit de l'espagnol par F. Rosset.
OZICK Cynthia, *Le Rabbi païen*, Paris, Rivages, 1990 (1961), traduit par C. Ancelot.
PINEAU Gisèle, *L'Exil selon Julia*, Paris, Stock, 1996.
PINERO Maïté, *Cremada et autres nouvelles du pays catalan*, Perpignan, Mare nostrum, 1994.
PLATH Sylvia, *Collected Poems*, Londres, Faber and Faber, 1981.
REGNIER-BOHLER Danielle (dir.), *Voix de femmes au Moyen Age*, Paris, Laffont, 2006.
RICHTER Anne (dir.), *Fantastique féminin, 31 nouvelles*, Bruxelles, Complexe, 1995.
RUSHDIE Salman, *Enfants de minuit*, Paris, Stock, 1983 (1981), traduit par J. Guiloineau.
- *Les Versets sataniques*, Paris, C. Bourgois, 1989 (1988), traduit par A. Nasier.

SALMONSON Jessica Amanda, dir., *What Did Miss Darrington See? An Anthology of Feminist Supernatural Fiction*, introduction par R. JACKSON, New York, The Feminist Press, 1989.
SAND George, *La Petite Fadette*, Paris, Garnier, 1958 (1848).
SEXTON Anne, *The Complete Poems*, Boston, Houghton Mifflan, 1999 (1981), préface de Maxime Kumin.
SHELLEY Mary, *Frankenstein, ou le Prométhée moderne*, Paris, Gallimard, 1997 (1818), traduit par P. Couturiau.
VALENZUELA Luisa, « Up Among the Eagles », dans CORREAS de ZAPATA (dir.), *Short Stories by Latin American Women : The Magic and the Real*.
WILDE Oscar, *Le Portrait de Dorian Gray*, Paris, Stock, 1962 (1890), traduit par E. Jaloux et F. Frapereau.
WITTIG Monique, *Les Guérillères*, Paris, Minuit, 1969.
– (avec Sande Zeig), *Brouillon pour un dictionnaire des amantes*, Paris, Grasset, 1976.
– *Virgile, non*, Paris, Minuit, 1985.
YÁÑEZ COSSÍO Alicia, « The IWM 1000 », dans CORREAS de ZAPATA (dir.), *Short Stories by Latin American Women : The Magic and the Real*.
CORREAS de ZAPATA Celia (dir.), *Short Stories by Latin American Women : The Magic and the Real*, New York, The Modern Library, 2003 (1990).
ZIJIAN Chi, *La Danseuse de Yangge* suivi du *Voyage au pays des nuits blanches*, Paris, Bleu de Chine, 1997 (1995), traduit du chinois par Dong Chun.

Bibliographie générale

Critique littéraire

ALDAMA Frederick Luis, *Postethnic Narrative Criticism : Magicorealism in Oscar "Zeta" Acosta, Ana Castillo, Julie Dash, Hanif Kureishi and Salman Rushdie*, Austin (États-Unis), University of Texas Press, 2003.
ANTOINE Régis, « Un romantisme de la désillusion », dans *L'Œuvre de Maryse Condé : Questions et réponses à propos d'une écrivaine politiquement incorrecte*, Paris, L'Harmattan, 1996.

ARAUJO Nara (préface), *L'Œuvre de Maryse Condé : Questions et réponses à propos d'une écrivaine politiquement incorrecte*, Paris, L'Harmattan, 1996.

ASHCROFT Bill, Gareth GRIFFITHS et Helen TIFFIN, *The Empire Writes Back*, Londres et New York, Routledge, 2003 (1989).

BALLESTEROS ROSAS Luisa, *La Femme écrivain dans la société latino-américaine*, Paris, L'Harmattan, 1994.

BARDOLPH Jacqueline, « Les "enfants" de Rushdie : quel réalisme, quelle magie ? », dans X. GARNIER (dir.), *Le Réalisme merveilleux*.

BARTHES Roland, *Critique et Vérité*, Paris, Seuil, 1966.

BASSI Shaul, « Salman Rushdie's Special Effects », dans E. LINGUANTI et al. (dir.), *Coterminous Worlds*.

BERNHEIM Cathy, *Mary Shelley : La jeune fille et le monstre*, Paris, Félin, 1997.

BLERALD-NDAGANO Monique, *L'Œuvre romanesque de Maryse Condé : féminisme, quête de l'ailleurs, quête de l'autre*, Thèse de doctorat sous la direction du Professeur Jack Corzani, Université de Bordeaux, Atelier national de reproduction des thèses, 2000.

BOURQUE Dominique, *Écrire l'inter-dit : la subversion formelle dans l'œuvre de Monique Wittig*, Paris, L'Harmattan, 2006.

BRICCO Elisa, « Les Jeux paratextuels », dans T. Garfitt (dir.), *Sylvie Germain : Rose des vents et de l'ailleurs*.

CARPENTIER Alejo, « Chevaliers errants en Amérique » dans *Essais littéraires*, Paris, Gallimard, 2003, traduit de l'espagnol par S. Mestre.

– « On the Marvelous Real in America », dans W. FARIS et al., *Realism : Theory, History, Community*.

CONDE Maryse, *Cahier d'un retour au pays natal : Césaire*, Paris, Hatier, 1978.

COOPER Brenda, *Magical Realism in West African Fiction : Seeing with a third eye*, Londres et New York, Routledge, 2001 (1998).

COTTENET-HAGE Madeleine, « *Traversée de la Mangrove* : Réflexion sur les interviews », dans *L'Œuvre de Maryse Condé : Questions et réponses à propos d'une écrivaine politiquement incorrecte*, Paris, L'Harmattan, 1996.

DANOW David K., *The Spirit of Carnival : Magical Realism and the Grotesque*, The University of Kentucky Press (États-Unis), 1995.

DEJEUX Jean, *La Littérature féminine de langue française au Maghreb*, Paris, Karthala, 1994.

DUBOST Francis, *Aspects fantastiques de la littérature narrative médiévale*, Paris, Champion, 1991.

DURAND Gilbert, *Introduction à la mythodologie*, Paris, Albin Michel, 1996.
DURIX Jean-Pierre, « Le Réalisme magique : genre à part entière ou "auberge latino-américaine" », dans X. Garnier (dir.), *Le Réalisme merveilleux*.
– *Mimesis, Genres and Post-Colonial Discourse : Deconstructing Magic Realism*, Oxford, MacMillan Press LTD, 1998.
FARIS Wendy et Lois Parkinson ZAMORA (dir.), *Magical Realism : Theory, History, Community*, Durham & London, Duke University Press, 1995.
– (FARIS) « Scheherazade's Children : Magical Realism and Postmodern Fiction » dans FARIS et ZAMORA (dir.), *Magical Realism : Theory, History, Community*.
FLORES Angel, « Magical Realism in Spanish American Fiction » dans FARIS et ZAMORA (dir.), *Magical Realism : Theory, History, Community*.
FOREMAN P. Gabrielle, « Past-On Stories : History and the Magically Real, Morrison and Allende on Call » dans FARIS et ZAMORA (dir.), *Magical Realism : Theory, History, Community*.
FOSTER John Burt, « Magical Realism, Contemporary Vision and Felt History : Classical Realism Transformed in *The White Hotel* » dans FARIS et ZAMORA (dir.), *Magical Realism : Theory, History, Community*.
FRANZ Marie-Louise von, *L'Interprétation des contes de fées*, Paris, Dervy, 1987, traduit par F. Saint René Taillandier.
– *La Femme dans les contes de fées*, Paris, Renard, 1991 (1972) traduit par F. Saint René Taillandier.
GALLI PELLEGRINI Rosa, dir., *Trois Études sur le roman de l'extrême contemporain : Marie NDiaye, Sylvie Germain, Michel Chaillou*, Presses de l'Université de Paris-Sorbonne, 2004.
GARFITT Tony, « Pour déchiffrer le monde », dans T. Garfitt (dir.), *Sylvie Germain : Rose des vents et de l'ailleurs*, Paris, L'Harmattan, 1999.
GARNIER Xavier, « Métamorphoses réalistes dans les romans de Marie NDiaye », dans X. Garnier (dir.), *Le Réalisme merveilleux*, Paris, L'Harmattan, 1998.
– *La Magie dans le roman africain*, Paris, Presses Universitaires de France, 1999.
GUENTHER Irene, « Magic Realism, New Objectivity and the Arts during the Weimar Republic », dans FARIS et ZAMORA (dir.), *Magical Realism: Theory, History, Community*.

HEINZE Denise, *The Dilemma of "Double-Consciousness" : Toni Morrison's Novels*, The University of Georgia Press (États-Unis), 1993.

HEWITT Leah D., « Rencontres explosives : les intersections culturelles de Maryse Condé » dans *L'Œuvre de Maryse Condé : Questions et réponses à propos d'une écrivaine politiquement incorrecte*, Paris, L'Harmattan, 1996.

HIGGINS Therese E., *Religiosity, Cosmology, and Folklore : The African Influence in the Novels of Toni Morrison*, New York et Londres, Routledge, 2001.

JACKSON Rosemary, *Fantasy : The Literature of Subversion*, Londres et New York, Routledge, 2003 (1981).

– Introduction à Jessica Amanda Salmonson (dir.), *What Did Miss Darrington See ? : An Anthology of Feminist Supernatural Fiction*.

JEAY Anne-Marie, « *Ségou, les murailles de terre :* Lecture anthropologique d'un roman d'aventure », *Nouvelles du Sud*, Ivry, Silex, 1985.

KEARNS Katherine, *Nineteenth-Century Literary Realism : Through the Looking Glass*, Cambridge, Cambridge University Press, 1996.

KEMEDJO Cilas, « Les enfants de Ségou : Murailles en miettes, identités en dérive », dans *L'Œuvre de Maryse Condé : Questions et réponses à propos d'une écrivaine politiquement incorrecte*, Paris, L'Harmattan, 1996.

LANE Ann J., *To Herland and Beyond : The Life and Work of Charlotte Perkins Gilman*, New York, Pantheon, 1990.

LEAL Luis, « Magical Realism in Spanish American Literature » dans FARIS et ZAMORA (dir.), *Magical Realism : Theory, History, Community*.

LEE Sonia, *Les Romancières du continent noir*, Paris, Hatier, 1994.

LEROUX Yves, « Cadrage et technique narrative dans *Jours de colère* », dans T. GARFITT (dir.), *Sylvie Germain : Rose des vents et de l'ailleurs*.

LINGUANTI Elsa, CASOTTI Francesco, CONCILIO Carmen, *Coterminous Worlds : Magical realism and contemporary post-colonial literature in English*, n°39 de « Cross/ Cultures : Readings in the Post/Colonial Literatures in English », Amsterdam-Atlanta, Rodopi, 1999.

MAGILL Michèle, « Entretien avec Sylvie Germain » dans *The French Review*, Vol. 73, n°2, décembre 1999.

MALRIEU Jacques, *Le Fantastique*, Paris, Hachette, 1992.

MARTIN-GRANEL Nicolas « Le réalisme 'tropical' de Sony Labou Tansi : un discours doublement contraint », dans X. Garnier (dir.), *Le Réalisme merveilleux*.

MERIVALE Patricia, « Saleem Fathered by Oskar », dans FARIS et ZAMORA (dir.), *Magical Realism : Theory, History, Community*.

MESLET Vincent, « La Télévision aux frontières du réel » dans X. Garnier (dir.), *Le Réalisme merveilleux*.

MINGELGRUN Albert, « Le Domaine français », dans J. WEISGERBER (dir.), *Le Réalisme magique : roman, peinture, cinéma*.

MOI Toril, *Sexual/ Textual Politics*, Londres et New York, Routledge, 2003 (1985).

MORRISON Toni, *Playing in the Dark : Blancheur et imagination littéraire*, Paris, C. Bourgois, 1993, traduit de l'anglais par P. Alien.

MOUDILENO Sylvie, « La qualité de l'amour chez Maryse Condé » dans *L'Œuvre de Maryse Condé : Questions et réponses à propos d'une écrivaine politiquement incorrecte*, Paris, L'Harmattan, 1996.

OLIVA Renato, « Re-Dreaming the World : Ben Okri's Shamanic Realism » dans E. LINGUANTI et al., *Coterminous Worlds*.

OUEDRAOGO Jean, *Maryse Condé et Ahmadou Kourouma : Griots de l'indicible*, New York, Peter Lang, 2004.

PFAFF Françoise, *Entretiens avec Maryse Condé*, Paris, Karthala, 1993.

PICOCHE Jean-Louis, « Sylvie Germain et la littérature hispanique », dans T. Garfitt (dir.), *Sylvie Germain : Rose des vents et de l'ailleurs*.

PUNTER David, *Postcolonial Imaginings : Fictions of a New World Order*, Maryland (États-Unis), Rowman & Littlefield, 2000.

RANSOM Amy J., *The Feminine as Fantastic in the Conte fantastique : Visions of the Other*, Londres, Peter Lang, 1995.

RIZZARDI Alfredo, « The Magical-Realist in Joe Rosenblatt », dans E. LINGUANTI et al (dir.), *Coterminous Worlds*.

ROH Franz, *Nach-Expressionismus, Magischer Realismus : Probleme der neuesten Europaischen Malerei*, Leipzig, Klinkhardt et Biermann, 1925.

– « Magic Realism : Post-Expressionism » traduit par W. Faris, dans FARIS et ZAMORA (dir.), *Magical Realism : Theory, History, Community*.

ROSELLO Mireille, « Magie et créolité aux Antilles : Le lecteur-dormeur entre suspicion et intime conviction », dans X. GARNIER (dir.), *Le Réalisme merveilleux*.

RUSHDIE Salman, *Patries imaginaires : Essais et critiques : 1981/1991*, Paris, C. Bourgois, 1993, traduit de l'anglais par A. Chatelin.
SARREY-STRACK Colette, *Fictions contemporaines au féminin*, Paris, L'Harmattan, 2002.
SCARANO Tommaso, « Notes on Spanish-American Magical Realism », dans E. LINGUANTI et al., *Coterminous Worlds*.
SCARBORO Anne, Interview de Condé dans *L'Œuvre de Maryse Condé : Questions et réponses à propos d'une écrivaine politiquement correcte*, Paris, L'Harmattan, 1996.
SCHNEIDER Marcel, *Histoire de la littérature fantastique en France*, Paris, Fayard, 1985.
SCHON Nathalie, *L'Auto-exotisme dans les littératures des Antilles françaises*, Paris, Karthala, 2003.
TAYLOR-GUTHRIE Danille, *Conversations with Toni Morrison*, Jackson (États-Unis), University Press of Mississippi, 1994.
THIEM Jon, « Textualization of the Reader » dans FARIS et ZAMORA (dir.), *Magical Realism : Theory, History, Community*.
TODOROV Tzvetan, *Introduction à la littérature fantastique*, Paris, Seuil, 1970.
VARGAS LLOSA Mario, *L'Utopie archaïque : José María Arguedas et les fictions de l'indigénisme*, Paris, Gallimard, 1999 (1996), traduit de l'espagnol par A. Bensoussan.
VAUGELAS, *Remarques sur la langue française*, Paris, Pierre le Petit, 1647.
VIERNE Simone, « Fées traditionnelles et femmes modernes chez George Sand », dans *Images de la magie : Fées, enchanteurs et merveilleux dans l'imaginaire du XIXe siècle*, Actes du colloque de Clermont-Ferrand, 22-23 novembre 1990, publiés par S. BERNARD-GRIFFITHS et J. GUICHARDET, Paris, Les Belles Lettres, 1993.
WALKER Steven F., « Magical Archetypes : Midlife Miracles in *The Satanic Verses* », dans FARIS et ZAMORA (dir.), *Magical Realism: Theory, History, Community*.
WEISGERBER Jean, (dir.) *Le Réalisme magique : roman, peinture, cinéma*, Bruxelles, L'Âge d'homme, cahiers des Avant-Gardes littéraires de l'Université de Bruxelles, 1987.
– « La Locution et le Concept » dans WEISGERBER (dir.), *Le Réalisme magique*.
ZAMORA Lois Parkinson, « Magical Romance/ Magical Realism : Ghosts in U.S. and Latin American Fiction », dans FARIS et ZAMORA (dir.), *Magical Realism : Theory, History, Community*.

Autres références

ADLER Margot, *Drawing Down the Moon*, Boston, Beacon, 1986.
AGACINSKI Sylviane, *Politique des sexes*, Paris, Seuil, 1998.
ANDEZIAN Sossie, *Expériences du divin dans l'Algérie contemporaine*, Paris, CNRS éditions, 2001.
ARNOULD Colette, *Histoire de la sorcellerie en Occident*, Paris, Tallandier, 1992.
BACHOFEN Johann Jakob, *Le Droit maternel : recherche sur la gynécocratie de l'Antiquité dans sa nature religieuse et juridique*, Paris, l'Âge d'homme, 1996 (1861), traduit de l'allemand par E. Barilier.
BADINTER Élisabeth, *L'Amour en plus : Histoire de l'amour maternel*, Paris, Flammarion, 1980.
BARBER Benjamin, *Djihad versus McWorld : Mondialisation et intégrisme contre la démocratie*, Paris, Desclée de Brouwer, 1996.
BARSTOW Anne Llewellyn, *Witchcraze : A New History of the European Witch Hunts*, San Francisco (États-Unis), Harper, 1995.
BEAUVOIR Simone de, *Pour une morale de l'ambiguïté*, Paris, Gallimard, 1947.
– *Le Deuxième Sexe*, Paris, Gallimard, 2001 (1949).
Bible de Jérusalem, Paris, Cerf, 2000.
BLY Robert, *L'Homme sauvage et l'enfant : l'avenir du genre masculin*, Paris, Seuil, 1992 (1990), traduit de l'anglais par C. Clerc et M. Loiseau.
BRIFFAULT Robert, *The Mothers : A Study of the Origin of Sentiments and Institutions*, New York, Macmillan, 1952 (1861).
BRUCH Hilde, *Les Yeux et le Ventre : L'obèse, l'anorexique*, Paris, Payot, 1994 (1973), traduit de l'anglais par F. Verne et M. Manin.
CHADWICK Whitney, *Les Femmes dans le mouvement surréaliste*, Londres et Paris, Thames & Hudson, 2002 (1985).
CHAMOISEAU Patrick, *Écrire en pays dominé*, Paris, Gallimard, 1997.
CHAPONNIERE Corinne, *Le Mystère féminin ou vingt siècles de déni de sens*, Paris, Orban, 1989.
CHEMIN Anne, « 750 000 euros sur trois ans pour le rattrapage salarial des femmes chez Axa », *Le Monde*, 11 octobre 2006, p. 10.
– « La vie professionnelle des femmes en première ligne après une naissance », *Le Monde*, 13 septembre 2006, p. 12.
CHESLER Phyllis, *Les Femmes et la Folie*, Paris, Payot, 1975 (1973, révisé en 2006), traduit de l'anglais par J.P. Cottereau.
CIXOUS Hélène, *Entre l'écriture*, Paris, Des Femmes, 1986.

CLIFFORD James, *Malaise dans la culture : L'ethnographie, la littérature et l'art du XXe siècle*, traduit de l'anglais par M.A. Sichère, École nationale supérieure des Beaux-Arts, Paris, 1996 (1988).
COENEN-HUTHER Josette, *Femmes au travail, femmes au chômage*, Paris, L'Harmattan, 2004.
COLLIN Françoise, Évelyne PISIER et Eleni VARIKAS, *Les Femmes, de Platon à Derrida*, (anthologie critique), Paris, Plon, 2000.
DABENE Olivier, *L'Amérique latine à l'époque contemporaine*, Paris, Armand Colin, 2003.
DALY Mary, *Amazon Grace : Re-calling the Courage to Sin Big*, New York, Palgrave MacMillan, 2006.
– *Quintessence : Realizing the Archaic Future*, Boston, Beacon, 1998.
– (avec Jane Caputi), *Wesbsters' First New Intergalactic Wickedary of the English Language*, Boston, Beacon, 1987.
– *Gyn/Ecology : The Metaethics of Radical Feminism*, Boston, Beacon, 1990 (1978).
– *Beyond God the Father : Toward a Philosophy of Women's Liberation*, Boston (États-Unis), Beacon, 1973.
DIDIER Béatrice, *L'Écriture-Femme*, Paris, Presses Universitaires de France, 1999 (1981).
DINES Gail, JENSEN Robert et RUSSO Ann, *Pornography : The Production and Consumption of Inequality*, New York, Routledge, 1998.
DORLIN Elsa, « Les Blanchisseuses. La société plantocratique antillaise, laboratoire de la féminité moderne », dans H. ROUCH et al., *Le Corps, entre sexe et genre*, Paris, L'Harmattan, 2005.
– « "Performe ton genre : Performe ta race !", Repenser l'articulation entre sexisme et racisme à l'ère de la postcolonie », janvier 2007, http://www.sophia.be/index.php/texts/view/47.
DREYFUS-ARMAND Geneviève et al., *Les Années 68 : Le temps de la contestation*, Bruxelles, Complexe, 2000.
DWORKIN Andrea, *Pornography : Men Possessing Women*, New York, Plume, 1989.
EAUBONNE Françoise d', *Le Sexocide des sorcières*, Paris, L'Esprit frappeur, 1999.
– *Le Féminisme ou la Mort*, Paris, P. Horay, 1974.
ENGELS Friedrich, *L'Origine de la famille, de la propriété privée et de l'État*, Paris, Éditions Sociales, 1975, cité dans A. COLLIN et al., *Les Femmes, de Platon à Derrida*.

EHRENREICH Barbara et ENGLISH Deirdre, *Witches, Midwives and Nurses : A History of Women Healers*, Oyster Bay, New York, Glass Mountain Pamphlets, 1972.
FANON Frantz, *Peau noire Masques blancs*, Paris, Seuil, 1952.
FERRAND Michèle, *Féminin, Masculin*, Paris, La Découverte, 2004.
FRAISSE Geneviève, *La Controverse des sexes*, Paris, Presses Universitaires de France, 2001.
FREMEAUX Jacques, *Les Empires coloniaux dans le processus de mondialisation*, Paris, Maisonneuve et Larose, 2002.
FRENCH Marilyn, *La Fascination du pouvoir*, Paris, Acropole, 1986, traduit de l'anglais par H. Ouvrard.
GAMELIN-LAVOIS Sophie et Martine HERZOG-EVANS, *Les Droits des mères : La grossesse et l'accouchement*, L'Harmattan, 2003.
GANGE Françoise, *Les Dieux menteurs*, Paris, Indigo & Côté-Femmes, 1998.
GILMAN Charlotte Perkins, *Women and Economics*, New York, Harper, 1966 (1898).
GIMBUTAS Marija, *Le Langage de la déesse*, Paris, Des Femmes, 2005 (1989), traduit par C. Chaplain et V. Morlot-Duhoux.
GIROUD Françoise, *Les Françaises : de la Gauloise à la pilule*, Paris, Fayard, 1999.
GOULD DAVIS Elizabeth, *The First Sex*, New York, Penguin, 1971.
GREER Germaine, *La Femme entière*, Paris, Plon, 2002 (1999), traduit par E. Ochs.
GUILLAUMIN Colette, *Sexe, Race et Pratique du pouvoir*, Paris, Côté-Femmes, 1992.
– *L'Idéologie raciste*, Paris, Gallimard, 2002.
GUYON Louise, *Va te faire soigner, t'es malade !*, Montréal, Chenelière, 1981.
HARDING Sandra, NARAYAN Uma (dir.), *Decentering the Center : Philosophy for a Multicultural, Postcolonial, and Feminist World*, Bloomington (États-Unis), Indiana University Press (États-Unis), 2000.
HERITIER Françoise, *Masculin/Féminin. La Pensée de la différence*, Paris, Odile Jacob, 1995.
HOFFMAN Valérie J., « Le Soufisme, la femme et la sexualité », dans *Les Voies d'Allah : Les ordres mystiques dans le monde musulman des origines à aujourd'hui*, sous la direction d'A. POPOVIC et G. VEINSTEIN, Paris, Fayard, 1996.
HOOKS Bell, *Ain't I a Woman : Black Women and Feminism*, Boston (États-Unis), South End Press, 1981.

INSTITORIS, Henricus et SPRENGER Jacob, *Marteau des Sorcières* (*Malleus Maleficarum*), Grenoble, Jérôme Millon, 2005 (1486), traduit du latin par A. Danet.

JUNG Carl Gustav, *Les Racines de la conscience : Études sur l'archétype*, Paris, Buchet/Chastel, 1971 (1953), traduit de l'allemand par Y. Le Lay.

— *Psychologie de l'inconscient*, Genève, Librairie de l'Université, Georg & Cie, 1973 (1952), traduit de l'allemand par R. Cahen.

KATZ Debra S. et Justine F. ANDRONICI, « No More Excuses ! It's Time To Abolish The "She Didn't Ask" Defense For Wage Discrimination », *Ms. Magazine*, automne 2006.

KIBBEY Ann, *The Interpretation of Material Shapes in Puritanism : A Study of Rhetoric, Prejudice and Violence*, New York, Cambridge University Press, 1986.

LATIFA, avec la collaboration de C. Hachemi, *Visage volé : Avoir vingt ans à Kaboul*, Paris, Anne Carrière, 2001.

LE VERN Hélène Jacquemin, *Le Sang des femmes*, Paris, In Press, 2002.

LENIHAN Edmund, *In Search of Biddy Early*, Cork (Irlande), Mercier, 1993.

Les Voies d'Allah : Les Ordres mystiques dans le monde musulman des origines à aujourd'hui, sous la direction d'A. POPOVIC et G. VEINSTEIN, Paris, Fayard, 1996.

LEVI-STRAUSS Claude, *La Pensée sauvage*, Paris, Plon, 1962.

— *Race et Histoire*, Paris, Denoël, 1987 (1952).

LEWIS Reina, MILLS Sara (dir.), *Feminist Postcolonial Theory : A Reader*, New York, Routledge, 2003.

LOMBARD Jacques, *Introduction à l'ethnologie*, Paris, Colin, 1994.

LÖWIE Robert, *Histoire de l'ethnologie classique*, Paris, Payot, 1991 (1937), traduit de l'américain par H. Grémont et H. Sadoul.

LÖWY Ilana et Hélène ROUCH, « La Distinction entre sexe et genre. Une histoire entre biologie et culture », *Les Cahiers du genre*, n°34, 2003.

MACKINNON Catharine, *Are Women Human? And Other International Dialogues*, Cambridge, Harvard University Press, 2006.

MAGASICH-AIROLA Jorge et BEER Jean-Marc de, *America Magica : Quand l'Europe de la Renaissance croyait conquérir le Paradis*, Paris, Éditions Autrement, 1994.

MAGLIOCCO Sabina, *Witching Culture*, Philadelphia, University of Pennsylvania Press, 2004.

MARCUSE Herbert, *L'Homme unidimensionnel*, Paris, Minuit, 1968 (1964), traduit de l'anglais par Monique Wittig.

MARTIN Jean-Pierre, *Le Puritanisme américain en Nouvelle-Angleterre (1620-1693)*, Presses Universitaires de Bordeaux, 1989.

MATHIEU Nicole-Claude, *Anatomie politique : Catégorisations et idéologies du sexe*, Paris, Côté-Femmes, 1991.

MAUSS Marcel, *Sociologie et Anthropologie*, Paris, Presses Universitaires de France, 1980 (1950).

MICHELET Jules, *La Sorcière*, Paris, Garnier Flammarion, 1966 (1862).

MILL John Stuart, *De l'assujettissement des femmes*, Paris, Avatar, 1992 (1869), cité dans A. COLLIN et al., *Les Femmes, de Platon à Derrida*.

MONIMART Marie, *Femmes du Sahel : La désertification au quotidien*, Paris, Karthala, 1989.

MORI Aoi, *Toni Morrison and Womanist Discourse*, New York, P. Lang, 1999.

MURRAY Margaret, *The God of the Witches*, New York, Oxford University Press, 1970.

– *The Witch Cult in Western Europe*, New York, Oxford University Press, 1971.

NIETZSCHE Friedrich, *Par-delà le bien et le mal*, Paris, Gallimard, 1950, texte cité dans F. COLLIN et al., *Les Femmes, de Platon à Derrida*.

PINKOLA ESTES Clarissa, *Femmes qui courent avec les loups : Histoire et mythes de l'archétype de la femme sauvage*, Paris, Grasset, 1996 (1995), traduit de l'anglais par M.F. Girod.

RICH Adrienne, *Naître d'une femme : la maternité en tant qu'expérience et institution*, Paris, Denoël/ Gonthier, 1980 (1976), traduit de l'anglais par J. Faure-Cousin.

ROUCH Hélène, Elsa DORLIN et Dominique FOUGEYROLLAS-SCHWEBEL, *Le Corps, entre sexe et genre*, Paris, L'Harmattan, 2005.

ROWAN John, *The Horned God : Feminism and Men as Wounding and Healing*, New York, Routledge, 1987.

RUMI, *Mathnawi : La Quête de l'Absolu,* Monaco, Éditions du Rocher, 1990, traduit du persan par E. de Vitray Meyerovitch et D. Mortazavi.

SAÏD Edward, *Culture et Impérialisme*, Paris, Fayard, 2000, traduit de l'anglais par P. Chemla.

– *L'Orientalisme : l'Orient créé par l'Occident*, Paris, Seuil, 1980, traduit de l'anglais par C. Malamoud.

SEELHOFF Cheryl, « On Discrimination Against Mothers as Mothers », *Off Our Backs*, printemps 2006, vol. 36, n° 1, p. 13.
SENGHOR Léopold Sédar, *Liberté 3 : Négritude et civilisation de l'universel*, Paris, Seuil, 1977.
SHUTTLE Penelope et REDGROVE Peter, *The Wise Wound : Menstruation and Everywoman*, Londres, V. Gollancz, 1978.
SHIVA Vandana, *La Biopiraterie : Le pillage de la nature et de la connaissance*, Paris, Alias, 2002 (1997), traduit de l'anglais par D. Luccioni.
– *Monocultures of the Mind : Perspectives on Biodiversity and Biotechnology*, London, Zed Books, 1993.
– *The Violence of the Green Revolution : Third World Agriculture, Ecology and Politics*, Londres, Zed Books, 1991.
SJÖÖ Monica et MOR Barbara, *The Great Cosmic Mother : Rediscovering the Religion of the Earth*, San Francisco (États-Unis), Harper and Row, 1987.
SMITH, Margaret, *Râbi'a the Mystic and her Fellow-Saints in Islam*, Cambridge University Press, 1984 (1928).
STARHAWK, *Femmes, Magie, Politique*, Paris, Empêcheurs de penser en rond, 2002, traduit de l'anglais par An Morbic.
STARHAWK, *The Spiral Dance : A Rebirth of the Ancient Religion of the Great Goddess*, San Francisco, Harper, 1979.
TCHOUANG-TSEU, *Le Rêve du papillon*, Paris, Albin Michel, 2002, traduit du chinois par J.J. Lafitte.
VAN RENTERGHEM, Marion (2005), « Namu au Pays des Filles », *Le Monde*, 13-14 février 2005.
WALKER Barbara, *The Women's Encyclopedia of Myths and Secrets*, San Francisco, Harper, 1983.
– *Feminist Fairytales*, New York, Harper Collins, 1997.
WEIDEGER Paula, *Female Cycles*, Londres, The Women's Press, 1975.
WITTIG Monique, *La Pensée straight*, Paris, Balland, 2001.
WOLKSTEIN Diane et KRAMER Samuel Noah, *Inanna, Queen of Heaven : Her stories and hymns from Sumer*, New York, Harper and Row, 1983.
WOOLF Virginia, *Trois Guinées*, Paris, Des femmes, 1977 (1938), traduit par V. Forrester.

Table des matières

Introduction ... 7

Première partie :
Réalisme magique, langage de la subversion ... 15
   I- Origines et définitions du réalisme magique ... 17
   II- La magie comme contre-pouvoir ... 39
   III- Au seuil de l'indicible ... 73

Deuxième partie : ... 93
Héroïnes réalistes magiques
   I- Celles qui mettent au monde ... 95
   II- Celles qui vivent sur les marges ... 117
   III- Celles qui aiment ... 141

Troisième partie :
Résistance et recréation ... 167
   I- Croyances : puissance ou pouvoir ... 169
   II- Révolte ... 199

Conclusion ... 223

Résumé du corpus ... 227

Bibliographie ... 235

Ouvrages parus dans *Bibliothèque du féminisme*

. Dominique Bourque, *Écrire l'inter-dit. La subversion formelle dans l'œuvre de Monique Wittig*. 2006, 170 p.

. Marianne Camus et Françoise Rétif (dir.), *Lectures de femmes. Entre lecture et écriture*. 2002, 208 p.

. Natacha Chetcuti et Claire Michard (dir.), *Lesbianisme et féminisme. Histoires politiques*. 2003, 316 p.

. Natacha Chetcuti et Maryse Jaspard (dir.), *Violences envers les femmes. Trois pas en avant deux pas en arrière*. 2006, 322 p.

. Thérèse Chotteau *et al.*, *Rencontres entre artistes et mathématiciennes. Toutes un peu les autres.* 2001, ouvrage illustré + cahier de 16 pages couleur, 184 p.

. Claude Cohen-Safir, *Cartographie du féminin dans l'utopie. De l'Europe à l'Amérique*. 2000, 208 p.

. Sonia Dayan-Herzbrun, *Femmes et politique au Moyen-Orient*. 2005, 162 p.

. Alisa Del Ré et Jacqueline Heinen (dir.), *Quelle citoyenneté pour les femmes ? La crise des États providence et de la représentation politique en Europe*. 1997, 320 p.

. Elsa Dorlin, *L'Évidence de l'égalité des sexes. Une philosophie oubliée du XVIIe siècle*. 2001, 160 p.

. Catherine Écarnot, *L'Écriture de Monique Wittig. À la couleur de Sappho*. 2002, 226 p.

. Dominique Fougeyrollas-Schwebel, Christine Planté, Michèle Riot-Sarcey et Claude Zaidman (dir.), *Le Genre comme catégorie d'analyse. Sociologie, histoire, littérature*. 2003, 230 p.

. Françoise Gaspard (dir.), *Les Femmes dans la prise de décision en France et en Europe*. 1997, 224 p.

. Maud Gelly, *Avortement et contraception dans les études médicales. Une formation inadaptée*, 2006, 252 p.

. Annik Houel, *Le Roman d'amour et sa lectrice, histoire d'une passion. L'exemple Harlequin*. 1997, 160 p.

. Susan Martha Kahn, *Les Enfants d'Israël. Une approche culturelle de l'assistance médicale à la procréation*. 2006, 222 p.

. Odile Krakovitch, Geneviève Sellier et Éliane Viennot (dir.), *Femmes de pouvoir : mythes et fantasmes*. 2001, 240 p.

. Rose-Marie Lagrave, Agathe Gestin, Éléonore Lépinard et Geneviève Pruvost (dir.), *Dissemblances. Jeux et enjeux du genre*. 2002, 240 p.

. Hélène Marquié et Noël Burch (dir.), *Émancipation sexuelle ou contrainte des corps ?* 2006, 180 p.

. Patricia Mercader (dir.), *Le Sexe, le genre et la psychologie.* 2005, 150 p.

. Claire Michard, *Le Sexe en linguistique. Sémantique ou Zoologie ?* 2002, 162 p.

. Delphine Naudier et Brigitte Rollet (dir.), *Genre et légitimité culturelle. Quelle place pour les femmes ?* 2007, 168 p.

. Muriel Pécastaing-Boissière, *Les Actrices victoriennes. Entre marginalité et conformisme.* 2004, 268 p.

. Gail Pheterson, *Le Prisme de la prostitution.* 2001, 216 p.

. Françoise Rétif, *Simone de Beauvoir. L'autre en miroir.* 1998, 192 p.

. Valeria Ribeiro Corossacz, *Identité nationale et procréation au Brésil. Sexe, classe, race et stérilisation féminine.* 2004, 184 p.

. Catherine Rodgers, *Le Deuxième Sexe de Simone de Beauvoir. Un héritage admiré et contesté.* 1998, 320 p.

. Danielle Roster, *Les Femmes et la création musicale. Les compositrices européennes du Moyen-Age à la mi-XXe siècle.* 1998, ouvrage illustré, 352 p.

. Hélène Rouch, Elsa Dorlin, Dominique Fougeyrollas-Schwebel, *Le Corps, entre sexe et genre.* 2005, 168 p.

. Geneviève Sellier et Éliane Viennot (dir.), *Culture d'élite, culture de masse et différence des sexes,* 2004, 192 p.

. Lieve Spaas, *Lettres de Catherine de Saint Pierre à son frère Bernardin,* avec une préface d'Arlette Farge. 1996, 224 p.

. Martine Spensky (dir.), *Les Femmes à la conquête du pouvoir politique. Royaume Uni, Irlande, Inde.* 2001, 216 p.

. Paola Tabet, *La Construction sociale de l'inégalité des sexes. Des outils et des corps.* 1998, 208 p.

. Paola Tabet, *La Grande Arnaque. Sexualité des femmes et échange économico-sexuel.* 2004, 212 p.

. Josette Trat, Diane Lamoureux, Roland Pfefferkorn (dir.), *L'Autonomie des femmes en question. Antiféminismes et résistances en Amérique et en Europe.* 2006, 242 p.

. Claude Zaidman, *La Mixité à l'école primaire.* 1996, 240 p.

L'HARMATTAN, ITALIA
Via Degli Artisti 15 ; 10124 Torino

L'HARMATTAN HONGRIE
Könyvesbolt ; Kossuth L. u. 14-16
1053 Budapest

L'HARMATTAN BURKINA FASO
Rue 15.167 Route du Pô Patte d'oie
12 BP 226
Ouagadougou 12
(00226) 50 37 54 36

ESPACE L'HARMATTAN KINSHASA
Faculté des Sciences Sociales,
Politiques et Administratives
BP243, KIN XI ; Université de Kinshasa

L'HARMATTAN GUINEE
Almamya Rue KA 028
En face du restaurant le cèdre
OKB agency BP 3470 Conakry
(00224) 60 20 85 08
harmattanguinee@yahoo.fr

L'HARMATTAN COTE D'IVOIRE
M. Etien N'dah Ahmon
Résidence Karl / cité des arts
Abidjan-Cocody 03 BP 1588 Abidjan 03
(00225) 05 77 87 31

L'HARMATTAN MAURITANIE
Espace El Kettab du livre francophone
N° 472 avenue Palais des Congrès
BP 316 Nouakchott
(00222) 63 25 980

L'HARMATTAN CAMEROUN
BP 11486
(00237) 458 67 00
(00237) 976 61 66
harmattancam@yahoo.fr

639273 - Février 2016
Achevé d'imprimer par